榮偉傑——著

無限的荒謬

恩格斯發展觀研究

謹以此書獻給

Александр Исаевич Солженицын

序言

　　恩格斯不像馬克思那樣擁有哲學博士頭銜，但和馬克思一樣具備深厚哲學教養。自從他們在巴黎成為摯友，戮力同心，投入旨在人類解放的改變世界的革命事業，他們又都立意揚棄或消滅他們一向得其教化且一度寄以厚望的哲學。對於他們的事業來說，哲學不夠用了，迷戀哲學甚至是耽誤事的。

　　他們超越哲學，從而使作為異化的思辨揚棄為改變世界的現實實踐的一個能動的成分，這是歷史人物馬克思和恩格斯的卓越成就。對於這種成就，不必也不應囿於傳統成見而繼續勉為其難地理解為什麼「哲學」，倒應遵照他們明言的自我理解而稱之為「世界觀」或「新世界觀」。

　　這種超越當然不是簡單地回到缺乏哲學中介或未經哲學異化陶冶的粗樸的世界觀，相反，這是超越中的回歸，是作為超越的回歸。揚棄哲學之際所達到的，乃是富於教養的世界觀。也可以說，這是世界觀經歷了哲學異化環節的自我復歸。

　　世界觀本來內在於現實實踐，它以哲學方式異化之後就與實踐相對立，這是一個否定性的環節，通常的世界觀因此「上升」為哲學。在這個意義上，恩格斯之後出現的「馬克思主義哲學」——作為「哲學」——當然只不過是這樣一個否定性環節，因為它把使世界觀上升為哲學——即系統化理論化的世界觀——當作自己的任務，因為它還有待於重新上升為世界觀。如果說「馬克思主義哲學」迄今仍然沒有上升為新世界觀，那只不過表明它還一直沒有真正達到馬克思和恩格斯思想本身的高度。之所以沒有

達到，也不是因為不夠智慧，而是因為時代的歷史成就一般說來還沒有達到那樣一種高度。

實際上，由於的確是在馬克思和恩格斯之後出現，「馬克思主義哲學」便使自身處於一種虛幻的超越地位，即一種與現實實踐缺乏否定性聯繫而又自認為與現實實踐具有真正聯繫的地位。這種地位使「馬克思主義哲學」在處理某些典型哲學問題時常拿「實踐」來解題，而且往往還從恩格斯和馬克思那裡找來不少論斷做依據。這樣就一舉造成兩方面問題，一方面是降低了馬克思和恩格斯，誤用馬克思和恩格斯的思想範式，把馬克思和恩格斯實踐範式的世界觀思想重新拉回來試圖解答哲學上的問題，罔顧那種思想本是要揚棄哲學從而消解或廢除哲學問題的。在這個意義上，「馬克思主義哲學」還圍於哲學，還夠不上是馬克思和恩格斯的思想。另一方面是降低了哲學，「馬克思主義哲學」誤會了作為異化的哲學之本己的思辨範式，把思辨範式的哲學問題降格為生活行動問題從而貌似輕鬆地用行動來解答思辨問題，殊不知這樣做就還根本沒有達到哲學應有的思辨高度。在這個意義上，「馬克思主義哲學」實在還不夠哲學。因此，當代馬克思主義哲學研究面臨著雙重的困窘：如果與馬克思和恩格斯思想範式真正保持一致，作為異化的「哲學」就難以保全，反之，如果還要成為「哲學」，作為實踐範式的新世界觀的馬克思恩格斯思想就難以宗奉。

當然，如若在解釋世界與改變世界之間，在哲學與實踐之間，論者能夠保持適當的範式界限意識，那麼仍然可以針對馬克思和恩格斯思想，本著思辨範式進行哲學研究，反思其新世界觀中已然揚棄為要素的哲學內容。這樣做所成就的是哲學，但不是馬克思和恩格斯思想本身的延續或光大。或者，可以本著馬克思

和恩格斯思想的實踐範式來繼續批判性地剖析作為異化的哲學，揭示其思辨性質乃至意識形態性質。這樣做所能成就的不再是哲學，但卻可能是馬克思和恩格斯思想本身的發揚光大。在我看來，榮偉傑《無限的荒謬：恩格斯發展觀研究》這部著作大體是上述選項中以哲學研究為己任的一個學術嘗試。它批判性地反思恩格斯思想中的「無限」議題。

　　這部著作原是作者的大學本科畢業論文。我是這篇畢業論文的指導教師，曾與作者進行過頻繁而深入的討論。我們的問題意識和哲學理解有重要的交集。我十分讚賞他的獨立之精神和自由之思想，更樂見其創獲正式刊布於世，廣請學林公議，庶幾有裨於天下公器。

　　是為序。

廣州中山大學哲學系教授　馬天俊
草於2019年11月28日暨恩格斯冥誕199週年之際
翌日改，又翌日寫定

目次 | CONTENTS

序言／馬天俊 005

引言　全書的奠基 011

§ 上篇　概念的準備

第一章　無限——從日常用法到哲學概念 042
　　　第一節　康德《道德形而上學原理》的理解 042
　　　第二節　黑格爾體系的理解 048
　　　第三節　過渡的進行 057

第二章　以《純粹理性批判》界說兩種無限 062

第三章　哲學史上的兩種無限 078
　　　第一節　亞里士多德 081
　　　第二節　庫薩的尼古拉和笛卡爾 093
　　　第三節　斯賓諾莎和萊布尼茨 109

上篇小結 128

§ 下篇　形上的考察

第四章　學說的悖謬 137
　　　第一節　潛無限 137
　　　第二節　實無限 142
　　　第三節　「挪移」和「雜拌」 156

第五章　恩格斯——悖謬的自覺和解決的方案　　165

第六章　恩格斯與黑格爾的差異　　180
　　第一節　無限性　　180
　　第二節　質量變　　201
　　第三節　發展觀和差異的總結　　211

下篇小結　　219

結語　　225

跋（一）　目的論——在恩格斯與黑格爾之間　　227

跋（二）　「值域」非何　　247

參考文獻　　276

索引　　292

原始後記　在灰色與青色之間　　299

出版後記　寰宇之內尋正義　　315

引言　全書的奠基

一

　　這是戰場，亦是法庭。一個爭論不休的戰場和一個形而上學裁定的法庭。這些說法也許似曾相識，它們屬於《純粹理性批判》的兩套自我理解。有了形而上學的戰場，就有（知識的）內戰[1]——（不曾有）戰士[2]（站穩）陣腳[3]——（最終淪為）無政府狀態[4]；有了純粹理性的法庭，就有合法權益的批准[5]、違禁品的沒收[6]、非法竊取[7]（的歸屬）、自由公民的裁決[8]、法官的審查[9]。其實，並不真的有戰場或法庭，毋寧說實際有的是一部專著。前面講到，本書也願做一個戰場和法庭——願在性質上如上所言，願在內容上成為無限問題紛爭的戰場和檢視恩格斯發展觀的法庭。

---

[1] 康德：《純粹理性批判》，AIX，王玖興主譯，北京：商務印書館，2018年（以下簡稱《純粹理性批判》王譯本），第3頁。《純粹理性批判》有多個譯本，本書根據情況靈活使用。

[2] 《純粹理性批判》王譯本，第17頁。

[3] 《純粹理性批判》王譯本，第17頁。

[4] 《純粹理性批判》王譯本，AIX，第3頁。

[5] 《純粹理性批判》王譯本，AXII，第5頁。

[6] 《純粹理性批判》王譯本，AXV，第7頁。

[7] 《純粹理性批判》王譯本，A149，第136頁。

[8] 《純粹理性批判》王譯本，A739，B767，第592頁。

[9] 《純粹理性批判》王譯本，A739，B767，第593頁。

　　戰場和法庭也不會窮盡一部專著。《純粹理性批判》中的事情不還是女王、老婦、賤民、世系、渾沌和黑夜之母[10]嗎？不還是生意人——亂花進款——日後停業——不善經營[11]嗎？不還是求教者、小學生[12]嗎？不還是遺產、禮物[13]嗎？不還是有機結構、器官[14]嗎？不還是批判道路——荊棘叢生——路途險阻[15]嗎？不還是原料——加工——產品[16]嗎？不還是基地、基礎、建築、大廈[17]嗎？不還是（輕盈的）鴿子——（善於）飛翔——（誤以為有）「相」的翅膀——（最後進入）知性的真空[18]嗎？不還是疆土、區域、幅員、位置、邊界、真理之邦[19]嗎？不還是孤島、海洋、霧峰隆起、冰山傾頓、新大陸、航海家、地圖[20]嗎？不還是略寫字母、筆觸、畫面、畫料、畫家、相面術士[21]嗎？不還是喬裝打扮——（更換）衣裳、（更改）腔調——（塑造）冠冕堂皇的外表[22]嗎？不還是程序、頭銜、綬帶、勳章[23]嗎？不還是決堤洪水

---

[10] 康德：《純粹理性批判》，AIX-AX，鄧曉芒譯、楊祖陶校，北京：人民出版社，2004年（以下簡稱《純粹理性批判》鄧譯本），第1-2頁。

[11] 《純粹理性批判》王譯本，第14頁。

[12] 《純粹理性批判》王譯本，第16頁。

[13] 《純粹理性批判》王譯本，第26頁。

[14] 《純粹理性批判》王譯本，第30頁。

[15] 《純粹理性批判》王譯本，第33頁。

[16] 《純粹理性批判》王譯本，A1，第35頁。

[17] 《純粹理性批判》王譯本，A3，第36頁。

[18] 《純粹理性批判》王譯本，A5，第37頁。

[19] 《純粹理性批判》王譯本，A235，B294，第216頁。

[20] 《純粹理性批判》王譯本，A236，B295，第216頁。

[21] 《純粹理性批判》王譯本，A570，B598，第470頁。

[22] 《純粹理性批判》王譯本，A606，B634，第497頁。

[23] 《純粹理性批判》王譯本，A735，B763，第590頁。

——任意氾濫，聯想潛流——所欲盡往[24]嗎？諸如此類的其他面向，在本書中可能也有，甚或還有待於詮釋和發揮，但它們均不屬自覺的用意，毋寧應歸功於實體之命運。[25]倘若日後能在其他區域甚或實踐領域發揮一定的功用或帶來可觀的效益，也全憑命運的慷慨。一句話，此處只有純粹哲學的追求。[26]

純粹哲學的追求是一種異化。原始人類的生活不必有哲學，在馬克思主義所暢想的共產主義社會，同樣也沒有哲學的地盤。[27]在古希臘，哲學自覺為一種特殊的「觀看」，這種「觀看」不可用肉體凡胎的雙眼，而必得用心靈之眼。它以非人的、神性的對象為目標，以追求智慧自詡其名。柏拉圖的「相論」是

---

[24] 《純粹理性批判》王譯本，A783，B811，第621頁。

[25] 可參徐長福對於「實體完形」的論述，見《理論思維與工程思維——兩種思維方式的僭越與劃界》，重慶：重慶出版社，2013年，第33頁。另可參萊考夫、約翰遜：「上述十二個屬性是因果關係原型的特點。在我們的日常生活中，它們總是一遍又一遍地不斷在各種行為中出現。我們將它們作為完形來體驗，也就是說，對於我們體驗而言，這些屬性整體出現比它們單獨出現更為基本。」（《我們賴以生存的隱喻》，何文忠譯，杭州：浙江大學出版社，2015年，第70頁）其中「完形」在周世箴的譯本中作「格式塔」（雷可夫、詹森：《我們賴以生存的譬喻》，台北：聯經出版事業股份有限公司，2006年，第135頁）。後文中類似「實體之命運」、「偶性的完形」等說法將不再解釋。

[26] 關於純粹哲學的追求，有與本書完全不同的理解聊備參考，見葉秀山：〈序「純粹哲學叢書」〉（2001年）、〈從純粹的學問到真實的事物——「純粹哲學叢書」改版序〉（2007年），載於「鳳凰文庫·純粹哲學系列叢書」。

[27] 可參以賽亞·伯林：《卡爾·馬克思》，李寅譯，南京：譯林出版社，2018年，第136-138頁；伊賽·柏林：《馬克思傳》，趙干城、鮑世奮譯，丘為君校，台北：時報文化出版企業有限公司，1990年，第123-124頁。或參馬天俊：〈馬克思與哲學〉，載於《江海學刊》，2011年第1期。

其中代表。在「相論」中，理念是永恆而完滿的，現實是朽壞而粗鄙的。理念的價值在於抽象，在於遺世獨立，在於與生活劃清界限——它取消塵世的繁雜，進而純化，變得可把握、可推理、可認識、可保存。[28]實際上，「以純為好」[29]構成了西方形而上學根深柢固的結構隱喻，從柏拉圖一直延伸至康德。我們對前者的這番話耳熟能詳：「讓我們一致認為這一點是哲學家天性方面的東西吧：即永遠酷愛那種能讓他們看到永恆的不受產生與滅亡過程影響的實體的知識。」[30]也對後者的這段話如雷貫耳：「凡是不夾雜任何異樣成分的知識，就叫純的。特別是一種根本不夾雜任何經驗或感覺、因而能夠完全驗前地取得的知識，就叫絕對純的知識。理性就是那種提供驗前知識的原理的能力。這些理性合在一起，將是純理性的一件工具：根據這些原理，就能取得一切純驗前知識，那些知識就能實際成立。詳盡無疑運用這樣一件工具，就會建成一個純理性的體系。」[31]這種結構隱喻到費爾巴

---

[28] 對於此論的系統性說明，可參馬天俊：〈哲學家的生存〉（《開放時代》，2001年第3期）、〈從凡俗生活躍起：哲學的使命〉（《長春市委黨校學報》，2002年第1期）、〈哲學範式的隱喻差異——道和相的比照〉（《長春市委黨校學報》，2010年第5期）、〈馬克思與哲學〉（《江海學刊》，2011年第1期）以及《從生存的觀點看》（武漢：華中科技大學出版社，2008年）中對應的諸片段。

[29] 可參侯世達、桑德爾：《表象與本質：類比，思考之源和思維之火》，劉健、胡海、陳祺譯，杭州：浙江人民出版社，2018年，第341-342頁。

[30] 柏拉圖：《理想國》，485 B，郭斌和、張竹明譯，北京：商務印書館，1986年，第232頁。另可參見柏拉圖：「我們姑且假定，哲學家的心靈，必然經常愛好某種知識，足以昭示他們，不因世代與積漸腐化而變異的永恆本質。」（《柏拉圖理想國》，485 B，侯健譯，台北：聯經出版事業股份有限公司，2014年，第291頁）

[31] 《純粹理性批判》王譯本，A11，第41頁。筆者將譯文中的「先天」

哈、馬克思和尼采之時才開始顛倒，但歷史上曾有過的顛倒都未曾毀滅純粹哲學。總而言之，純粹哲學是超然的、出世的、孑然一身的、遺世獨立的、離群索居的、以單一原則貫徹到底的。純粹哲學如此畸形的自我規定，構成一把雙刃劍。好處是其能在理論世界遊刃有餘，在單一推理中靈活自如；壞處是其在實踐範圍裡往往處處碰壁，甚或招致災難、惹出禍端。[32]高貴、神聖是它自己塑造的，而實踐作為一個問題也是它自己造成的。不過，本書無意照管實用，也不關心實踐問題，更無心操辦家國大事，想能避開此類弊病。[33]

　　純粹哲學乃異化的另一個標誌是它的自我說明。馬天俊談到：「人類一切古老而自然的東西都不需要說明理由，晚出的東西才需要申明自己的理由。……從歷史上看，哲學在人類生活中是晚出的，它登場不久就開始自覺地說明自己的意義和價值，說明理論的獨特性，並且正是通過它放在自己對面的東西來自我說

（prior）改為了「驗前」，後文不再強調。理由參見錢捷：〈康德「超絕的」概念的「元」性質——兼談transzendental的漢譯名〉，載於《頭上的星空——康德的《純粹理性批判》與自然科學的哲學基礎》，合肥：安徽文藝出版社，2013年，第53頁。

[32] 關於純粹哲學在理論和實踐中不同命運，可參徐長福：《理論思維與工程思維——兩種思維方式的僭越與劃界》（重慶：重慶出版社，2013年）和《拯救實踐（第一卷 意識與異質性）》（重慶：重慶出版社，2012年）。

[33] 此番道理塞繆耳・早川和艾倫・早川講得生動易懂：「……譬如說，我們畫了一張湖泊圖為了讓它變得更好看一些，竟在湖的輪廓上畫了一個大缺口，這張地圖就完全沒有價值了。但是，倘若我們畫地圖的目的只是為了好玩絲毫不用顧及該區實在的地形，那麼我們盡可以隨意地把湖泊、河流和道路多扭上幾扭，多彎上幾彎，絕對不會有人來阻止我們；因為除非有人想要按照這樣一張地圖去旅行，它不會產生任何害處。」（《語言學的邀請》，柳之元譯，北京：北京大學出版社，2015年，第43頁）

明的。」[34]我們發現，在此自我說明是作為哲學的一種尷尬或不
祥而被理解的。不過不久，這種自我說明就變為了哲學的尊嚴和
品牌。它屬於理性的自我證成，是一種自我奠基。它成為哲學區
別進而鄙視其他學問的基礎──其他學問至多只是「發問」，唯
有哲學是「打破砂鍋問到底」。哲學的全部尊嚴與魅力就在於對
「底」的耕耘和追問。這種追問在哲學的開端泰勒斯那裡以探求
本原（Arche）的面貌出場──本原是其他一切事物之原因的同
時必須成為自身的原因，並在隨後諸哲學家的體系中自覺地內化
──當笛卡爾尋找無可懷疑之物，康德檢驗人類認識的超絕[35]基
礎，黑格爾建構邏輯學的開端之時，它們無一不在進行這種自我
奠基。錢捷認為，康德試圖為人類認識進行奠基而開創超絕哲學
的做法是哲學史上開天闢地的大事，並進而主張**「哲學如果最終
能夠實現其追問的話，則它的完成形式必定是超絕的」**[36]，也是
基於此番道理。本書有著清醒而自覺的自我意識，能夠進行比較
充分的自我奠基。這篇引言正是為著這種自我奠基而寫。在此意
義，它也體現著一部哲學研究專著的自我追求。但這並不代表本
書成就或擁有了一套哲學，事情不能倒著推理。本書不建構哲學
學說，只進行哲學考察。這個考察的方式是哲學，但不論是本書

---

[34]　馬天俊：〈從「道」的隱喻看「相」的隱喻──論「實踐『哲學』」之
　　難〉，載於《現代哲學》，2010年第4期。

[35]　「超絕」指的是transzendental，一般譯為「先驗」。本書使用「超絕」這
　　個譯名，引用譯文中也將修改，後文不再強調。理由參見錢捷：〈康德
　　「超絕的」概念的「元」性質──兼談transzendental的漢譯名〉，載於
　　《頭上的星空──康德的《純粹理性批判》與自然科學的哲學基礎》，
　　合肥：安徽文藝出版社，2013年，第53頁。

[36]　錢捷：《超絕發生學原理》第一卷，北京：中國社會科學出版社，2012
　　年，第11頁。

自身還是所針對之對象，都不能稱作哲學。本書不成其為哲學的原因在於缺少這個抱負，奠基也未見得完備。而考察對象不成其為哲學的原因也不在於缺少奠基——若奠基指的是哲學式，那它對恩格斯的發展觀來說就顯得不匹配，這一點我們稍後解釋；若不限於哲學式，那恩格斯倒也是有著某種清醒的自我意識。

　　我們的法庭是以前後一貫為標準來判定恩格斯的發展觀屬於哲學之外的。或者說，本書從純粹哲學的角度進行考察，結果發現了恩格斯學說中系統的不一致性。康德曾說：「**前後一貫是一個哲學家的最大責任。**」[37]這種說法有些過於狹窄，此類品質也應拓展到一切理論之中。唯有在實踐中，前後不一才可能是合法的。表面上看，我們的法庭以此作為評判要素，似乎已把要求過於放寬，以致對判決本身構成一種溺愛。但在結果上，卻是強化。因為倘若要求已然嚴重放寬，一種學說尚且不能構成哲學，那在嚴格條件下就更無可能了。事情也可以有另外的理解模式，即我們是選擇純粹哲學的第一條特徵（一以貫之的美德）來檢驗對象的。平心而論，哲學乃多重屬性的集合體，諸要素缺一不可，在此意義，用其何者加以評判是無所謂的。但第一條特徵更能適用恩格斯發展觀的情況。因為它揭示的是理論與實踐的張力，而非哲學與其他理論之分別。只有在這一層面，對恩格斯發展觀的把握才稱得上精準和到位。因此，以奠基性考察來進攻恩格斯雖然火力十足，但勁頭過猛，以致我們無法從燒焦的廢墟中提煉出具備啟迪性質的教益，此之謂不匹配。

---

[37] 康德：《實踐理性批判》，鄧曉芒譯、楊祖陶校，北京：人民出版社，2003年，第29頁。

二

　　進一步的問題是，為何要從哲學的角度考察恩格斯的發展觀？為何不檢驗其是否是宗教？是否是機器？是否是戲劇？是否是毒藥？是否是詩歌？是否是諺語？是否是巫術？是否是密符？是否是塑料？是否是報導？原因在於，首先，每一套學說都有其特定的針對性──恩格斯發展觀的幾個對手，如杜林的《哲學教程》和黑格爾的《邏輯學》，都是哲學領域的學說，並在當時享有盛名。恩格斯以他們為批判鵠的，以哲學問題為討論中心，其旨其論自然關涉著哲學。由此，我們以哲學為考察方式可說是題中應有之義。其次，哲學同時也是本書自身的興趣。本書以此作為發端和預設，並以清醒的自我意識為限，希圖在哲學的範圍內做一番推演判斷，想要說明某些關鍵棘手的問題，期望提供這一個方面的見地。儘管這種預設讓本書的自我奠基不能完備，但也算合理地劃出了一片詮釋學界域。

　　詮釋學劃界的意識亦是本書方法論自覺的一個重要部分。這不僅包括前已提到對自身和文本的自覺，更包括對它們之間差異或衝突的自覺。簡而言之，恩格斯沒有以哲學為直接目的構建自身的發展觀，但我們是從哲學的角度考察它的。故而，事情需要劃界──「我們好愛哲學，而哲學不是一切」[38]。由此可能附帶的另外疑難是，長久以來一直有一種流俗的看法充斥學界，認為只能按照思想家自身主張的方法論來解讀他──要以柏拉圖的方式研究柏拉圖，以黑格爾的方式研究黑格爾，以馬克思的方式

---

[38]　馬天俊：〈論《資本論》中的「化身」問題〉，載於《當代國外馬克思主義評論》，北京：人民出版社，2015年，第180頁。

研究馬克思。這既是一派胡言，也違背詮釋本性——後者稍後再議。合理的情況是，學術研究是完全自由的，採用何種方法與角度也是完全任意的。只要建立在自覺劃界的基礎上，就是合法的。意思是說，我們可以用非恩格斯的方式研究恩格斯，只要這是自覺分野而非互相混淆的——不能把非恩格斯的觀點說成是恩格斯的，不能把非恩格斯的成分當成恩格斯的。這就是最後的戒律。應用在我們這個哲學法庭上，只要清醒地記住哲學只屬於法庭自身的興趣，而不屬於恩格斯本人，最終的裁決就不可能是不公正的。這是就學術研究的方面而論的，另外一個有關方面是學術批判。詮釋學劃界意味著只有一種批判是合法的，那就是切中對象自身目的的批判。假如恩格斯並沒有哲學的目標，而我們批判他沒有建構出一套哲學，那就方枘圓鑿。因此，我們在戰爭中取得的勝利，並不能在直接意義上撼動恩格斯的發展觀。而充其量只是在二階意義有其效力，即我們只想試圖一看——要是以哲學的角度審查這個學說，那會形成何種面貌？承認這一點，並不敗壞任何事情。相反，此類自覺或自謙就是最崇高的學術規範。

其實，恩格斯自己也曾示範過此類詮釋學劃界：「*但是這裡確實必須指出一點：黑格爾並沒有這樣清楚地做出如上的闡述。這是他的方法必然要得出的結論，但是他本人從來沒有這樣明確地作出這個結論。*」[39]此處話說得很明白——事情並非黑格爾所自覺，但在客觀上乃其方法的必然結論。無獨有偶，馬克思也曾提到，劃界後的面貌，可能是某些要素僅僅「*『自在地』存在，而不是作為自覺的體系存在。即使在那些賦予自己的著作以系統*

---

[39] 恩格斯：〈路德維希・費爾巴哈和德國古典哲學的終結〉，載於《馬克思恩格斯全集》第二版第28卷，北京：人民出版社，2018年，第325頁。

的形式的哲學家如象斯賓諾莎那裡，他的體系的實際的內部結構同他自覺地提出的體系所採用的形式是完全不同的」[40]。其實，文本解讀上的許多事情都是這樣。一方面，作者是人而非機器，其注意力不可能是鐵打的，故而難得不出錯；另一方面，文本一旦寫出，就脫離作者之思而獨立實存，而後命運就將它變為偶性的完形，使其遭遇異質的命運。毋寧說，那種把作者立場當作詮釋憲法的做法，恰恰預設了任何情況下作者都「想到」、「說到」且「做到」。而實際情況是，作者未必有如此清醒而完備的自我意識。按上述的分類，問題有最基本的兩種類型。其一是作者「自覺但未做到」，即作者「聲稱如此」，「說是如此」，「主張如此」，可經實際考察，並非如此。例如，費爾巴哈聲稱自己是唯物主義者，可恩格斯恰恰揭示了其實質上的唯心主義性質。其二是作者「做到但未自覺」，即前此恩格斯和馬克思都提到的——有時實際的文字客觀上導致某種必然的後果，但作者對此無感甚或主張與此相反。這就是詮釋的本性，我們這個法庭在原則上尊重、展現而非掩蓋這一本性。

　　此番道理乃本書實際景況之蒸餾。具體到當下的考察，情況就更顯複雜。表面上看，相當多的結論恩格斯都未曾意識到

---

[40] 馬克思：〈馬克思致斐·拉薩爾（1858年5月31日）〉，完整內容為：「你在寫作中必須克服的困難，我尤其清楚，因為十八年前我曾對容易理解得多的哲學家——伊壁鳩魯進行過類似的工作，也就是說，根據一些殘篇闡述了整個體系。不過，我確信這個體系，赫拉克利特的體系也是這樣，在伊壁鳩魯的著作中只是『自在地』存在，而不是作為自覺的體系存在。即使在那些賦予自己的著作以系統的形式的哲學家如象斯賓諾莎那裡，他的體系的實際的內部結構同他自覺地提出的體系所採用的形式是完全不同的。」（《馬克思恩格斯全集》第一版第29卷，北京：人民出版社，1972年，第540頁）

（在法庭特定的敘述模式下，讀者想必也時常這樣覺得）——兩種無限性的衝突、黑格爾批判的錯位以及質量變原理的挪用等。但是，其中絕大多數都有其他文本證據表明，恩格斯對它們完全懂得。沒有證否的「不懂」，亦可通過「值域轉換」[41]而消解。可見，事情之複雜程度並非三言兩語得以云謂。本書耗過幾十萬字，也只能澄清其中基本問題，絕不承諾窮盡所有疑難。在此意義，過於籠統的定論——所謂恩格斯對特定議題就是「懂得」或「不懂」——往往不得要領。按前此判斷，根本原因就在於其中蘊含著層層重疊的詮釋學界限。不一一釐清這些關係，就無法準確理解和把握恩格斯的發展觀。

　　這些事情很大程度上屬於全書的工作，或該由篇末之「解題」來集中處理。要想在此交代完全，既不必要，也不可能。故而，我們僅僅提及其中與「純粹哲學」內在相關的一處，以利展現引言之核心要旨。在〈路德維希·費爾巴哈和德國古典哲學的終結〉（以下簡稱〈終結〉）的末尾，恩格斯談到：「『有教養的』德國拋棄了理論，轉入了實踐的領域。……但是，思辨在多大程度上離開哲學家的書房而在證券交易所築起自己的殿堂，有教養的德國也就在多大程度上失去了在德國最深沉的政治屈辱時代曾經是德國的光榮的偉大理論興趣——那種不管所得成果在實踐上是否能實現，不管它是否違反警方規定都照樣致力於純粹科學研究的興趣。……而在包括哲學在內的歷史科學的領域內，那種舊有的在理論上毫無顧忌的精神已隨著古典哲學完全消失了；起而代之的是沒有頭腦的折中主義，是對職位和收入的擔憂，直到極其卑劣的向上爬的思想。……德國人的理論興趣，只是在工

---

[41] 在本書跋（二）「『值域』非何」中，有對「值域轉換」的具體論述。

人階級中還沒有衰退，繼續存在著。在這裡，它是根除不了的。在這裡，對職位、牟利，對上司的恩典，沒有任何考慮。相反，科學越是毫無顧忌和大公無私，它就越符合工人階級的利益和願望。」[42]在此，恩格斯讚揚了那種「不管實踐上怎樣，而單純致力於純粹科學研究」的興趣——這種興趣就是我們所謂純粹哲學的興趣。根據恩格斯，有教養的德國已經喪失這種興趣並轉入證券交易所，取而代之的是對牟利的需要。和畢達哥拉斯將之斥為「**奴性**」一樣[43]，恩格斯的譏諷同樣刻骨銘心，讓人想起其早年詩作〈湊巧講出的實話〉[44]，或彷彿聽到〈畢業歌〉的激情演唱：「**我們不願做奴隸而青雲直上！**」[45]因而，純粹哲學的興趣雖然客觀上外在於恩格斯的學說，但未必總受其反對——我們的

---

[42] 恩格斯：〈路德維希·費爾巴哈和德國古典哲學的終結〉，載於《馬克思恩格斯全集》第二版第28卷，北京：人民出版社，2018年，第366-367頁。

[43] 第歐根尼·拉爾修：《古希臘哲學的故事》，王曉麗譯，北京：時事出版社，2019年，第309頁。對應舊版——第歐根尼·拉爾修：《名哲言行錄》下卷，馬永翔、趙玉蘭、祝和軍、張志華譯，吉林：吉林人民出版社，2003年，第505頁。另，楊適《古希臘哲學探本》（北京：商務印書館，2003年，第159-169頁）亦有提及。但，據王子嵩、范明生、陳村富、姚介厚《希臘哲學史》第一卷（修訂本）（北京：人民出版社，2014年，第225頁），此事可靠與否在學界存疑。兩點拓展在下文將不再重複。

[44] 恩格斯：「我想步步高升，赫然青雲直上，我想備受尊崇，住進宮闕殿堂，請問我該如何行動，才能如願以償？這時外面傳來漁婦叫賣的聲響：熏青魚！熏青魚！我終於升遷幸進，靠的是低首下心、阿諛逢迎，我自問最終還有什麼屬於我，如果死亡降臨？這時外面傳來販沙者叫賣的聲音：沙土！沙土！」（〈湊巧講出的實話〉，載於《馬克思恩格斯全集》第二版第2卷，北京：人民出版社，2005年，第77頁）

[45] 〈畢業歌〉，田漢詞、聶耳曲，創作於1934年，是電影《桃李劫》的插曲。

考察也並不必然受原作者排斥，哪怕排斥與否於合法標準而言是全然無謂的。事實上，恩格斯的發展觀只在特定條件下才構成對純粹哲學的揚棄。哲學作為異化，或作為意識形態，在歷史唯物主義的敘事下，並非總一無是處。當它與社會的發展同向時，就代表了進步的積極因素，即使恩格斯自己並非想藉此形式而成為進步力量。在此意義，可說恩格斯對「所做」和「不做」都有清楚的自我意識，這也唯有通過劃界方得顯現。

最後，上述提到的所謂讚揚，亦即與社會的發展同向，或用引文說——「**德國人的理論興趣，只是在工人階級中還沒有衰退，繼續存在著。……科學越是毫無顧忌和大公無私，它就越符合工人階級的利益和願望**」[46]，不僅表明一種純粹哲學的精神，也同時表明某種真誠的品性。此類真誠好比黑格爾所謂「理性的狡計」，其原始目的並非為工人階級服務，僅是單純地大公無私，但越是這樣，結果就越有利於工人階級。同樣的真誠在我們這個法庭上也存在。著眼實際，國內學界已然有大量作品立志為恩格斯的說法辯護，但它們往往由於懷抱先定的目的從而在直接意義上苦心孤詣，結果往往掩蓋而非揭示並解決諸多重要問題，導致說服力下降。其本來目的也未得實現——與其說是辯護，不如稱為詆毀。相反，本書以絕對的真誠為己任，並不把特定的捍衛或辯護擺在前面，而是自由地分析。最後，如果在結果上發現我們辯護了恩格斯的學說，那對於先前的那種目的來說，豈非更好嗎？豈非更有說服力嗎？雖然我們的法庭審判了恩格斯的發展觀，我們的戰場征戰了恩格斯的理論，但客觀上卻能構成對其完

---

[46] 恩格斯：〈路德維希・費爾巴哈和德國古典哲學的終結〉，載於《馬克思恩格斯全集》第二版第28卷，北京：人民出版社，2018年，第367頁。

備而終極的辯護。這一點同樣是通過劃界來完成的。

　　總之，詮釋學劃界作為本書內在而核心的方法論意識，又有如此功績，可謂全書的「阿基米德支點」[47]，再怎樣強調也不為過。

三

　　除去固守原作者眼光的習見，還有另外一種不涉內容的流俗學術意識形態可能對本書構成不講道理的責難。比起前一種，這個成見更善於侵害學術自由，它甚至開始對學術著作的風格做起了限制。[48]這種見解古來有之，《純粹理性批判》第一版序言中，康德說到：「關於明晰性，讀者首先有權要求我通過概念做

---

[47] 可參笛卡爾：「阿基米德只要求一個固定的靠得住的點，好把地球從它原來的位置上挪到另外一個地方去。」（《第一哲學沉思集》，龐景仁譯，北京：商務印書館，1986年，第24頁）

[48] 除去此處所論的「清晰／繁瑣」以外，學界還有諸多關涉風格的意識形態，如「宏大／微小」。一類流俗的觀點似乎默認了只有「小題大做」的學術作品才品質上乘，而「宏大敘事」則代表了「大而無當」。諷刺的是，此類看法既不像本雅明或波普爾一樣用一套道理闡明自身之主張（深海採珠／零星社會工程）；也全然不顧評判對象之實際內容而做先在的風格審判。在哲學研究中，倘若此類現象的廣泛存在並非胡說，那麼只能說明它太缺乏哲學素養以致從來不曾反思自身之合法基礎。它適合遭受類似《共產黨宣言》風格的回應——本書的奔頭的確是「大」，但這並不立馬代表「大而無當」，因為還有另外的可能性，即「大而有當」。其實，「大」有「大」應有的「當」，「小」也有「小」應有的「當」。它們的當是不同的——兩種風格分屬不同品類。微小有宏大沒有的優勢，宏大亦有微小缺乏的魅力。究竟何者合適，要視具體的目標和抱負而定。歸根結柢，它們不應獨自作為評判標準。批駁這些學界意識形態是本書完成自身方法論奠基的應有之義，這是理想。現實則是，正文分析幾類，注釋拓展一種，其餘鞭長莫及。

到論證上（邏輯上）明晰，然後要求我通過直觀亦即通過事例或其他具體闡述做到直覺上（感覺上）明晰。對於前一個要求，我已竭盡心力，盡可能做到了。因為它關係到我的計畫的本質，但是它也成了一個偶然的原因，使我對於後一個雖非十分嚴格卻也完全合理的要求沒能予以充分滿足。」[49]康德把這兩個意義上的明晰要求都稱作合理的，這太過客氣。因為既然後來的情況表明這兩個要求是內在衝突的，它們就不可能同時合理。隨後，康德論述了「通俗意義上明晰的要求」為何受到「本質意義上明晰要求」的抵制，從而對《純粹理性批判》是不適用的。其實，毋寧說這兩種清晰的要求都是不合宜的。在第一個層面，康德本質地要求通過概念做到論證上清晰，其實質是要求邏輯正確。在這裡，他是把「清晰」當作「正確」的同義語而使用的。但實際上，清晰是一種風格，它與真理無關。它們是分屬於兩個系列的不同品類之事，無因果聯繫。邏輯正確與否是由規則決定的，正確的邏輯不一定是清晰的──難道沒有雖然繁瑣但十分正確且無多餘之物的演繹推理嗎？許多分析哲學家不是照樣清晰地犯著很多錯誤嗎？同樣，真理在風格上亦不是先定的，就其本身而言，既可能是清晰的，也可能是繁瑣的。有些事態複雜的真理，如果硬要它變得清晰，這項真理可能就消失了。故真理就只是內容，如果清晰也內在，就必定是內容的「同義語」[50]──哪怕它們在

---

[49] 《純粹理性批判》王譯本，XVIII，第8頁。

[50] 清晰內化為真理之同義語這個現象，在笛卡爾處也可見到。參見笛卡爾：「凡是我沒有明確地認識到的東西，我決不能把它當成真的接受。也就是說，要小心避免輕率的判斷和先入之見，除了清楚分明地呈現在我的心裡、使我根本無法懷疑的東西以外，不要多放一點別的東西到我的判斷裡。」（《談談方法》，王太慶譯，北京：商務印書館，2000

實體上合一，在道理上也應當分開。也就是説，這種情況下，強調清晰是無謂的。清晰乃因真理而被強調，絕非因其自身。

轉到第二個層面，還有另外一種情況，即清晰與否對某個真理來説是任意的——清晰或繁瑣的表述都既不增潤亦不減損真理的量。在此情形，倘若還是要求清晰，就或是出於世俗的考量，或是出於道德意識形態的預設。前者指是為著某種「好處」，例如「便於理解」；後者指專著有義務服務讀者，例如「清晰是寫作的美德」。它們亦時常彼此結合，在康德這裡便是如此。我們記得，謀求好處的兩個考量，曾被畢達哥拉斯斥為「一副奴隸的品性」[51]，並和追求真理三足鼎立。[52]既然如此，它就不可能作為一統天下的要求。而講究美德的需要則和蘇格拉底[53]有關——

年，第16頁）和「……而出現在夢裡的情況好像並不這麼清楚，也不這麼明白。」（《第一哲學沉思集》，龐景仁譯，北京：商務印書館，1986年，第18頁）

[51] 第歐根尼·拉爾修：《名哲言行錄》下卷，馬永翔、趙玉蘭、祝和軍、張志華譯，吉林：吉林人民出版社，2003年，第505頁。對應新版——第歐根尼·拉爾修：《古希臘哲學的故事》，王曉麗譯，北京：時事出版社，2019年，第309頁。

[52] 斯賓諾莎也有類似説法。參見斯賓諾莎：《知性改進論》，賀麟譯，北京：商務印書館，1960年，第20-21頁。

[53] 關於下述之事的蘇格拉底元素，可參：北京大學哲學系外國哲學史教研室《西方哲學原著選讀》上卷（北京：商務印書館，1981年，第58-60、65-68頁）中「9.01蘇格拉底的主要貢獻是歸納和定義」、「9.02蘇格拉底的『辯證』方法」和「9.05人應當知道自己的無知」等章節；王子嵩、范明生、陳村富、姚介厚《希臘哲學史》第二卷（修訂本）（北京：人民出版社，2014年，259-266頁）中第二編第六章「蘇格拉底其人及其史料」的第二節「使命和人格」以及楊適《古希臘哲學探本》（北京：商務印書館，2003年，第317-343頁）等文獻。

這種美德預設了專著須服務讀者，再進一步地將其普遍化，卻沒想到這根本不是天然成立的。它沒有問到「砂鍋之底」，只達到一個半途上的「清晰」就停下不問，甚至對此渾然不覺。「你以為你知道，其實你不知道，不僅如此，你連『你不知道』這一點也不知道！」[54]在此，哲學的根本品性已喪失殆盡。其實，此事本有諸多異質性，「專著服務讀者」只是其中之一的面向。專著也全有可能服務作者，或服務真理本身，哪怕它們並不完全衝突。更有甚者，連清晰是否屬於審美取向也是全然不定的，有人以清晰為美，但中國文學傳統一般以委婉含蓄為美。一部情節曲折、敘事婉約的作品不同樣令人回味無窮嗎？那種主張哲學和文學在表達上應劃清界限的觀點，一旦追問原因，就不得不落入上述批判的窠臼。可見，此番見解本身連哲學的皮毛都算不上。借薩特之言，方法論的真正合理形態毋寧是：「你是自由的，所以你選擇吧——這就是說，去發明吧。沒有任何普遍的道德準則能指點你應當怎樣做：世界上沒有任何的天降標誌。」[55]

　　清晰能作為有限度的取向和選擇，甚至也可作為瞄準具體利益的策略和措施，但不能當作一統天下的準則。哲學世界不宜被整齊地單一化、片面化。把一個畢竟和真理無關的要求冒充為天然正義，在根本上是對真理的鉗制和詆毀。當代分析哲學重複著這種鉗制和詆毀。趙越勝說到：「我們批評分析哲學，並不因為它不夠精準，而是因為它實際上毀滅哲學思維，因為精準並非哲學的目的。……分析哲學自虐般地逼迫語言龜縮入貧乏的一隅。

---

[54] 馬天俊：《從生存的觀點看》，武漢：華中科技大學出版社，2008年，第60頁。

[55] 薩特：《存在主義是一種人道主義》，周煦良、湯永寬譯，上海：上海譯文出版社，1988年，第24頁。

思維被禁錮在緊身衣中，它不再從事探求和尋求，也不再提供解決問題的新材料，而僅把已知的東西加以整理。……分析哲學在清理形而上學的混亂時，把技術現實中人的行為觀念化，把幻覺中的真一筆抹殺，從而變成一種新意識形態。」[56]這些說法，一語中的。清晰意識形態在機械化、技術化的資本主義時代得到空前強化。同樣，「以清晰為好」作為深層結構隱喻[57]，亦構成分析哲學的一個標準範式。[58]在此模式，哲學已然遺忘了「砂鍋之底」的初心，不再進行前提批判，而淪為既定體系的恆久訓練[59]。它不再專注於思索另外世界的可能，而只夢想在舊有範圍

---

[56] 趙越勝：《精神漫遊》，香港：Oxford University Press，2017年，第72-74頁。

[57] 可參侯世達、桑德爾：《表象與本質：類比，思考之源和思維之火》，劉健、胡海、陳祺譯，杭州：浙江人民出版社，2018年，第338-339頁。

[58] 分析哲學內部的思考並非鐵板一塊，部分學者已對清晰提出質疑。可參霍爾特等：「但是，一個實行家從不去反省他自己的心理過程，因此他不會注意到他對事物所感到的確定性並不是事物的一種屬性，而只是他對它們的看法中的某種精確性。這類關係儘管明確而清楚，卻不足以證明它們因而也具有極大的重要性。」（《新實在論：哲學研究合作論文集》緒論，伍仁益譯，鄭之驤校，北京：商務印書館，2013年，第24頁）亦可參Wilfrid Sellars, "Philosophy may perhaps be the chaste muse of clarity, but it is also the mother of hypotheses. Clarity is not to be confused with insight. It is the latter which is the true final cause of philosophy, and the insight which philosophy seeks and which always eludes its grasp is total insight."（*Science and Metaphysics: Variations on Kantian Themes*, Ridgeview Pub Co, 1993, p.12）然而，這既不代表清晰窠臼已然逃離，也不表明清晰批判斷然失效。

[59] 「訓練」已然內化為分析哲學默認的前見——例如，可參霍爾特等：《新實在論：哲學研究合作論文集》緒論，伍仁益譯，鄭之驤校，北京：商務印書館，2013年，第35、36頁。歷史地看，康德的相關表述或已是不祥之

內錘鍊得日益精準。[60]它預定了事情必須十足清晰，而若最後一片混亂，就是水準不夠、練習不足。它單一化了哲學本身和周遭世界，又在關涉哲學史的事情上數典忘祖[61]。它常以「主義」或「問題」匡定諸學術流派，又忽視它們各自裏挾的異質性。它把哲學變為可複製或批量生產之物，其本質中甚至帶有無法擺脫的極權性質……[62]

兆：「我們把這種對偏離某些規則的經常性的傾向加以限制、並最終予以根除的強制，叫作訓練。訓練與教養（Kultur）不同，後者僅僅意在獲得某種熟巧，而不消除另一種已有的與之相反的熟巧。因此，為了培養一個已有自我表現衝動的有才能者，訓練將提供一種否定性的貢獻，而教養與教誨將提供肯定性的貢獻。」（《純粹理性批判》王譯本，A709-A710，B717-B738，第573-574頁）

[60] 對分析哲學的批判，還有其他值得重視的樣式。例如，可參翁貝托·埃科：「分析哲學自滿於自身對真理的概念（所研究的不是事物為何是其所是，而是如果一個命題被理解為真就應該得出結論的問題），而沒有關注我們與實物的前語言的關係。換句話說，如果雪是白的，雪是白的這一陳述就為真，但是我們如何意識到（並且肯定）雪是白的要交給感知理論或眼睛去解決。」（《康德和鴨嘴獸》，劉華文譯，上海：上海譯文出版社，2019年，第14頁）「……這一點被像胡塞爾這樣對什麼的知識感興趣的人意識到了，並且顯得很失望。但這一失望對有些人卻轉化成了滿意。這些人認為知識的問題（不論是什麼的知識還是有什麼內容的知識）只有用語言的方式才能解決，也就好似說明命題之間的恰當的關聯來解決。」（同前，第71頁）以及趙汀陽：「概念之義是約定的，或有混亂之處，哲學分析對概念之義雖有澄清之效，但思想的困惑並沒有因為概念的澄清而消失，因此，維特根斯坦所宣導的概念研究只是反思的輔助性工作。」（《第一哲學的支點》，北京：生活·讀書·新知三聯書店，2017年，第1-2頁）

[61] 可參吳根友：〈即哲學史講哲學——關於哲學與哲學史研究方法的再思考〉，載於《哲學研究》，2019年第1期。

[62] 本段所談，馬爾庫塞《單向度的人——發達工業社會意識形態研究》

四

　　這個法庭願做民主的典範，它不以清晰為目標，僅以融貫、奠基和劃界做尺度。在此，審理對象是恩格斯的學說。一般看來，這套學說與其所屬主義的關係並非總是琴瑟和諧。同樣，恩格斯作為原始作家之一，也常處於某種尷尬境地。一方面，他畢竟不是馬克思，他們使用各自獨立的兩個大腦進行思考，儘管相似，難免不同。另一方面，他又不像列寧那般可與馬克思完全剝離。這不僅在於，諸如《共產黨宣言》（以下簡稱《宣言》）和《德意志意識形態》（以下簡稱《形態》）等重要文本的作者有兩位；也同樣在於，在諸多思想要素上，恩格斯實際內稟馬克思主義甚或在傳記意義上領先馬克思[63]——在此意義，不論「拉第

（劉繼譯，上海：上海譯文出版社，2008年）尤值參考。另外，柏格森《思想和運動》（楊文敏譯，北京：北京時代華文書局，2018年）、霍克海默和阿道爾諾《啟蒙辯證法：哲學斷片》（渠敬東、曹衛東譯，上海：上海譯文出版社，2006年）以及本雅明《啟迪：本雅明文選》（阿倫特編，張旭東、王斑譯，北京：生活‧讀書‧新知三聯書店，2014年）等著作亦應重視。

[63] 其中，「恩格斯領先馬克思」可分兩類。其一是在歷時性基礎上，恩格斯的觀點早於馬克思的同類觀點。例如，在《英國狀況‧十八世紀》中，恩格斯已然提到：「因此，財產，同人的、精神的要素相對立的自然的無精神內容的要素被捧上寶座，最後，為了完成這種外在化，金錢、財產的外在化了的空洞抽象物，就成了世界的統治者。人已經不再是人的奴隸，而變成了物的奴隸；人的關係的顛倒完成了；現代生意經世界的奴役，即一種完善、發達而普遍的出賣，比封建時代的農奴制更不合乎人性、更無所不包；賣淫比初夜權更不道德、更殘暴。——基督教世界秩序再也不能向前發展了；它必然要在自身內部崩潰並讓位給合乎人性、合乎理性的制度。基督教國家只是一般國家所能採取的最後一種表現形式；隨著基督教

二小提琴」[64]的説法是否屬於自謙，它至少不合事實。[65]複雜情

國家的衰亡，國家本身也必然要衰亡。人類分解為一大堆孤立的、互相排斥的原子，這種情況本身就是一切同業公會利益、民族利益以及一切特殊利益的消滅，是人類走向自由的自主聯合以前必經的最後階段。人，如果正像他現在接近於要做的那樣，要重新回到自身，那麼通過金錢的統治而完成外在化，就是必由之路。」（《馬克思恩格斯全集》第二版第3卷，北京：人民出版社，2002年，第534頁）其二是在共時性基礎上，恩格斯的觀點比馬克思來得更內在、更奠基、更源始、更重要。可參胡大平：「在這裡，我要做出一個比以往全部研究都要大膽的舉動：將其核心來源歸於恩格斯，或者，更確切地説，由馬克思之口説出的而核心來源於恩格斯的思想。」（《回到恩格斯——文本、理論和解讀政治學》，南京：江蘇人民出版社，2011年，第175頁）

[64] 恩格斯：「不幸的倒是，自從我們失掉馬克思之後，我必須代替他。我一生所做的是我註定要做的事，就是拉第二小提琴，而且我想我還做得不錯。我高興我有象馬克思這樣出色的第一小提琴手。當現在突然要我在理論問題上代替馬克思的地位去拉第一小提琴時，就不免要出漏洞，這一點沒有人比我自己更強烈地感覺到。」（〈致約翰·菲力浦·貝克爾（1884年10月15日）〉，載於《馬克思恩格斯全集》第一版第36卷，北京：人民出版社，1975年，第219頁）

[65] 其實，恩格斯就此事的説法不是一貫的。除去「拉第二小提琴」這樣「功勞全歸馬克思」的表述之外，還有「兩人共同」以及「恩格斯而不是馬克思正確」的講法。關於前者，例如——恩格斯曾在《家庭、私有制和國家的起源》第一版序言中説到：「不是別人，正是卡爾·馬克思曾打算聯繫他的——在某種限度內我可以説是我們兩人的——唯物主義的歷史研究所得出的結論來闡述摩爾根的研究成果，並且只是這樣來闡明這些成果的全部意義。」（《馬克思恩格斯全集》第二版第28卷，北京：人民出版社，2018年，第31頁）有關此事，孫中興曾整理表格，名為「馬克思和恩格斯兩人歷年對於歷史唯物論的貢獻的説法的整理」（《馬/恩歷史唯物論的歷史與誤論》，新北：群學出版有限公司，2013年，第199-204頁）值得參考，但不完全。關於後者，例如——恩格斯在〈致約翰·菲力浦·貝克爾（1884年10月15日）〉這封信中寫道：

況映入當今學界，就是「馬克思─恩格斯問題」。從分類著眼，該問題既有例如「提馬忘恩」、「以馬反恩」和「以恩反馬」等極端形式，也有諸多不同的中間表現──像盧卡奇的「正統馬克思主義之方法」[66]云云，施密特的「馬克思主義的自然概念」[67]云云，萊文的「馬克思和恩格斯的黑格爾問題」[68]云云和卡弗的「馬克思恩格斯異同」[69]云云。既然我們以恩格斯為專門的對象，該問題便是籠罩在全書立論上揮之不去的幽靈。反思、應對這個幽靈，同樣是本書應有的自我意識。其實，毋寧説該問題的解決與認識恩格斯發展觀的性質是同構的。恰是馬恩彼此的距離讓這場戰爭就目標而言變得合法，就效益來説變得值得；同樣，我們不受幽靈之侵擾，也全在於憑此認識的襄助而找到馬恩之間的罅隙。誠實地説，馬克思與本書的主題沒有關係。馬克思雖也論發展，且論述比恩格斯更加複雜，但非此處的興趣。在法庭上當作關鍵證據的那些文本，全為恩格斯的獨著──它們雖不是和馬克思風馬牛不相及，但現時只能懸置這個關係。也唯有將其懸

「誠然，在風平浪靜的時期，有時事件證實正確的是我，而不是馬克思，但是在革命時期，他的判斷幾乎是沒有錯誤的。」（《馬克思恩格斯全集》第一版第36卷，北京：人民出版社，1975年，第219頁）

[66] 參見盧卡奇：《歷史與階級意識》，杜章智、任立、燕宏遠譯，北京：商務印書館，1999年，第48-78頁、第251-252頁。

[67] 參見施密特：《馬克思的自然概念》，歐力同、吳仲昉譯，趙鑫珊校，北京：商務印書館，1988年，第5-44頁、第96-111頁。

[68] 參見萊文：《不同的路徑：馬克思和恩格斯主義中的黑格爾》，臧峰宇譯，北京：北京師範大學出版社，2009年，第2-3頁、第13-23頁、第116-193頁。

[69] 可參特雷爾·卡弗：《馬克思與恩格斯：學術思想關係》，姜海波、王貴賢等譯，北京：中國人民大學出版社，2016年。

置，日後在別處，才能更深刻地加以探討。此為外在的一面。

　　內裡的情況是，恩格斯的發展觀在其全部學說中占有至關重要的地位。首先，它是恩格斯思想中不多見的、能與馬克思學說較為完全分割的部分。同時，也絕非游離馬克思論述以外的「隻言片語」，以致是否有獨立資格還全然不明；而是一套帶有不同於馬克思之理由的嶄新的完整論述。也就是說，它具有獨自的理論意義——這種意義在馬克思那裡是不甚清楚或根本沒有的。其中一個方面的體現是，大量抽象化、原理化的表述見於恩格斯的發展學說之中。既顯明其地位，也便於形上學分析。以此為資源，從中我們能見到許多思想痕跡的源始根據。正是這些源始根據，在哲學上提示了恩格斯相關思想的默認「前見」。進一步地分析、考辨這些「前見」，又可回應恩格斯發展學說的問題和境遇，提示馬克思主義的一系列本質特徵。「過此村，無此店」——既如此重要，也如此單純的材料百不獲一。其次，論述發展的文本在恩格斯那裡享有天然澄明的詮釋便利，能直接媲美馬克思的《資本論》。因為，這方面的寫作一直延伸至恩格斯未完成的手稿〈自然辯證法〉，可謂代表了其終生的成熟形態的思想。其中諸多論述雖並不完備，然事已至此，我們不可能擁有更加完善的文獻材料。同時值得強調的是，我們也永不承諾從這些材料中能考掘出作者的原始意圖——從詮釋學劃界的觀點看，此類追求著實荒謬。由想法到寫作，由寫作（手稿）到文獻（成品），由文獻到流傳，由流傳到出版，由出版到閱讀，由閱讀到詮釋，其間已然夾雜層層重疊的異質界限。在此意義，意圖之事註定了淪為軟肋或酸果，只能淺嘗輒止。故而，在界限之內做可做之事，就是最高的尊重；就歷史的遺留達到至善，便是最好的結果。最後，恩格斯的發展論述擁有足夠的篇幅與長度。我們有理

由認為，考察它能獲得一系列穩定的、成套的和準確的見解，其中的諸多思緒亦有自由而充分展開的空間。

　　兩個篇章布局了整個戰場。其中，上篇是準備，故對主題顯得次要；下篇是核心，但並不因此而深奧。每篇內容又分三章，其中首尾兩章又劃三節。行文結束時，還設「篇章小結」，以總結爬梳全篇內容，希冀形成提綱挈領的脈絡。除去結語，書末還另寫有兩篇「跋」。特別地，它們已然並非「概括」，更非對「概括的概括」，而有全新的靈魂。更多地，它們亦非文章進程的普通終斷，而堪稱真正意義的「終結」——既構成了對本書論述的不斷回復，也充當著其完備形態的原本始基。歷史與現實的緣故使得本書先前另有一版本——由於它曾以學位論文之形式提交，我也特地做過一些文獻的評論。現在世殊事異，捨棄之後，我將其必要痕跡（文獻名稱）放在參考資料的未引部分——也許它能像蟒蛇之髕骨一般，給予我們無窮的提示與指引。最後，先前的後記作為作者的生命本身，還尚未淌進歷史的河流。當然——如今的後記代表了這個生命的更新形態。

　　我們以當今學界公認最完善之版本作為可能的軍備。本書用漢語寫作，故涉及馬克思和恩格斯著作的譯文時，一般首選中共中央馬克思恩格斯列寧斯大林著作編譯局（以下簡稱中央編譯局）的《馬克思恩格斯全集》第二版。當第二版有關篇目未及出版時，選用中央編譯局的《馬克思恩格斯全集》第一版。當第一版和第二版有義理衝突時，正文選取本書傾向的一種，同時注釋補充另外一種。此外，凡在正文所引恩格斯之關鍵文本，注釋也列出《馬克思恩格斯全集》歷史考證版（*Marx-Engels-Gesamtausgabe, MEGA*）第二版（*MEGA*[2]）的對應頁數，以利追溯原文。涉及別種外文著作——當有多個譯本時，本書視時選

用，或做具體說明。條件具備且無涉義理時，也列出一種台譯以利對照。其中，需要特別注意的是，因為漢語有其自身的演變過程，書中部分引文裡文字與標點的使用可能與當下的用法存在差異。在此方面，我們一律忠於原文而未加改動——例如「象—像」、「那末—那麼」和「笛卡兒—笛卡爾」等等。

　　引言作為全書之奠基，代表了濃縮的自我意識。自開端以來，此類自覺已然包括了本書的自我定位——實際可能的境遇——純粹哲學的追求及其實踐命運——純粹哲學的異化及其自我奠基——自身不成其為一套哲學——法庭判準之原則——詮釋學劃界（——興趣或自我定位之合法性——學術方法自由之合法性——考察對象的自覺問題——真誠與辯護的關係——清晰作為學術意識形態——真理與風格的關係——真理與利益的關係——分析哲學的禁錮）——審理對象的性質問題（——馬克思—恩格斯問題——恩格斯發展學說之別具一格的意義）——謀篇的自覺——文本的自覺——自覺的自覺。誠然，「對自覺的自覺」是語言的自我嵌套。這種嵌套並非獨門絕技，其具體層數可輕易地依需要而自由變換。故它也是平凡的，而非真正的完備奠基。還好，我們並非想構建一套哲學，尚不需要那般完美。與此同時，「對自覺的自覺」也昭示了——這是一場勝利之戰，我們現在就要將它重演。

上篇 概念的準備

　　鄧小平曾說：「我們總結了幾十年搞社會主義的經驗，社會主義是什麼，馬克思主義是什麼，過去我們並沒有完全搞清楚。」[1]同樣，「熟知並非真知」[2]，黑格爾的箴言異曲同工。在此同巴門尼德一樣，分野出意見與真理兩條道路。其中，「熟知」指的是「信賴常識，……這是一條普通的道路，在這條道路上，人們是穿著家常便服走過的」[3]。與此對應，「但在另有一條道路上，充滿了對永恆、神聖、無限的高尚情感的人們，則是要穿著法座的道袍闊步而來的」[4]，此乃真理或哲學的道路，「這樣的一條道路，毋寧說本身就已經是最內心裡的直接

1　鄧小平：〈改革是中國發展的必由之路〉，載於《鄧小平文選》第三卷，北京：人民出版社，1993年，第137頁。

2　參見黑格爾：「一般說來，熟知的東西所以不是真正知道了的東西，正因為它是熟知的。」（《精神現象學》上卷，賀麟、王玖興譯，北京：商務印書館，1962年，第22-23頁）

3　黑格爾：《精神現象學》上卷，賀麟、王玖興譯，北京：商務印書館，1962年，第54頁。

4　黑格爾：《精神現象學》上卷，賀麟、王玖興譯，北京：商務印書館，1962年，第54頁。

存在，是產生深刻的創見和高尚的靈感的那種天才」[5]。基於這個劃分，黑格爾展開了對常識的批判[6]，認為其缺乏真正哲學思維的鍛鍊和陶冶，實乃「散文」、「囈語」、「拼湊」和「虛構」[7]——常識「以情感為依據」[8]，故「對持不同意見的人就沒

---

[5] 黑格爾：《精神現象學》上卷，賀麟、王玖興譯，北京：商務印書館，1962年，第54頁。

[6] 康德在類似意義上有過同類説法：「事例的唯一而重大的用處也就在於磨利或鋭化判斷力。至於對知性見解的正確性和確切性來説，事例通常反倒會造成一些損害，因為在多數情況下，事例並不像專門術語所要求的那樣能充分符合於規則的條件，而且，它們還經常會削弱知性為力爭擺脱個別經驗環境而專從普遍性上去理解規則時所做的那種努力，因而最終會使知性習慣於將規則不那麼當作原理而更多地當作公式來使用。所以説，事例乃是欠缺判斷力這一才能的人為鍛鍊判斷力而絕不可少的習步車。」（《純粹理性批判》王譯本，A134，B173-174，第125-126頁）

亞里士多德亦如是：「對實際活動説來，經驗和技術似乎並無差別，而我們看到，那些有經驗的人比那些只懂道理而沒有經驗的人有更多的成功機會。其原因在於經驗只知道特殊，技術才知道普遍。……儘管如此，我們認為認識和技能更多地屬於技術而不是經驗，有技術的人比有經驗的人更加智慧，因為智慧總是伴隨著認識。其所以如此，是因為有技術的人知道原因，有經驗的人卻不知道。」（《形而上學》，苗力田譯，北京：中國人民大學出版社，2003年，第2-3頁）《形而上學》有多個譯本，本書根據情況靈活使用。

[7] 參見黑格爾：《精神現象學》上卷，賀麟、王玖興譯，北京：商務印書館，1962年，第52-53頁。另可參見黑格爾：「習慣的説法表明，我們在日常生活中對此是這樣瞭解的。這並沒有什麼哲學意義。」（《哲學史講演錄》第四卷，賀麟、王太慶等譯，北京：商務印書館，1978年，第137頁）

[8] 黑格爾：《精神現象學》上卷，賀麟、王玖興譯，北京：商務印書館，1962年，第53頁。

有什麼事可辦了」[9]，哲學則「追求別人意見的一致」[10]。但這並不表明，常識百無一用，最好全然摒棄。其實，常識作為真理的痕跡，不妨當作指路明燈。「可是反過來說，流馳於常識的平靜河床上的這種自然的哲學思維，卻最能就平凡的真理創造出一些優美的詞令。……在它內心裡確實體會到了意義和內容，而且相信別人的內心裡一定也是這樣，……但是，我們的問題關鍵，本在於不讓最好的東西繼續隱藏在內部，要讓它從這種礦井裡被運送到地面上顯露於日光之下」[11]。在此，常識作為現代象鼻，可提示出猛獁的形態──「至於那種隱而未顯的最後真理，本來早就可以不必花費力氣去表述，因為它們早就包含在像答問式的宗教讀本裡以及民間流行的諺語裡面了」。[12]

故而，黑格爾對常識持有一套辯證的理解。它雖不是我們追尋的目標本身，但可當作行程的起點。[13]「日常語言學派」中可見同樣的道理。例如，奧斯汀談到：「我們日常語詞的用法遠比哲學家們所認識到的微妙得多，字詞間的差異也要豐富得多；

---

[9]　黑格爾：《精神現象學》上卷，賀麟、王玖興譯，北京：商務印書館，1962年，第54頁。

[10]　黑格爾：《精神現象學》上卷，賀麟、王玖興譯，北京：商務印書館，1962年，第54頁。

[11]　黑格爾：《精神現象學》上卷，賀麟、王玖興譯，北京：商務印書館，1962年，第53頁。

[12]　黑格爾：《精神現象學》上卷，賀麟、王玖興譯，北京：商務印書館，1962年，第53頁。

[13]　趙汀陽也講到：「思考自然的偉大祕密也許需要天才，但反思人的渺小祕密僅僅需要誠實，因為生活的祕密無處隱藏，在我們的生活中明顯可見，除非視而不見或明知而拒之。」（《第一哲學的支點》，北京：生活‧讀書‧新知三聯書店，2017年，第1頁）

感知的實際狀況，不僅就心理學家所揭示的而言，而且就普通凡夫留意到的而言，也都比哲學家一向所認可的遠為更多樣更複雜。」[14]這段話加上陳嘉映的解釋，表意就更加清晰——「我們現在使用的語詞是前人一代一代傳下來的，不知經過了多少鍛鍊修正，凝結著無數世代傳承下來的經驗與才智，體現著我們對世界的基本理解。……哲學的困惑最後也許會把我們引向充滿術語的討論，但它最初總是用日常語言表述出來的」[15]。承接此類理解，本書的上篇將在日常用法與哲學概念之間遊走，希圖初步澄清「無限」這個詞的基本含義，以為後繼問題的處理打下基礎。

「無限」作為實際的切入點，與恩格斯的發展觀關係密切。我們在開頭的豪言壯語裡也說——願做無限問題紛爭的戰場。但是，其中的緣故和機理目前尚屬隱而不彰的狀態。所謂「概念的準備」，亦沒有開門見山的直爽——它的作用總得超出自身，方得顯現。借黑格爾的話：「邏輯是什麼，邏輯無法預先說出，只有邏輯的全部研究才會把知道邏輯本身是什麼這一點，擺出來作為它的結果和完成。」[16]同時，祕而不宣的目的，沒有消解反倒增強了準備工作的功利性。一方面，其範圍須視主題而定，否則就變為無機的材料堆砌；另一方面，應有之義裡也不能漫談。我們終究無法像主張充足理由律的萊布尼茨那般，將布勞恩斯魏克

---

[14] 奧斯汀：《感覺與可感物》，陳嘉映譯，北京：商務印書館，2016年，第7頁。

[15] 陳嘉映：《感覺與可感物》中文版導言，北京：商務印書館，2016年，第vi-ix頁。

[16] 黑格爾：《邏輯學》上卷，楊一之譯，北京：商務印書館，1996年，第23頁。

家族的家譜延伸至地質事件和化石描述的地球史[17]——進入恩格斯之前，先把其先的哲學講一遍；甚至，先向哲學門外漢把哲學講一遍。歸根結柢，此處的草蛇灰線對日後來說，都有直接的意義。最後，倘若還有什麼對讀者的希冀，也許是「別嫌分神」。

---

[17] 參見孫小禮、張祖貴：《哲學科學家——萊布尼茨：超越時代》，福州；福建教育出版社，1997年，第50頁。

第一章　無限
——從日常用法到哲學概念

第一節
康德《道德形而上學原理》的理解

　　以常識為素材的分析方法，若不對其發生機制加以闡明就先行使用，便有獨斷的風險。給常識頒發免檢的通行證，或者導致「常識圭臬論」——如某些分析哲學家，以常識為中斷論證的終極真理；或者導致「庸俗辯證法」——如黑格爾所批判的，混淆常識與概念，將兩種畢竟相距遙遠的事物硬捏在一起[1]。因此，啟動從日常用法到哲學概念的過渡之前，我們必須詢問：這種躍遷何以可能。其中，主要的困難在於，日常用法是零碎而個別的，帶有模糊和含混的特性；哲學概念則是系統而普遍的，具備一以貫之的規定。前者過渡到後者，至少會遭遇休謨問題。本書沒有針對該問題的特異功能，處理辦法毋寧和哲學史上的其他方案同類——通過具體的限定或運作[2]，使之消解。

---

[1]　參見黑格爾：《精神現象學》上卷，賀麟、王玖興譯，北京：商務印書館，1962年，第38頁。

[2]　此類「運作」本質上是一個「姿態上」的奠基。而更為專題的奠基，則需要另外的本體論說明。按作者的理解，這必定是一個修辭學的說明。但是，限於篇幅和主題，我們既不可能也不必要加以展開。其實，「假的奠基」在姿態上也是很重要的。更進一步，如果所有的奠基都不可能

在此方面，康德的《道德形而上學原理》（以下簡稱《原理》）能指引出一條可能的道路。該書目錄包括三個過渡，分別是「從普通的道德理性知識過渡到哲學的道德理性知識」、「從大眾道德哲學過渡到道德形而上學」和「從道德形而上學過渡到純粹實踐理性批判」。其中，唯有第一個過渡切合我們的主題。康德所言「普通的道德理性知識」如同「無限的日常用法」，有充足而天真的特性；「哲學的道德理性知識」則如「無限的哲學概念」，有純粹而普遍的色彩。更進一步，它們都是從日常生活到純粹概念的躍遷。

具體而言，康德在《原理》前言中說：

> 我相信，我在本書裡所採用的方法是最便利的方法，它分析地從普通認識過渡到對這種認識的最高原則的規定；再反過來綜合地從這種原則的驗證、從它的源泉回到它在那裡得到應用的普通認識。[3]

這一段話提綱挈領地規定了《原理》全書的方法。與本書議題有關的，首先是「**它分析地從普通認識過渡到對這種認識的最高原則的規定**」這一句。此中提到「分析地」尤值重視，所謂分析，表明它乃原有的，而非添加的。故而，需要做的僅是將其提示、指點或啟蒙出來。[4]在康德看來，普通的道德知識已然包含

是「真的」，那麼此番問題就又須重新考量了。

[3]　康德：《道德形而上學原理》，苗力田譯，上海：上海人民出版社，2012年，第5頁。《道德形而上學原理》有多個譯本，譯名也不盡統一，本書根據情況靈活使用。

[4]　參見康德：「但是為了闡明一個自身即可尊崇、且不因其他目的而為善

了哲學的道德知識，或前者至少已潛在地含括了後者。因此，此處的「分析」只是「發現」而非「發明」。事情並非歸納一般，從雜多的日常知識中總結出不甚普遍的抽象概念[5]，而是哲學的道德知識已然「邏輯上在先」──它比經驗知識先行，因而普通的道德知識僅為其「化身」或「體現」。所以，康德隨後講到：「再反過來綜合地從這種原則的驗證、從它的源泉回到它在那裡得到應用的普通認識。」值得注意的是，後面這種綜合的方法，如康德自己所提示，本質上是一種「驗證」。也就是說，我們已然具有哲學的道德知識，進而將其貫徹和應用到普通生活之中。

　　這並不神祕，但須強調的是，前面所謂分析的方法，即從普通的道德知識中提示、指點或啟蒙出哲學的道德知識這個過程，本質卻也是「綜合」的。它也是一種驗證，不過是顛倒的驗證。此類驗證指示出日常生活／普通理性「時間上在先」的特性。每個人直接的生活中，普通概念都是第一性的，哲學概念則「時間上在後」。後者是過渡的終點而非起點，屬於彼岸而非此岸。但後者「邏輯上在先」──須得先有它本身，再有其化身和體現。如同命題「蘇格拉底有死」是命題「所有人都有死」的體現一樣，後者必定具有「邏輯上在先」的地位，繼而才能外化出其全

　　的意志底概念──這個概念早已存在於自然的健全知性之中，且不需被教導，而只需被指點。」（《道德底形上學之基礎》，李明輝譯，台北：聯經出版事業股份有限公司，1990年，第13頁）

[5]　在《純粹理性批判》第二版引論（導言）中「我們擁有一定的先天知識，就連常識裡也決非沒有它們」（王譯本，B3，第46頁）／「我們具有某些先天知識，甚至普通知性也從來不缺少它們（鄧譯本，B3，第2頁）的標題下，有與此相關的描述：「經驗的普遍性只是對有效性搞了個隨心所欲的提及，把在大多數事例中的有效性任意升級為在一切事例中的有效性。」（王譯本，B4，第46頁）

稱例示。至此，已經明白：這種過渡不是在經驗層面，按平庸的詞頻歸納法得出並非全稱的結論。此類做法的致命錯誤，不僅在歸納並非普遍必然，更在它誤認哲學概念於時間和邏輯上均在後，而日常用法都在先。實際情況並非如此。倒不如說，在慣用歸納者總暗中得出先前夢寐已久的結論[6]這一點上，著實符合事情本身的進展。

　　總而言之，由《原理》所得第一條結論乃是，「無限的哲學概念／道德的理性知識」作為系統而普遍的概念，是「時間上在後」而「邏輯上在先」的；「無限的日常用法／普通的理性知識」則是「時間上在先」而「邏輯上在後」的。倘若經由後者「過渡」出前者，此番「過渡」的本質就是「體現」、「化身」或「例示」。

　　以上僅是問題的一個方面。另一方面是，「無限的日常用法」自身也要求過渡到「無限的哲學概念」。前者有使自身模糊的本性，這種本性泯滅了其作為普遍概念之化身的嚴格性與清晰性。也就是說，它的天真性是不可保持的──其非靜態、穩固和遺世獨立的。故而，這構成了過渡的動力。在此方面，康德的《原理》亦有所幫助：

　　　　天真無邪當然是榮耀的，不過也很不幸，因為它難以保持自身，並易於被引誘而走上邪路。正因為如此，智慧──它本意是行動更多於知識──也需要科學，不是因為

6　通常的科學哲學思考中，對依賴歸納的觀察實驗所做的反思，都會包含「觀察滲透著理論」。相關介紹可參 Peter Godfrey-Smith, *Theory and Reality: An Introduction to the Philosophy of Science*, London: The University of Chicago Press, 2003.

它能教導什麼，而是為了使自己的規範更易為人們所接受和保持得更長久。人們在需要和愛好身上感到了一種和責任誡條完全相反的強烈要求，這種誡條是理性向他們提出並要求高度尊重，而需要和愛好的全部滿足，則被總括地稱之為幸福。理性對愛好毫不讓步，堅決地頒布了他的規範，那些受到忽視和輕視的要求，卻不向任何誡條屈膝，堅持著而且看起來頗有道理。從這裡產生了一種自然辯證法，一種對責任的嚴格規律進行論辯的傾向，至少是對它的純潔性和嚴肅性表示懷疑，並且在可能時，使它適應我們的願望和愛好，也就是說，從根本上把它敗壞，使它失去尊嚴。這種事情，就使普通的實踐理性歸根到底也不能稱之為善良。

這樣看來，普通人的理性並非由於某種思辨上的需要，在它還滿足於健康理性的時候，這種需要是不會出現的，而是由於自己的實踐理由，而走出了它的範圍，踏進實踐哲學的領域，以便對其原則的來源以及這原則正確的，和以需要和愛好為依據的準則相反的規定有明確主張和瞭解，使它脫離由對立要求產生的無所適從，不再擔心因兩可之詞而失去一切真正基本命題。所以普通實踐理性自己的發展，不知不覺地就產生了辯證法，迫使它求助於哲學，正如我們在理論理性裡所看到的那樣，除了對我們理性的徹底批判之外，再也不能心安理得。[7]

---

[7]　康德：《道德形而上學原理》，苗力田譯，上海：上海人民出版社，2012年，第15-16頁。

　　按照康德所講，普通的道德知識雖已含括哲學的道德知識
──它憑自身全可判別何種事情乃誠實和善良、智慧與高尚的。
然這不可維持，總會受到愛好或感性的漸染。而後者的要求常與
義務和責任相反，和哲學的道德知識相悖。康德認為，此處導致
一種自然辯證法，或形成一對出於自然的二律背反──既要滿足
「對責任的嚴格規律進行論辯的傾向」，也要「使它適應我們的
願望和愛好」。但是，這種模糊、錯位、雜亂或越界的行為是康
德無法接受的──「這種事情，就使普通的實踐理性歸根到底也
不能被稱之為善良」。因此，普通的道德知識可體現哲學的道德
知識，卻無法等價於它。因其只是天真無邪的，僅此而已。它易
於受敗壞而不再純潔，進而一腳責任義務，一腳愛好需要，最終
陷入兩難。解決的辦法是有的，那便是求助哲學。哲學知識向來
以前後一貫的美德為最高要求──當普通人的理性「由於自己的
實踐理由，而走出了它的範圍，踏進實踐哲學的領域」時，就可
徹底擺脫模棱兩可的無所適從。

　　至此，由《原理》所得第二條結論便是，「無限的日常用
法／普通的理性知識」無法維持自身靜止，急不可耐地向對立
面或模糊含義鬼鬼祟祟地挪移。結果不僅帶來雜多之感，更導致
哲學所不歡喜的一詞多義。此時「無限為何」的詰問便會自己生
發，進而遭遇辯證的困境，形成過渡的動力，自然地迫使其來到
「無限的哲學概念／道德的理性知識」所屬之論域。

　　綜上所述，我們借康德的《原理》闡明了無限從日常用法到
哲學概念的過渡。它包含著雙重界說。其一是，這種過渡貌似從
日常生活擢升至純粹概念，故而面臨必然性的拷問；其實相反，
無限的日常用法不過是其哲學概念化身（在時間上）的先行體
現。其二是，此類過渡有其內在動力──無限的日常用法固有的

模糊與含混，會自然地產生分析和劃界的要求，並由此轉向無限的哲學概念。

第二節
黑格爾體系的理解

　　康德在《原理》中的論述，說明了過渡的運作方式而沒有闡明其理由——此項理由需要另外給出。因為，《原理》的進路不是典型的康德思路，它以一種雖然可貴但畢竟偶然的形式出現於此。實際上，此番道理在哲學史上發揚光大，主要的功績當屬黑格爾。寬泛地說，作為黑格爾「思想周邊」的亞里士多德（以下簡稱亞氏）和馬克思，也有類似之言。把後者的論述當作對黑格爾的預告而先行展開，既有利於闡明其中義理，也又利於突顯前者的意義。

　　首先，「在先和在後」是《形而上學》討論的問題之一，並與「四因說」、「形質說」及「潛現說」聯繫緊密。「現實不論是在原理上、還是在實體上都先於所有這類的潛能，不過在時間上有時是這樣，有時不是這樣。原理上的在先是清楚的，最初意義的可能就是允許現實的可能。……在實體上也是這樣，首先，生成上在後的東西在形式上和實體上就在先，例如成人先於兒童，男子先於精子。因為前者已經具有了形式而後者卻沒有。其次，一切生成的東西都要走向本原和目的，本原是所為的東西，生成就是為了目的。而現實就是目的，正是為著它潛能才被提出來」[8]。由此，充當「現實」、「形式」、「實體」或「目的

---

[8]　亞里士多德：《形而上學》，苗力田譯，北京：中國人民大學出版社，

因」之物，須得邏輯上在先。不然，發展過程就失卻了目標和方向，運動歷程也喪失了前進的動力——空無知識的人無法做與知識有關之事，知識必定已然在先，「學習者似乎也必然有某種知識」[9]。另一方面，它們也確乎時間上在後。作為「終成形態」的「成人」或「男子」是最後的完成。

其次，《大綱》導言在論述「政治經濟學的方法」時，亦提及兩條道路。其中，「第一條道路是經濟學在它產生時期在歷史上走過的道路」[10]，在這條道路上，「17世紀的經濟學家總是從生動的整體」[11]開始，最後「從分析中找出一些具有決定意義的抽象的一般的關係」[12]。另一條路則把具體看作「許多規定的總和，因而是多樣性的統一。因此它在思維中表現為綜合的規程，表現為結果，而不是表現為起點，雖然它是現實的起點，因而也是直觀和表象的起點」[13]。從而，「在第一條道路上，完整的表象蒸發為抽象的規定；在第二條道路上，抽象的規定在思維行程中導致具體的再現」[14]。兩條道路前者分析，後者綜合，各自針

2003年，第185-187頁。

[9]　亞里士多德：《形而上學》，苗力田譯，北京：中國人民大學出版社，2003年，第186頁。

[10]　馬克思：〈1857-1858年經濟學手稿〉導言，載於《馬克思恩格斯全集》第二版第30卷，北京：人民出版社，1995年，第41頁。

[11]　馬克思：〈1857-1858年經濟學手稿〉導言，載於《馬克思恩格斯全集》第二版第30卷，北京：人民出版社，1995年，第41頁。

[12]　馬克思：〈1857-1858年經濟學手稿〉導言，載於《馬克思恩格斯全集》第二版第30卷，北京：人民出版社，1995年，第41-42頁。

[13]　馬克思：〈1857-1858年經濟學手稿〉導言，載於《馬克思恩格斯全集》第二版第30卷，北京：人民出版社，1995年，第42頁。

[14]　馬克思：〈1857-1858年經濟學手稿〉導言，載於《馬克思恩格斯全集》第二版第30卷，北京：人民出版社，1995年，第42頁。

對不同的層面。其中沒有反對關係，亦無歧路。但是，風景和命途不盡相同。前者乃平凡之路，意謂從具體表象中擷取抽象概念——將要遭遇休謨問題；後者則是顛倒的驗證之路——「從抽象上升到具體的方法，只是思維用來掌握具體、把它當作一個精神上的具體再現出來的方式。但絕不是具體本身的產生過程」。[15]在此意義，馬克思指責黑格爾「陷入幻覺」[16]，並認為哲學意識所主張的「範疇運動表現為現實生產，而產品是世界」這種觀點，「只有在下面這個限度內才是正確的：具體作為思想總體、作為思想具體，事實上是思維的、理解的產物；但是，決不是處於直觀之外或駕於其上而思維著的、自我產生著的概念的產物，而是把直觀和表象加工成概念這一過程的產物」[17]。

　　其實，黑格爾未嘗不是這樣理解的。「思維生產現實」的箴言，如不加反思的限定，就是胡話。正如馬克思所言，哲學意識所走確為反向之路——它必須以思維做起點，由此出發，而思維的正途有休謨攔路，唯有此路可走。在此意義，不論是康德的「從普通的道德理性知識過渡到哲學的道德理性知識」，亞氏的「生成上在後的東西在形式上和實體上就在先」，還是馬克思的「從抽象到具體」，都是同構的——本章的思路亦如是。若説以上全屬思想家學說中的個例，那黑格爾的體系就是對此一以貫之的典範。對於上節所得第一條結論，黑格爾向來的致思方式便是

15　馬克思：〈1857-1858年經濟學手稿〉導言，載於《馬克思恩格斯全集》第二版第30卷，北京：人民出版社，1995年，第42頁。

16　馬克思：〈1857-1858年經濟學手稿〉導言，載於《馬克思恩格斯全集》第二版第30卷，北京：人民出版社，1995年，第42頁。

17　馬克思：〈1857-1858年經濟學手稿〉導言，載於《馬克思恩格斯全集》第二版第30卷，北京：人民出版社，1995年，第42-43頁。

如此。「邏輯是什麼，邏輯無法預先說出，只有邏輯的全部研究才會把知道邏輯本身是什麼這一點，擺出來作為它的結果和完成」[18]。在《邏輯學》中，「邏輯是什麼」等價於「絕對精神是什麼」，其答案無法預先說出，唯有將它全部研究之後，才能知道。[19]也就是說，絕對精神並非自始便明白地顯現，而定要等其諸多化身經歷自身的歷史命運之後，方可演歷出來。因此，絕對精神是揚棄所有中介之後的「結果和完成」，於時間上在後。同樣，哲學概念亦無法脫離日常語言而憑空言說──否則它便不可理解。唯有待日常用法完成自身，哲學概念才可謂述。此乃一切以自然語言表達之哲學的命運。另一方面，絕對精神同時也邏輯上在先。絕對精神已然完成，我們不過將其重演，此乃事後工作。此番過程就其本身而言，不體現為時間的流逝，而展現成閉合的回環。絕對精神邏輯在先的品質，已揚棄時間的尺度──在黑格爾「完成」的視野中，只有過去，沒有未來。或謂，一切都是迴環的當下。[20]未來屬於激情的領地，不在論域之中。從而哲

---

[18] 黑格爾：《邏輯學》上卷，楊一之譯，北京：商務印書館，1996年，第23頁。

[19] 可參黑格爾：「……但理念的真正內容不是別的，只是我們前此曾經研究過的整個體系。……意義在於全部運動。……同樣，絕對理念的內容就是我們迄今所有的全部生活經歷。那最後達到的見解就是：構成理念的內容和意義的，乃是整個展開的過程。我們甚至可以進一步說，真正哲學的識見即在於見到：任何事物，一孤立起來看，便顯得狹隘而有局限，其所取得的意義與價值由於它是從屬於全體的，並且是理念的一個有機的環節。」（《小邏輯》，賀麟譯，北京：商務印書館，1980年，第424-425頁）

[20] 可參黑格爾：「永恆性並不是存在於時間之前或時間之後，既不是存在於世界創造之前，也不是存在於世界毀滅之時；反之，永恆性是絕對的現在，是既無『在前』也無『在後』的『現時』。世界是被創造的，

學就只是「反思」，故曰「總來得太遲」云云，「將灰色繪成灰色」云云和「黃昏起飛的貓頭鷹」云云。[21]

　　具體來說，第一條結論滲透於黑格爾對「過渡一般」的方法論說明：

> 　　要達到這種統一，可能有兩個途徑或形式。我們可以從存在開始，由存在過渡到思維的抽象物，或者，相反地，可以從抽象物出發而回歸到存在。[22]

　　「由存在過渡到思維的抽象物」就是康德所言「分析法」，馬克思所謂「具體到抽象」；而「從抽象物出發回歸到存在」則

是現在被創造的，是永遠被創造出來的；這表現在保存世界的形式中。創造是絕對理念的活動，自然界的理念如同理念本身一樣，是永恆的。……哲學是沒有時間性的理解活動，就其永恆規定而言，也是對時間和所有一般事物的理解活動。……在表象中世界不過是有限性的聚集，但如果世界被理解為普遍的東西，被理解為總體，關於世界開端的問題也就立即不再存在了。」（《自然哲學》，梁志學、薛華、錢廣華、沈真譯，北京：商務印書館，1980年，第22-23頁）

[21] 參見黑格爾：「關於教導世界應該怎樣，也必須略為談一談。在這方面，無論如何哲學總是來得太遲。哲學作為有關世界的思想，要直到現實結束其形成過程並完成其自身之後，才會出現。概念所教導的也必然就是歷史所呈示的。這就是說，直到現實成熟了，理想的東西才會對實在的東西顯現出來，並在把握了這同一個實在世界的實體之後，才把它建成為一個理智王國的形態。當哲學把它的灰色繪成灰色的時候，這一生活形態就變老了。把灰色繪成灰色，不能使生活形態變得年輕，而只能作為認識的對象。密納發的貓頭鷹要等到黃昏到來，才會起飛。」（《法哲學原理》，范揚、張企泰譯，北京：商務印書館，1961年，第14頁）

[22] 黑格爾：《小邏輯》，賀麟譯，北京：商務印書館，1980年，第135頁。

是康德所言「綜合法」，馬克思所謂「抽象到具體」。後者契合「無限」從日常用法到哲學概念的過渡，也即前此所講「顛倒之途」。此中要點，不過是存在乃思維的驗證──恩格斯也曾注意到黑格爾體系的此類性質，「黑格爾的思維方式不同於所有其他哲學家的地方，就是他的思維方式有巨大的歷史感作基礎，形式儘管是那麼抽象和唯心，他的思想發展卻總是與世界歷史的發展平行著，而後者按他的本意只是前者的驗證」[23]。在此意義，其中不可能有經驗主義的苛求和歸納不完善性的責難，它們已被趕出問題的論域。

　　此外，上節所得第二條結論，對黑格爾體系來說，也是應有之義。《小邏輯》中接續的附釋說到：「思維之超出感官世界，思維之由有限提高到無限，思維之打破感官事物的鎖鏈而進到超感官的飛躍，凡此一切的過渡都是思維自身造成的，而且也只是思維自身的活動。」[24]這涉及對過渡之動因的解釋。所謂「思維自身造成的」和「思維自身的活動」在黑格爾體系中當指「變」。它在經典三段式「有、無、變」中首次出場。對此的一個簡單說法乃「有過渡到無，無過渡到有，這是變易的原則」[25]。更詳細的描述則是：

　　　　這裡的真理既不是有，也不是無，而是已走進了──不是走向──無中之有和已走進了──不是走向──有中之無。但是這裡的真理，同樣也不是兩者的無區別，而

[23] 恩格斯：〈卡爾‧馬克思《政治經濟學批判。第一分冊》〉，載於《馬克思恩格斯選集》第2卷，北京：人民出版社，1995年，第42頁

[24] 黑格爾：《小邏輯》，賀麟譯，北京：商務印書館，1980年，第136頁。

[25] 黑格爾：《小邏輯》，賀麟譯，北京：商務印書館，1980年，第198頁。

　　是兩者並不同一，兩者絕對有區別，但又同樣絕對不曾分
　　離，不可分離，並且每一份都直接消失於它的對方之中。所
　　以，它們的真理是一方直接消失於另一方之中的運動，即
　　變（Werden），在這一運動中，兩者有了區別，但這區
　　別是通過同樣的也立刻把自身消解掉的區別而發生的。[26]

　　這一段話指出兩個方面的理解。其一是，「純有」和「純無」
有絕對的區別，進而才能為「變」奠定基礎——全然同一的事物
之間無甚可變。同時，「純有」和「純無」也不曾有絕對的分別
——「純有」雖「有」，但太「純」以致「空無所有」，故就等
於「純無」。如此，將「純有」和「純無」放在一起，它們或者
消逝於對方之中，或者處於「變」的運動之中——如此便是二者
的真理。同時，其間區別也在此番運動中不斷揚棄。因此，「純
有」和「純無」作為概念或範疇，貌似有固定界限，實際並非如
此。在黑格爾批判傳統形而上學的視野下，概念擁有突破自身邊
界的衝動本性——它們恰在運動中揚棄並否定自身，從而演歷出
絕對精神。故而，其二是，在「理性的狡計」的視野下，概念之
間的衝突衍生出直指絕對精神的動力，儘管它們並非直接變為絕
對精神。也就是說，概念之間相互過渡的品性，無意中顯豁了通
往絕對精神的道路，前者「鷸蚌相爭」，後者「漁翁得利」。
　　更進一步，「變」不僅是首個三段式的終結，也是每個概
念自身運動與為他運動的概括。在此意義，它不僅解決自身問
題，也同時解決整個邏輯體系的問題——彷彿「一花一世界」，

---

[26]　黑格爾：《邏輯學》上卷，楊一之譯，北京：商務印書館，1996年，第
　　70頁。

後者是前者的投射。[27]關於邏輯體系，黑格爾說：「把存在的這些規定分別開來看，它們是彼此互相對立的。從它們進一步的規定（或辯證法的形式）來看，它們是互相過渡到對方。」[28]在《邏輯學》中，凡屬「存在論」的概念，都有直接性。其中的範疇──「有」、「無」、「質」和「量」等，都是簡單而直接的。也就是說，它們獨立自存，並不明確地涉及或依存其他範疇。但是，此類直接性亦非剛硬的，正如康德所講「天真是不可保持的」。待到日後再行批判性考察之時，就會發現它們實際也是相互包含、彼此依存的。因此，「這種向對方過渡的進程，一方面是一種向外的設定，因而是潛在存在著的概念的開展，並且同時也是存在的內向回復或深入於其自己本身。因此在存在論的範圍內去解釋概念，固然要發揮存在的全部內容，同時也要揚棄存在的直接性或揚棄存在本來的形式」[29]。根據黑格爾，揚棄存在的直接性和本來形式，就是向外設定和潛在開展，就是由於自身之衝動而突破界限、背井離鄉，進入與其他概念的相互關係中。此類開展既有前進的方向，也同時回復自身、深入自身，終達絕對精神。

由此可得兩點收穫。首先，如同概念有揚棄自身的衝動一樣，無限的日常用法也渴望突破原有邊界。它總是暗中挪移自己的含義，故而，其中僅有模糊的無限概念，只有「似乎理解」的基本框架，缺失清晰一貫的界說。其次，就像這些概念通過相互作用而引起通往絕對精神的道路一樣，無限從日常用法到哲學概念的過渡──也是本性使然。至此，黑格爾的體系進一步鞏固和加深了我們對此類過渡的理解。這確非錦上添花，而有實際的必

---

[27]　因此，首個三段式對整個邏輯體系來說，具有超絕意義。

[28]　黑格爾：《小邏輯》，賀麟譯，北京：商務印書館，1980年，第187頁。

[29]　黑格爾：《小邏輯》，賀麟譯，北京：商務印書館，1980年，第187頁。

要。因為，康德只是勾勒或描繪了它，告知我們實然的狀況如是，卻沒有闡明緣何至此的理由。而後一個任務則是通過亞氏、馬克思，最終經由黑格爾完成的。現在，不妨把幕後的矛盾請到台前——就在《小邏輯》說出類似康德的「分析」與「綜合」之後，黑格爾緊接著講到：

> 康德對於整個這種思想過程的批判，其主旨在於否認這是一種推論或過渡。康德認為，知覺和知覺的聚集體或我們所謂世界，其本身既然不表現有普遍性（因為普遍性乃是思想純化知覺內容的產物），可見通過這種經驗的世界觀念，並不能證實其普遍性。所以思想要想從經驗的世界觀念一躍而升到上帝的觀念，顯然是違反休謨的觀點的（如在背理論證中所討論的那樣，參看§47）。照休謨的觀點，不容許對知覺加以思維，換言之，不容許從知覺中去紬繹出普遍性與必然性。[30]

這是黑格爾對康德批判。黑格爾認為，康德主張自經驗的認識無法推知普遍的觀念，此乃「休謨成見」的窠臼。然而，此番批判描述的康德，與上節論述中的康德模樣，剛好相反。在《原理》的視域中，康德的確經由具體而抽象出概念，且其本質亦非「歸納」。原因在於，康德擁有二分的理論視野。道德世界中，人直接是自在之物。而在理論世界，人與物自體各據一方。因此，核心的道理在康德處即使有，也只是一小段。故而，倘若朝菌還想知晦朔，蟪蛄也望知春秋，我們就有理由比康德走得更遠。

---

[30] 黑格爾：《小邏輯》，賀麟譯，北京：商務印書館，1980年，第136頁。

第三節
過渡的進行

過渡在埋由上已然充足，在施行上就變得簡單而明瞭。首先，請看「無限」諸多的日常用法[31]：

第一組：

例句1：人的生命是有限的，但為人民服務是無限的。

例句2：你的美名萬人傳，你的故事千家說，金箍棒啊永閃爍，掃清天下濁。[32]

例句3：這種遊戲裡面可以設定無限模式，那樣你就能擁有無限多的錢，可以啟用所有裝備和設施。

例句4：在函數y=2x中，隨著x的無限增長，y也將無限增長。

第二組：

例句5：直線不同於線段或射線，在其兩端都沒有端點，因而它在兩端都是無限的。

例句6：一尺之捶，日取其半，萬世不竭。[33]

例句7：時間是無限的，它持存到永遠，永恆常駐。

例句8：我們都存在於浩瀚無際的宇宙中。

---

[31] 以下五組例句，儘管並非每句都出現「無限」，但它們都至少體現出一種「無限」的含義。

[32] 來自動畫片《西遊記》片頭曲〈猴哥〉歌詞，詞作者張黎。

[33] 《莊子注疏》，郭象注、成玄英疏，北京：中華書局，2011年，第574頁。

例句9：古代的人們曾經認為大地是一個平面，廣闊無垠。

第三組：

例句10：不要被一時的挫折壓倒，未來的可能性是無限的，總有希望。

例句11：人生本有無限多種選擇，但我還是毫不猶豫地把青春獻給了這片戈壁灘。

第四組：

例句12：鳳凰的壽命是無限的，它在涅槃與重生之間永恆循環。

例句13：春夏秋冬：四季就這樣輪回，無始無終。

例句14：如果一種多邊形瓷磚可以鋪滿任意大小的一間房的矩形地面或牆壁，那麼它的重複就必定是週期性的。

第五組：

例句15：我們不能知道神的模樣、性別或形態，因為它是無限的，不能為我們所把握。

例句16：上帝是無限的，它是創世者，並且全能全知全善。

例句17：神不存在壽命問題，它超越了時間與空間，是絕對無限的存在，是永恆不朽的。

　　第一組例句展示了「無限」最通常的含義——「無限多」。例句1據說出自雷鋒之口，可能的理解是：人的壽命並非無限多的，但為人民服務的事情卻可有無限之多。它不僅是一生做不完

的，更是不管多少生都做不完的，既沒有終點，也無法囊括。例句2來自經典動畫片《西遊記》主題曲〈猴哥〉的歌詞，裡面說孫悟空的美名和故事是「萬人傳」與「千家說」，但這只是修辭，實際的意思則是他的名字和事蹟都要代代相傳，永遠延續。與此類似，金箍棒也要永恆閃爍，無限相繼。例句3說的是電腦遊戲中的無限模式，意思是遊戲中金錢的數量是無限多的，並可無止境地累加。例句4是數學的常識，它啟示我們，計數過程可永續地在末尾加1，且只要數位是無限累加的，增函數關係的因變量便可無限增長。因此，「無限多」是這組例句的主題，「沒有終點」、「不能囊括」、「永恆相繼」、「代代相傳」、「永遠延續」、「無止境累加」、「無窮計數」和「無限增長」是這組例句的關鍵詞。

　　第二組例句說明了「無限」更深一層的用法──「延展」與「可分」的特性。例句5說的是直線的性質：沒有起點和終點，並可在平面內無限地延伸。例句6雖出自《莊子・天下篇》，但經廣泛引用，已變為生活格言。表面的含義是，長度一尺的木杖可以無限分割，因而提示出可分的性質。例句7描述時間的特點，因自身的無限延展而得以持存永駐。例句8和例句9則把延展和無垠相聯繫，說明無限可理解為無邊界。總而言之，「延展」與「可分」是這組例句的主題，「無始無終」、「無限延伸」、「無邊界」和「無垠」則是這組例句的關鍵詞。

　　第三組例句帶來了「無限」更不常見的理解──「可能性」。在此，「無限」表示潛在的可能，具有「不定的」和「不確定」之意。例句10和例句11均意謂，未來是好是壞，或人生應該從事何種職業，於何地工作，都既不能斷言也無法確定。它們因「缺少規定性」而是「不定」和「無限」的。

　　第四組例句提示出「無限」另外的一種用法——「循環」、「重複」或「週期」。不論是例句12的涅槃與重生，例句13的春夏秋冬，還是例句14的多邊形瓷磚一直鋪陳開來，都屬「無限」的此類運用。

　　最後，第五組例句強調了「無限」的經典運用——藉此形容「上帝」。例句15說到，「上帝」超感官並在可感世界之外，是超越的存在。我們對「上帝「既不可有何認識，也不能以人之標準匡正「上帝」。[34]例句16揭示了作為最高存在者的上帝，在一切領域都持有最高的「普遍性」、「整體性」和「整全性」，同時這也提示出「完成性」（「創世」的提法亦有此意味）。我們無法確知世上的一切東西，不能做完世間的一切事情，但上帝卻是全知全能的。最後，例句17強調了，上帝不會朽壞和流變，而必定是「固定的」、「不變的」和「永恆的」。

　　作為日常用法的五組例句，看似有其系統、各有尺度，但實際上卻在某些關鍵含義上有所模糊、重合，甚至彼此過渡。

　　例如，第一組例句的主題「無限多」也可以理解為第二組的主題「沒有邊界」，因為沒有固定的邊界加以約束，就是無限多。進而，這也又可以理解為第三組的關鍵詞，即「無規定性」或「不定的」。甚至，在最後一組關於上帝的例句中，我們也能萃取出類似「超感官的」、「不屬於可感世界的」、「不適用於人類模式的」等「無規定性」的含義。

　　再如，在第二組例句中，我們從時間「無始無終」的含義過渡到「永恆常駐」、「固定」和「不變」的含義，而它們恰好是

---

[34] 「否定法」或「消極言說」是描述上帝的重要方式，偽狄奧尼修斯、邁蒙尼德和阿奎那都是其中代表。在此，「無限」也可視作一種「消極言說」的樣式。

第五組例句中形容上帝的關鍵詞。

　　還有，在例句2中，「代代相傳」的無限性本身並不預示著「掃清天下濁」的完成性；同樣，在例句10中，如果只講未來的「不確定性」和「可能性」，也不會直接承諾出「希望」。

　　可見，以上例句所用的概念本身並不純粹。在此意義，它們不能直接構成概念劃分的依據。真正的概念須是「自身完滿」、「自身規定」和「自身一貫」的，並有「自為」的品性。依此標準，我們只能從中萃取出兩種無限的哲學概念。其中，前四組例句的主題和關鍵詞──「無限多」、「沒有終點」、「不能囊括」、「永恆相繼」、「代代相傳」、「永遠延續」、「無盡累加」、「無窮計數」、「無限增長」、「無始無終」、「無限延伸」、「無限可分」、「無邊界」、「無垠」、「可能性」、「不定的」、「循環」、「重複」和「週期」等，同屬「潛無限」；而第五組例句的主題則自成一派──「完成性」、「整全性」和「超越的」等，屬於「實無限」。

　　再說一遍，「潛無限」和「實無限」才有資格充當無限的哲學概念。它們是過渡的最終果實。

第二章　以《純粹理性批判》界說兩種無限

　　至此，我們已經得到兩種無限，但對其內容還未及界說。這項新任務，須首先交由《純粹理性批判》中的二律背反來完成。康德把世界分為本體與現象兩個區域。前者不屬吾人可能的認識範圍——理性倘若超出界限，以期認識自在之物，便得來幻相，招來表明認識病態的辯證法[1]，如此就導致二律背反。[2]在此意義，二律背反是理性僭越的後果。它意謂矛盾——關於同一對象，可得兩種同時成立又相互悖謬的觀點，從中引不出固定的知識。

---

[1] 關於「辯證」一詞在康德體系中的意謂，《純粹理性批判》給過這樣的判斷：「那種被當成工具的普通邏輯學，就叫辯證學。」（王譯本，A61，B85，第103頁）。眾所周知，黑格爾後來顛倒了此結構。

[2] 在此，康德也運用了戰場隱喻：「所以，這些玄想的主張就開闢了一個辯證的戰場，在這裡，被允許採取進攻的每一方都穩操勝券，而被迫只是進行防禦的一方則必將失敗。因此甚至驍悍的騎士，不論他們所要捍衛的是好事還是壞事，只要他們留心保有採取最後進攻的特權而沒有經受敵方新的襲擊的義務，他們也準保能戴上勝利的桂冠。我們很容易想像，這個競技場自古以來就曾屢經縱橫馳騁，許多勝利都被雙力所贏得過，但是那對事情有決定作用的最後勝利卻總是會被安排成這樣，即這件好事的維護者只有當他的敵手被禁止今後再拿起武器時才穩坐交椅。作為無偏祖的裁判員，我們必須把爭執者們為之戰鬥的是好事還是壞事這一點完全排除不計，而讓他們自己去解決他們的事情好了。也許在他們相互使對方感到疲憊而不是受到傷害之後，他們自己就會看出他們的唇槍舌劍的無謂，而像好朋友樣分手道別了。」（《純粹理性批判》鄧譯本，A4322-A423，B450-451，第359頁）

　　康德共列舉了四個二律背反。我們以第一個二律背反的正題來說明問題。該背反的題目是「世界在時空上是有限的還是無限的」。其中，正題為「世界在時間中有一個開端，在空間上也包含於邊界之中」[3]。接下來的證明是：

　　　　因為，讓我們假定世界在時間上沒有開端，那麼直到每一個被給予的時間點為止都有一個永恆流過了，因而有一個在世界中諸事物前後相繼狀態的無限序列流逝了。但既然一個序列的無限性正好在於它永遠不可能通過相繼的綜合來完成，所以一個無限流逝的世界序列是不可能的，因而世界的一個開端是它的存有的一個必要條件；這是首先要證明的一點。

　　　　對於第二點，還讓我們假定相反的情況：這樣世界將是一個無限的被給予了的、具有同時實存著的諸事物的整體。既然我們不能以別的方式、而只有通過各部分的綜合，才能設想一個並未在任何直觀的某個邊界內部被給予的量的大小，並且只有通過完全的綜合或者單位自身反覆相加才能設想這樣一個量的總體，因此，為了把充實一切空間的這個世界設想為一個整體，就必須把一個無限世界各部分的相繼綜合看做完成了的，亦即一個無限的時間就必須通過歷數一切並存之物而被看做流逝了的；而這是不可能的。因此現實事物的一個無限集合不能被看做一個被給予了的整體，因而也不能被看做同時被給予了的。所以一個世界就其空間中的廣延而言不是無限的，而是包含於

---

[3]　《純粹理性批判》鄧譯本，A426-427，B454-453，第361頁。

其邊界中的，這是第二點。[4]

　　首先，在時間方面的證明裡——由於使用反證法，要證明世界在時間上是有限的，須先行設定它是無限的。因而，康德假設了「*世界在時間上沒有開端*」。進而如果這樣，那麼直到每一個被給予的時間點，都有一個「*永恆*」流過了，也有一個世界中諸事物前後相繼的「*無限序列*」流逝了。為什麼會有一個「*永恆*」呢？因為倘若時間是沒有開端的，那從每一個時間點向前回溯都找不到盡頭，都會有無限多的時間，這就構成一種「*永恆*」。而這個「*永恆*」本質上就是世界中諸事物前後相繼的無限序列，因為同樣地，從某個時間點向前追溯，會發現「過了一分又一秒，還有一分又一秒」，因而在時間中出現於世的諸事物也是排隊一般地前後相繼，永恆延伸，萬世不竭，這就構成「*無限序列*」。這種序列般連續的無限性，就是潛無限。

　　可是，為什麼這個永恆「*流過*」了呢？為什麼這個無限序列「*流逝*」了呢？因為上述站在每一個被給予的時間點而開始的追溯，都是向「過去」追溯，從而無限多的時間和事物都是在「過去」被發現。而「已經過去」就恰恰預示著已經「完成」或有所「終結」。這種作為一個整體已經完成了的無限，就是實無限。

　　顯然，此處存在悖謬性，這也是康德構造二律背反的用意。他指明：「*序列的無限性就正好在於不可能通過相繼的綜合來完成*。」也就是說，一種潛無限從本質上講是排斥「完成」的。我們可以向前追溯，但並不能找到一個開端，進而下判斷說——「前面再也沒有了」。恰恰相反，我們永遠處於追溯的過程中，

---

[4]　《純粹理性批判》鄧譯本，A427-A429，B453-457，第361-362頁。

這個過程永遠不會完結，進而給我們下判斷的「空閒」。潛無限本身的規定性是「沒有邊界」、「沒有開端」和「永恆延續」。其中的含義與實無限所要求的「下判斷」和「完成」是異質的、不融貫的，它們不能互相等同。

同樣道理，類比到空間上——如果世界在空間上是無限的，那麼世界就將是一個無限的被給予了的、具有同時實存著的諸事物的整體。康德說，這樣的後果是：「為了把充實一切空間的這個世界設想為一個整體，就必須把一個無限世界各部分的相繼綜合看作是完成了的，亦即一個無限的時間就必須通過歷數一切並存之物而被看作流逝了的；而這是不可能的。」以字面意思看，問題的關鍵也在於「永續」與「完成」之間的矛盾，故而假設不能成立。

但要想深入其中，還需要插入一個解釋。那就是對於空間本身而言，康德主張它是一種潛無限。在《純粹理性批判》「超絕要素論」的部分有對「空間概念的形而上學闡明」，其中的第四條說：

> 空間被表象為一個無限的被給予的量。雖然我們必須把每一個概念都設想為一個被包含在無限數量的各種可能表象中（作為其共同性標誌）、因而將這些表象都包含於其下的表象；但沒有任何概念本身能夠被設想為彷彿把無限數量的表象都包含於其中的。然而，空間就是這樣被設想的（因為空間的所有無限的部分都是同時存在的）。所以，空間的原始表象是驗前直觀，而不是概念。[5]

5　《純粹理性批判》鄧譯本，A25，B40，第29-30頁。

倘若不加反思，容易認為康德在此的説法與二律背反中的講法存在矛盾。在二律背反中，康德的意思似乎是——空間不能被設想成一個無限的被給予了的、具有同時實存著的諸事物的整體，也就是説，不能被設想成一個「**無限世界各部分的相繼綜合都已然完成了的整體**」，因為這是不可能的。簡而言之，空間不能被設想為無限的，因為這導致矛盾。可是，康德在「對空間概念的形而上學闡明」第四條卻恰恰説「**空間被表象為一個無限的被給予的量**」，這需要解釋。

這個解釋會同時幫助我們完成對兩種無限的理解。它包含兩個方面。

第一，在對空間的形而上學闡明中，康德所講的「**無限（空間被表象為一個無限的被給予的量）**」是潛無限；而在二律背反中，康德所講的「**無限（空間不能被設想為無限的）**」是實無限。

具體地，康德在對空間的形而上學闡明中，説了空間是無限連續、永恆延展的。可單純如此，顯然還不承諾完成了的含義。所謂「**空間的所有無限的部分是同時存在的**」也是説空間是一種可以無限延展的東西，而至於這種無限延展的盡頭或邊界，並非它的延展性和連續性所能斷定。因此，就空間的無限延展而言，無法下判斷説空間就是有一個邊界或就是沒有邊界，它只是無限延展的。一句話，康德既沒有説空間是有限的（肯定的），也沒有説空間就是無限的（否定的），而是説它一直在延伸（不定的、無限的）[6]，僅此而已。其中只有進行時的含義，沒有完成時的含義。

---

[6] 此處有必要提及康德在《純粹理性批判》中「知性在判斷力中的邏輯機能」下對「判斷的質」所做的區分，那就是「肯定的」、「否定的」和「無限的」（鄧譯本，A70，B95，第64-65頁）。其中，「無限的」也可以翻譯成「不定的」（王譯本，A70，B95，第109頁），並且顯然，

在這裡的無限指的是潛無限。更多地，康德接下來在對這種區分的第二點辯護中也說到：「在超絕邏輯中，同樣還必須把無限判斷和肯定判斷區分開來，雖然在普遍邏輯中前者正當地被歸入了後者之列，而並不構成劃分的一個特殊的環節。因為普遍邏輯抽調一切謂詞的一切內容（即使這謂詞是否定的），並只著眼於這謂詞是否附加於主詞，或者是否與主詞相對立。但超絕邏輯則也要根據這種借助於單純否定的謂詞所作出邏輯肯定的價值或內容，來考察該判斷，並考察這種肯定對全部知識帶來怎樣一種收穫。」（鄧譯本，A71-72，B97，第65-66頁）康德在這裡點出在超絕邏輯中，我們要把無限判斷和肯定判斷區分開，而不能像普遍邏輯（也就是形式邏輯或類邏輯）那樣把它們混同在一起。也就是說，超絕邏輯是不承認排中律的，也即不能把「不定的」當成「肯定的」，而這樣做實際上就是把潛無限當作了實無限。

此外，康德在《邏輯學講義》中更明確地指出：「就質來看，判斷或者是肯定的，或者是否定的，或者是無限的。在肯定判斷中，主詞在一謂詞的範圍之下被思維；在否定判斷中，主詞被置於一謂詞的範圍之外；在無限判斷中，主詞被置於一概念的範圍之內，而這範圍卻存在於另一概念的範圍之外。」（許景行譯、楊一之校，北京：商務印書館，2010年，第100頁）從中可以看出，不論是肯定判斷還是否定判斷，都針對了至少在原則上明確的界限。而無限判斷則恰恰是說主詞被置於另一個概念的界限之外。例如，把A這個概念作為謂詞，它的範圍是明確的（能被當作謂詞就意味著這個概念必定是能夠被規定的，或者說其作為範疇是有定義的、有邊界的），故在「界限之內」的範圍之內，肯定判斷被表述為「某物是A」而否定判斷則被表述為「某物不是A」。但無限判斷恰恰處於「界限之外」，因而它只能被表述為「某物是非A」。而「非A」這種表述本身並不具有任何斷言的含義，它只是說某物存在於A的範圍之外罷了，至於它是處於「之外」的何處，卻是不確定的。所以康德在接下來的注釋中指出：「凡可能之物或者是A，或者是非A。因此，如果我說『某物是非A』，如『人的靈魂是不朽的』，『有些人是不學無術者』等等，那麼這就是無限判斷。通過無限判斷，超出A的有限範圍之外不能確定客體屬於何概念，而只能確定客體屬於A以外的範圍，這範圍真正講來全然不是範圍……」（同上，第100-101頁）（本條

　　而如果把這種潛無限運用到「世界是否有開端」的問題上，也就是在第一個二律背反的正題中，它就遭遇了實無限。此處有一個文字上差別甚小而含義上相差甚大的區別——在之前關於空間的形而上學闡明中，空間是作為「無限的被給予的量」[7]，進而運用到世界上去，就變成了「無限的被給予了的」[8]。後者只多了一個「了」字，但這種過去式正是完成時的含義。由於在後者的論域中，需要對世界整體進行把握，因而彷彿要站在世界之外，對其以整全的視角觀看一般。也就好比在時間上站在此刻向

注釋中的第二段「此外，……」轉引自錢捷：《超絕發生學原理》第一卷，北京：中國社會科學出版社，2012年，第65頁。其中，根據本文的實際需要做了一些改動。）

最後，對於此番理解的實際運用，康德在《純粹理性批判》中也多有清晰表述。例如，「對於一根直線，人們可以正當地說，它能被延長至無限，在這裡區別『無限的進程』和『不確定的進程』。因為儘管當人們叫你將一根線加以延長時，與其說『無限地延伸』，當然不如說『無定地延伸』；因為，『無定地延伸』只意味著：你願意延伸多長，就延伸多長，而『無限地延伸』則意味著，你應該永不停休地延長它（而在這裡恰恰沒有這個意思）。因此，如果談論的只是能不能的問題，那麼『無定地延伸』乃是完全正確的；因為你能夠使直線不斷增長以至無限。而且人們只談論進程的時候，即是說當人們只談論從條件到有條件者的進程的時候，清形都是如此；這種可能的進程在現象的系列中可以直至無限。從一對父母開始，你能在子孫後裔的下降線上延續下去，你也完全可以認為這條下降線實際上在世界上就是這樣延續的。這是因為，在這裡，理性永不需要系列有絕對的全體性，因為這樣的系列的絕對全體性並沒有被預設為條件，彷彿是什麼給予的（事實），而毋寧是被為某種有條件者，只是可以被給予、並可被無限地添加上去的東西。（王譯本，A511-512，B539-540，第429-429頁）

[7]　《純粹理性批判》鄧譯本，A25，B40，第29頁。

[8]　《純粹理性批判》鄧譯本，A427，B453，第361頁。

前追溯一樣，「無限世界各部分的相繼綜合」就被看作是完成了的。而這種完成性，也就是「被給予了的」，就造成了把充實一切空間的世界設想為一個整體，從而也把世界的各部分的無限綜合，包括永恆時間和歷數一切並存之物的序列都看作是流逝了的。它的後果，就像康德之前說的那樣，由於無限連續的根本特性就在於它的不可完成性，所以康德說「世界不可能在空間上是無限的」，指的是實無限。

第二，著眼於直觀和概念的區分，也可以理解這個問題。

概念也叫範疇，在中文裡「範疇」的「疇」是田字旁，其原意為耕地中分塊的、有明顯邊界的田地。它提示出概念都應是有邊界的。[9]進而如果把握了一個概念，就應當能把它整體打包起來，彷彿裝在袋子裡來給它一個定義。這個定義作為它的內涵，跑遍了它的外延，使其具有「規定性」。正因如此，康德才在關於空間的形而上學闡明中說──「我們必須把每一個概念都設想為一個被包含在無限數量的各種可能表象中（作為其共同性標誌）、因而將這些表象都包含於其下的表象；但沒有任何概念本身能夠被設想為彷彿把無限數量的表象都包含於其中的」。

前半段的意思是，我們必須把每個概念都設想為「內涵跑遍了外延」，從而是有邊界的；後半段的意思是，我們不能設想一個概念既是有邊界的，同時又包含了無限的外延。因為，前者是完成性，後者在本質上排斥完成，這就好比實無限遭遇了潛無限，它們無法彼此融貫。所以，這也就是康德在二律背反中所說的「我們不能以別的方式、而只有通過各部分的綜合，才能設想

---

[9]　在此提供的是基於中文詞彙而對範疇這個詞的理解。有幸的是，它在西語裡的內涵也包括有邊界的含義，通常對應「盒子隱喻」。此類理解或隱喻實乃中西文化所共有的，本文的解釋不敗壞對它的詮釋。

一個並未在任何直觀的某個邊界內部被給予的量的大小，並且只有通過完全的綜合或者單位自身反覆相加才能設想這樣一個量的總體」。所以，問題的關鍵就在於，一方面我們為了將其作為概念來把握，就必須設想它的有邊界的，也就是「量的總體」；另一方面，正如康德在形而上學闡明裡說的──「沒有任何概念本身能夠被設想為彷彿把無限數量的表象都包含於其中的」，因此這是不可能的。「量的總體」或「實無限」是有邊界的，而「無限數量的表象」則拒絕邊界、永恆延伸，這是二律背反。

　　而康德在形而上學闡明中所言「空間卻正是這樣被設想的」，並非表明空間同時具有潛無限和實無限的品質，從而造成矛盾。而是說只有把空間當作概念的時候，才會導致這種矛盾。在第一個二律背反中恰恰就是如此。正是由於把空間當成了概念，把世界當成了對象，才會造成認識上的僭越。實際的情況是世界本不是對象，空間也不是概念──「空間的原始表象是驗前直觀」。

　　解釋之後，回到康德在二律背反中關於空間的論述。他說：「為了把充實一切空間的這個世界設想為一個整體，就必須把一個無限世界各部分的相繼綜合看作是完成了的，亦即一個無限的時間就必須通過歷數一切並存之物而被看作流逝了的；而這是不可能的。」這句話的意思就是，如果把世界設想為在空間上無限的，就要把它的「各個部分」的「總和」、「總量」和「整體」進行相繼地綜合才能達到。但這種完成性地整體把握又不可能「遍歷」「各個部分」，「包圓」「整個整體」。因此康德說，這構成了「一個永遠也不能完成的序列；所以我們不能先於這綜合、因而也不能通過這綜合來思考一個總體性」[10]。總而言之，

---

[10]　《純粹理性批判》鄧譯本，A433，B461，第366頁。

空間問題和時間問題類似，一方面主張潛無限，另一方面又主張實無限，最後導致這個進展既是一個不能完成的序列，又要在總計中被當作完成了。如此，便構成二律背反。

　　最後，我們不妨以這段帶有總括性質的話，作為二律背反對兩種無限的集中界說──

　　　　這個無條件者，人們可從兩個觀點來設想，或者，設想之為存在於整個系列裡的，那就是說，系列裡的一切環節都毫無例外地是有條件的，唯獨系列的整體是絕對無條件的，這時，逆溯叫作無限的；或者，把絕對無條件者設想為只是系列的一個部分，系列的其餘環節都隸屬於這個部分，而這個部分本身並無任何其他條件。在第一種情況下，上升的（parte priori）系列是無邊界（無開端）的，這就是說，是無限的，可是它雖然是整個給定了的，它裡面的逆溯進程卻是永遠沒終結的，從而只能在可能的意義上叫它做無限的。在第二種情況下，有一個系列第一環節，這第一環節，就流逝了的時間而言，叫作世界開端，就空間而言，叫作世界邊界，就一個在其邊界內被給定的整體的部分而言，叫作單一者，就原因而言，叫作絕對的自身能動性（自由），就無常可變事物的存在而言，叫作絕對的自然必然性。[11]

　　二律背反已經首先完成了它的界說任務。但這還不夠，康德在《純粹理性批判》中「在一切宇宙論理念上對理性的調節

---

[11]　《純粹理性批判》王譯本，A417-418，B445-446，第363頁。

性原則的經驗性運用」[12]的標題下還說了些重要的話，在此一併
考察：

> 　　但是，雖然這種無限進展的規則，在對一個現象、一
> 種單純的空間填充，進行再分割時，毫無疑問是適用的，
> 但如果我們要把這個規則在給定了的整體中已以某種方式
> 隔離開來的、從而構成為一個不連續量的那些部分的數量
> 上去，這個規則就不適用了。人們不能設想任何有機組成
> 的整體中，其每一個部分又都是有機組成的，不能設想，
> 人們以這樣的方式對其部分進行無限的分解時，總會遇到
> 新的有機組成的部分；總之，說整體即使分割至於無限也
> 仍是有機組成的，這乃是一句根本不可思議的話，……簡
> 言之，無限性的根據只在於：整體本身並不是已經分割了
> 的，因而分割（該整體）才能確定整體中部分的數量，而
> 這數量有多大，則要視人們在分割的追溯中願意前進多遠
> 而定。相反，在一個被肢解至於無限的有機體那裡，整體
> 因為有機體這個概念就被想像為已經剖分了的，而在進行
> 分割的一切回溯之前，整體裡的部分就已有了一個本身既
> 是不定的又是無限的數量，這樣人們就陷於自相矛盾；因
> 為這個無限的進展，既被視為一個永不完結的（無限的）
> 系列，而在一個（不連續的，亦即由肢體組成的）綜合體
> 中卻又被視為完結了的。無限分割只表示現象是一種連續
> 量（quantum continuum），是與空間的填充分不開的；
> 因為空間的填充正是無限分割性的根據。但是，一旦某物

---

[12]　《純粹理性批判》鄧譯本，A515，B543，第421頁。

被假定為一個不連續量（quantum discretum），其中的單位的數量就是確定的，因而每個情形中也就等於一個數目於是，在一個肢解了的物體中究竟有機組成能達到多麼深遠，只有經驗才能確定，而且縱然經驗並沒準確地達到任何無機的部分，但至少這些無機的部分必定存在於可能的經驗之中。[13]

　　端看這一段話，其中另外蘊藏有兩個方面的意義──首先，它指明潛無限伴隨著「無限可分」的特性，實無限則不然；其次，這也同時表明，潛無限承諾了「同質」或「無機」的品質，實無限卻相反。具體而論，開頭所言潛無限的「無限進展」，在對「單純的」空間進行填充，從而再「分割」時，無疑是適用的。所謂「單純的」，意謂空間的每一部分都具備同質性──「這個空間」和「那個空間」歸根結柢都是「同一個空間」。這個性質，在隨後被稱作「連續的」──「無限分割只表示現象是一種連續量」。在此意義，空間作為潛無限而言同時含有「連續的」和「分離的」形式，其方向不必定要著眼宏觀數量的相繼，也可是微觀的內部無限的可分──它們的視角不同，本質卻是齊一的，都帶有非完成的性質。「這個無限的進展，……被視為一個永不完結的（無限的）系列」，而其實踐上的界限，「只有經驗才能確定」，不過是「視人們在分割的追溯中願意前進多遠而定」。這對應著潛無限「不定」的特性。意思是說，這種可分性究竟能進行到多麼遠，要取決於經驗，也即實際的情況與需要。[14]

---

[13] 《純粹理性批判》王譯本，A526-527，B554-555，第439-440頁。

[14] 對此，康德在《純粹理性批判》中多有說明。例如：「世界現象系列裡的回溯，作為世界積量的一種規定，其行進〔之遠近〕是無定的；這等

我們並不完備地知道分割到此就將停止，或是永不停止，而只是不斷分割下去。而那種接續的部分，作為潛在分割或進展的對象，也「必定存在於可能的經驗之中」。我們不必實際上也不能達到邊界的終點，但應「按照這種現象的本性，決不把經驗性的追溯視為絕對完結了的」[15]。

前此說到，潛無限的同質特性，就意味著無機的連續體。這個連續體的邊界是經驗不曾以確定性達到的。故而，是否將其砍掉一半，是無所謂的。其中，每個排序個體之間都全然同質，同時數量上又無限多，因而就整體而言「空無規定性」，是一個永遠潛在「可能」的世界。此處之處境，頗似《莊子》中的「無待」──萬事萬物不被區分，亦無等級之規定。康德在對數學性

於說，感性世界並沒有絕對的積量，而毋寧是，經驗性的回溯（只有依靠這經驗性回溯，世界才能從其現象方面呈現出來、被給予於我們）卻有它自己的規則，那就是，它從一個系列環節出發，以此環節為有條件者，然後或者憑藉自己的經驗，或者沿著歷史的導線，或者依據因果的線索，任何時候，總是向著一個更加遠離的環節推進，並且不論推進多遠，推進到何處，它總不罷手地擴大它那知性的可能的經驗性使用；而致力於知性的經驗性使用之擴大，其實，也就是理性在應用自己的原理時的固有而唯一的任務。這個規則並不預定一種確定的經驗性回溯，確定的經驗性回溯是在某種現象裡永無止境地行進的回溯，例如，人們從一個活著的人起始，沿著他祖先的譜系，必須永遠逐輩上升而決不指望達到第一對始祖，又例如，在天體的系列裡，必須永遠向外擴展，而決不允許遇上一個最邊遠的太陽；毋寧是，這個規則所要求的只是從現象向現象推進，至於推進所達到的那些現象，即使由於過於微弱而沒在我們意識裡形成經驗，沒有產生現實的知覺，那也沒關係，因為儘管如此，它們畢竟還是屬於可能的經驗的範圍。」（王譯本，A521-522，B549-550，第436頁）

[15] 《純粹理性批判》王譯本，A517，B555，第440頁。

的二律背反進行反思時，曾說到：「**出於這種考慮，總體性的一切辯證表象也都曾徹頭徹尾具有相同的性質。當時一個序列總是這樣，在其中條件與有條件者作為序列的各項而連接著並由此而是同質的，在這裡回溯必須永遠也不能被設想為完成了的，或者說，假如這種事發生的話，就必然會把一個本身是有條件的項錯誤地看做最初的、因而是無條件的項。**」[16]其中「無條件的項」，代表了「絕對原初」，從而就作為「起點」或「邊界」，終結了同質的序列──「最初的項」擁有了與眾不同的「規定」和「等級」，以此帶來「區分」。在此，「無待」的世界就再也沒有了。實無限的出現，伴隨的不再是無機的連續體，而是有機整體。把「無限進展」的規則，運用到不連續的整體中，它便不再適用了。因為有機整體的部分也是有機的，正如人體的部分──五臟六腑，也是各有邊界、有所區分的。而對人體進行無限分解，歸根結柢與五臟六腑的有限是互相背反的，它們的同在是無法設想的。在此，無限的分割總是遇到有限──器官的分割遇到細胞，細胞的分割遇到細胞核，而細胞核的分割遇到核膜，核膜的分割又遇到更小的有機分子，而分子又有一套新的結構……[17]。故而，康德說：「**整體即使分割至於無限也仍是有機組成的，這乃是一句根本不可思議的話。**」在此意義，對有機整體進行無限分割，就是前此提到的二律背反──如此導致了整體中存在一個「**既是不定的又是無限的**」，從而既是潛無限，又是實無限的「**數量，這樣人們就陷於自相矛盾；因為這個無限的進**

---

[16] 《純粹理性批判》鄧譯本，A528-529，B556，第430頁。

[17] 此類問題早先在萊布尼茨那裡曾初顯端倪，即「連續性」與「不可分的點」之衝突。故而，後有「樸素原子論批判」和「單子論」云云。本書下一章將涉此題。

展，既被視為一個永不完結的（無限的）系列，而在一個（不連續的，亦即由肢體組成的）綜合體中卻又被視為完結了的」。從而，「不連續」、「異質性」和「有機的」等特性，就該對應地歸給預示「完結」的實無限。

　　綜上所述，在對康德《純粹理性批判》有關論述細緻分析的基礎上，我們對兩種在含義上根本有別的無限形成了基本理解。概括而言，潛無限是「排斥完成」、「無限延伸」的序列。它是無窮無盡的「無機」連續體，個體之間具有「同質性」，無法斷言其中某個位置就是「終結」。它並不具備「認知」意義，只是潛在經驗的延伸與暢想。而實無限則是「完成」式和「概念」式把握的無限。它承諾著「異質性」，並時刻包含了「等級」、「邊界」與「終結」。作為「有機」整體，它也同時意味著經驗可達，意味著「理解」、「認知」或「下判斷」，它是「整全視角」下的「全盤統觀」，而非潛在延伸的沉默經驗。

　　萃取本章論述的關鍵詞並加以簡單分類，就構成下面這個表格。它使我們可直觀地區分出兩種無限分別包含的要素。在此意義，其可充當本章至此為止勞作的結晶：

概念的分野	關鍵詞	核心命義
潛無限	永續、無限多、流變、序列、相繼、被給予的、無規定性、直觀、分割、延展、重複、連續、無邊界、無規定、無機、無組織、可能性、同質性、均等性	非完成
實無限	概念、範疇、整體、綜合、總和、總量、遍歷、跑遍、把握、有邊界、規定性、被給予了的、固定、整全視角、全盤統觀、有機、有組織、異質性、差別性	完成

（表1，表題：第二章內容總結，來源：作者自製）

　　在此，表格中的關鍵詞，與第一章中各組例句的關鍵詞於命運上已然不同。它們不再是兩種無限的化身或體現，而直接是兩種無限本身。因為，上述詞語都是抽象意味上對兩種無限的理解與描述，不是實踐的運用。並且，化身帶有實體性質，而實體作為完形，通常裏挾諸多異質的偶性。而這些詞語，至少在本書所議的主題內，都自成一派，各是一貫而普遍的。這也是哲學描述的根本使命。總而言之，通過文字的論述與表格的直觀，我們能知道：潛無限和實無限之間有根本的歧異，它們相互衝突，不可同時運用在一套理解之中。正如康德所示，世界在時間上不能同時擁有兩種無限——這表明它們相互異質；世界在空間上倘若已是潛無限就不可能再是實無限——這意謂它們互不融貫。

第三章　哲學史上的兩種無限

　　對兩種無限的更詳盡理解需要增補新的含義，這要求我們告別康德並進入到哲學史之中。然而事前，還尚有兩件事情需要說明——

　　首先，「進入哲學史」並不意謂本章構造了一段「關於無限的哲學史」。正如哲學不同於一般科學，哲學史也不同於一般科學的歷史。黑格爾曾將後者稱為「外在命運的歷史」[1]，而這種歷史「自始就承認一個固定的基本真理作為內容，這真理由於是固定不變的，因而就是獨立於歷史之外的。……因此它就沒有或者等於沒有歷史」[2]。因而，此番可悲境地的緣故在於，它並非自身內容的變換與發展，而主要是「永久性的成分，而新興成分……只是對於固有的原則的增加或補充」[3]，如此，它便只是「一種記載或列舉新貢獻的愉快工作」[4]，「一種博學的興趣」[5]。而哲

---

[1]　黑格爾：《哲學史講演錄》第一卷，賀麟、王太慶等譯，北京：商務印書館，1959年，第15頁。

[2]　黑格爾：《哲學史講演錄》第一卷，賀麟、王太慶等譯，北京：商務印書館，1959年，第17頁。

[3]　黑格爾：《哲學史講演錄》第一卷，賀麟、王太慶等譯，北京：商務印書館，1959年，第17頁。

[4]　黑格爾：《哲學史講演錄》第一卷，賀麟、王太慶等譯，北京：商務印書館，1959年，第17頁。

[5]　黑格爾：《哲學史講演錄》第一卷，賀麟、王太慶等譯，北京：商務印書館，1959年，第19頁。

學史則是「內容自身的歷史」[6]，它的「傳統並不僅僅是一個管家婆，只是把她所接受過來的忠實地保存著，然後毫不改變地保持著並傳給後代。……這種傳統並不是一尊不動的石像，而是生命洋溢的，有如一道洪流，離開它的源頭愈遠，它就膨脹得愈大」[7]。在此，哲學史具有運動性質和替代性質。它從不恪守先賢的觀點進而永久不變，而總在吸收和轉化的過程中自我更新。但這並沒有割裂哲學史的內在連續性，而恰從另一方面促成了它——「我們的哲學，只有在本質上與前此的哲學有了聯繫，才能夠存在，而且必然地從前此的哲學產生出來」[8]，全部哲學就好比同一個哲學，哲學史也好比同一個哲學的歷史。因而，哲學在根本上排斥其他學科的歷史方式，它不承諾一套固定的方法，而是不斷地打破先前的砂鍋，進一步地刨根問柢。其中並非「他推翻你，我推翻他」，而毋寧說「推翻一個哲學，意思只是指超出了那一哲學的限制，並將那一哲學的特定原則降為較完備的體系中的一個環節罷了」[9]，在此意義，哲學史就構成絕對精神的展示。對此，文德爾班曾站在黑格爾之外這樣表述：「每一種哲學，向著某一方向以某一種方式，在或大或小的廣闊的領域裡，力圖將世界上和生活中直接表現出的材料用概念明確地表達出來；就這樣，在這些艱苦嘗試的歷史過程中，理智生活和精神生

6　黑格爾：《哲學史講演錄》第一卷，賀麟、王太慶等譯，北京：商務印書館，1959年，第15頁。

7　黑格爾：《哲學史講演錄》第一卷，賀麟、王太慶等譯，北京：商務印書館，1959年，第9-10頁。

8　黑格爾：《哲學史講演錄》第一卷，賀麟、王太慶等譯，北京：商務印書館，1959年，第10頁。

9　黑格爾：《小邏輯》，賀麟譯，北京：商務印書館，1980年，第424-425頁。

活的結構也就逐步地顯露出來了。哲學史是一個發展過程，在這過程中歐洲人用科學的概念具體表現了他們對宇宙的觀點和對人生的判斷。」[10]由此觀之，本章所做的耕耘，實乃連哲學史的皮毛都算不上。

其次，更進一步，本章的工作不僅不屬哲學史的建構，甚至連寐求博學的材料堆砌也稱不上——我們並非把哲學史上關於無限的諸種說法收集、羅列起來，以構成一個靠「純多」著稱的大雜燴，而其別名叫做辭典。[11]這縱使可能，也絕無必要。相反，我們論述的對象已然經過遴選。其標準僅有一條，即未被康德在先言說且對分析恩格斯發展觀自有其用。如柏拉圖[12]，如洛克[13]，雖也對無限有所論述，然其內容按本書之主題，以康德為參照，便不必再看——此類哲學家我們就避而不談。最後，本章的探討可承上而啟下。一方面，對前文而言，這是對無限之含義接續的汲取；另一方面，對後文來說，此乃對無限之樣式分析的演練。

---

[10] 文德爾班：《哲學史教程》上卷，羅達仁譯，北京：商務印書館，1987年，第16頁。依筆者見，文德爾班在此緒論中所贊同黑格爾的部分，不如黑格爾講得好；反對黑格爾的部分（年代次序，第18頁），是胡說八道。

[11] 此類辭典已經有過，參見陳嘉映等譯：《西方大觀念》，北京：華夏出版社，2008年，第640-654頁。

[12] 參見柏拉圖：《巴曼尼德斯篇》，陳康譯注，北京：商務印書館，1982年，第132-137頁。

[13] 參見洛克：《論人類的認識》，胡景釗譯，上海：上海人民出版社，2017年，第180-195頁。

第一節
亞里士多德

　　無限問題在古希臘已被討論，亞氏是其中的集大成者。在流傳的文本中，亦有諸多與兩種無限相關的討論。較為集中的，當屬《物理學》的如下片段：

　　　　顯然，必須裁定，並且判明：一種含義的無限是怎樣存在的，另一種含義的無限如何不存在。

　　　　事物之被說成存在，既指潛能上的，又指現實上的，而無限，則既有增加意義上的，也有劃分意義上的。正如我們所說的，積量在現實意義上不是無限的，但在分割的意義上卻是無限的（因為要反駁「不可分割的線段」的說法是不困難的），所以，剩下來的結論就是：無限只能是潛能上的存在。但是，千萬不要把這個「潛能上的」理解成「這潛在地是一尊雕像」那種意義上的「潛能」，因為後者意味著「這將是一尊雕像」，而無限卻不是這樣，不會有一個現實意義上的無限。

　　　　……在某種意義上，增加方面的無限與劃分方面的無限是同一的。……無限增加逆轉過來就成了無限劃分。……所以，無限的存在不是在其他意義上，而只是在潛能的和減少方面的意義上。潛能的無限則像質料那樣，不是作為一個由於自身的有限定的東西。而且，也有一種在增加的潛能上的無限，即我們說過的那種與劃分方面的無限在某種意義上同一的無限。……但是，在增加方面超

過一切積量的那種無限，即使是潛能意義上的，也不會有，除非它是由於偶性的現實上的無限。

　　……實際上，無限的含義正好與大家所說的相反；因為無限不是在它之外全無什麼，而是在它之外總有什麼。……然而，在它之外全無什麼的東西確是完全的和整體的。……如果還短缺什麼，或在它之外還有什麼，那就不是全體了。整體和完全或者是絕對同一的，或者是本性關係密切的。一切完全的東西都有一個終結，而終結就是界限。[14]

　　首先，亞氏開門見山地擺出了論述的總目的──說明「無限為何」，或言「無限於何種意義上存在」。接下來，一句提綱挈領的話指出，事物之存在既在潛能，亦在現實；同樣，無限既有則增加意義，也有劃分意義。在此，要想澄清此中討論，須先釐清亞氏關於「潛能與現實」的說法，而這又與「目的因」內在相關。

　　「目的因」或「目的」在亞氏學說中占據拱頂石的地位。在亞氏看來，哲學是追尋原因和追求智慧的活動，二者彼此統一。因為，追問原因不是知曉經驗的事情，而是獲得普遍的道理，且唯有後者才稱得上智慧──哪怕經驗豐富的人實踐得再好，他仍缺少智慧，因其只知其然而不知其所以然。[15]在此意義，追求智

---

[14] 亞里士多德：〈物理學〉，徐開來譯，載於《亞里士多德全集》（第二卷），苗力田主編，北京：中國人民大學出版社，1991年，第75-78頁。《物理學》有多個譯本，本書根據情況靈活使用。

[15] 參見亞里士多德：《形而上學》，苗力田譯，北京：中國人民大學出版社，2003年，第1-3頁。

慧為的是道理本身，它是為了知識而求知識，或謂「自為」，「如若人們為了擺脫無知而進行哲學思考，那麼，很顯然他們是為了知而追求知識，並不以某種實用為目的。當前的事情自身就可作證，可以說，只有在生活必需品全部備齊之後，人們為了娛樂消遣才開始進行這樣的思考。顯然，我們追求它並不是為了其他效用，正如我們把一個為自己、並不為他人而存在的人成為自由人一樣，在各種科學中惟有這種科學才是自由的，只有它才僅是為了自身而存在」[16]。我們在引言中已提到，「自為」在哲學中獲得了「以此為好」的價值性。在此方面，四種原因中地位最高「目的因」構成了對探求智慧、追問原因和從事哲學的回復，「原因（這裡指構成事物存在的條件）有四種意義，其中一個原因我們說是實體和所以是的是（因為把為什麼歸結為終極原因時，那最初的為什麼就是原因和本原）；另一個原因就是質料和載體；第三個是運動由此發生之點；第四個原因則與此相反，它是何所為或善，因為善是生成和全部這類運動的目的」[17]。「四因說」意謂了四種原因——形式因、質料因、動力因和目的因。其中，「目的因」吳壽彭謂之「極因」，牟宗三謂之「終成因」。它是「何所為」，是「圓滿的終結」；「形式因」是「所以是的是」，吳壽彭謂之「本因」和「怎是」——「『為什麼』既旨在求得界說最後或最初的一個『為什麼』，這就指明了一個原因與原理」[18]。故而，形式因是目的因的內容，它們於

---

[16] 亞里士多德：《形而上學》，苗力田譯，北京：中國人民大學出版社，2003年，第5頁。

[17] 亞里士多德：《形而上學》，苗力田譯，北京：中國人民大學出版社，2003年，第6-7頁。

[18] 亞里士多德：《形而上學》，吳壽彭譯，北京：商務印書館，1959年，

一定程度上可合二為一。類似，動力因所以發動的緣故是有了「目的」，倘無「目的」便不知為何發動。而動力所指的「終結」也是「目的」。因此，三個原因常常聯合出場，共把質料因帶向它的「圓滿」與「完成」。在此意義，質料因最為低下，它好比無靈魂的工匠，單有質料，無法成事。而目的因最為崇高。「原理與原因是最可知的；明白了原理與原因，其它一切由此可得明白，若其次級學術，這就不會搞明白的。凡能得知每一事物所必至的終極者，這些學術必然優於那些次級學術；這終極目的，個別而論就是一事物的『本善』，一般而論就是全宇宙的『至善』。上述各項均當歸於同一學術；這必是一門研究原理與原因的學術；所謂『善』亦即『終極』，本為諸因之一」[19]。如果在此能夠想起馬克思所謂「理論只要徹底，就能說服人。所謂徹底，就是抓住事物的根本」[20]，那麼，把握了目的因，便是抓住了事物的根本。唯有先知道目的因，進而才能知道別種原因。而倘只知道次級原因，則不能徹底搞懂事物。目的因具有完備的奠基性，它就是本源。這是一個多重嵌套的結構。目的因既和其他一切原因彼此勾連，另一方面也和哲學的要求互一致。歸根結柢，「目的因」是亞氏學說中最重要的一環。事實上，在此體系中，它可與一整套概念彼此連帶、互相推出——「最後」、「最終」、「圓滿」、「完滿」、「完成」、「必然」、「結局」、「結束」、「終結」、「實現」、「現實」、「自為」、「何所

第6頁。

[19] 亞里士多德：《形而上學》，吳壽彭譯，北京：商務印書館，1959年，第5頁。

[20] 馬克思：〈《黑格爾法哲學批判》導言〉，載於《馬克思恩格斯全集》第二版第3卷，北京：人民出版社，2002年，第207頁。

為」、「善」和「隱德萊希」等，這在我們的論述中處處可見。

　　而與此緊密聯繫的「潛能與現實」，則在《形而上學》第九卷中討論得較為充分。對舉的提法預告了它們之間含義的分野。亞氏也說：「**現實就是事物不以我們所說的潛能的方式存在。**」[21]首先，「現實」之為「現實」，其中之一的條件便是包含自身的「目的」。在此意義，亞氏區分了「運動」和「現實」這兩個概念。其中，凡屬「有界限的實踐」，都並非「目的」自身，而是作為「目的」的手段。也就是說，它們都不具備「完成」或「圓滿」的含義，不內包「目的」本身——此類活動就是「運動」。例如，「減肥」、「學習」、「行走」和「造屋」等活動，在開始或進行的時均無法承諾它同時已然「完成」。然而，諸如「思想」等活動卻不是這樣，「思想」和「已經想過」是同一回事——此類活動便是「現實」。屬於「現實」的活動把自身之「完成」也一併囊括，因而進行中就已然包括了「終結」。[22]在此意義，涵括自身「目的」，就是包含「實現」

---

[21]　亞里士多德：《形而上學》，苗力田譯，北京：中國人民大學出版社，2003年，第182頁。

[22]　參見亞里士多德：「那些有界限的實踐沒有一個是目的，而是達到目的的手段，例如減肥，在減肥的時候，那些東西自身就在這樣運動中，而不是一些運動所要達到的現存的東西。像這樣的活動不是實踐或者不是完滿的實踐，只有那種目的寓於其中的活動才是實踐。……這兩者之中，一個叫做運動，一個叫做現實活動。一切運動都是不完滿的，減肥、學習、行走、造屋這些都是運動，並且都是不完滿的。行走並不同時已經走到了，造屋並不同時已經造好屋了，生成也不是已經生成了，被運動並不是已經被運動完了，運動和已經運動了是不相同的。已經看到和觀看、思想和已經想過了卻同時都是一回事情，我就把這樣的活動叫做現實，而把另外一種叫做運動。」（《形而上學》，苗力田譯，北京：中國人民大學出版社，2003年，第182頁）

與「完成」，包含自身「規定」或「形式」──「觀看就在觀看者中，思辨就在思辨者中，生命就在靈魂中。這清楚地表明，實體和形式是現實」[23]。其次，潛能亦有其自身規定。它並非僅是「現實」的對立面或反義詞──例如「未完成」和「未終結」等，而更作為「現實」的提前步驟而出場。根據亞氏，所謂「潛能」並非一種怎麼都行的可能性，我們不能說「土果潛在地是人」，而只能說「兒童潛在地是成人」。因為，土果和人沒有本質的聯繫，但在兒童本身的規定裡即包含了成人的要素。也就是說，成人就是兒童的「目的」、「完成」、「終結」或「圓滿」。同樣，只有在其本身的規定裡就能治病的東西，才是健康的「潛能」。因此，「潛能」按其本性來說也是一種「目的」，不過暫時未成而已。故而，「潛能」就是一種未得「實現」的「現實」。「潛能」已經被「命定」和「規定」，這種「規定」便是所謂「終結」。[24]在此意義，亞氏也說：「質料潛在地存在著，因為它要進入形式，只有存在在形式中的時候，它才現實地存在。這同樣也適用於其他，適用於那些以運動為目的的東西。……活動就是目的，而現實就是活動，所以，現實這個詞就是由活動而來的，並且引申出完全實現。」[25]最後一句，吳壽彭

---

[23] 亞里士多德：《形而上學》，苗力田譯，北京：中國人民大學出版社，2003年，第188頁。

[24] 參見亞里士多德：「還必須區別個別事物什麼時候潛在地存在，什麼時候不是，因為並非任何時候都是如此。例如，土果潛在地是人嗎？當然不是，也許只有在它變成種子才行，甚至似乎這也不行。正如一種藥不能包治百病，甚至也不能靠機會治病，只有那種能治病的東西，才潛在地是健康。」（《形而上學》，苗力田譯，北京：中國人民大學出版社，2003年，第182頁）

[25] 亞里士多德：《形而上學》，苗力田譯，北京：中國人民大學出版社，

的譯文則使用了更原初的音譯——「所以『埃努季亞』（實現）一字原由『埃爾咯』（功用）衍生出來，而引向『隱得萊希』（到達終點）」[26]。

　　完成對「潛能與現實」的理解[27]之後，我們就該回到最初的文本——「事物之被說成存在，既指潛能上的，又指現實上的，而無限，則既有增加意義上的，也有劃分意義上的」[28]。繼而，亞氏也緊接著說道到，「積量在實現意義上不是無限的，但在分割意義上是無限的」[29]。聯繫已有的知識儲備，從中可得三點結論：

　　　　其一，此處所講「無限」是潛無限；

　　　　其二，說無限「既有增加意義上的，也有劃分意義上的」，這不等於說存在「既有潛能上的，也有現實上的」。也就是說，增加和劃分並非各自對應「潛能」和「現實」（它們代表實無限），而都屬於潛無限；

　　　　其三，「增加方面超過一切積量的無限」屬於實無限。

2003年，第187頁。

[26] 亞里士多德：《形而上學》，吳壽彭譯，北京：商務印書館，1959年，第201頁。

[27] 對「潛能與現實」的理解，亦可與「在先和在後」聯繫起來，本書第一章第二節對此已有論述。

[28] 亞里士多德：〈物理學〉，徐開來譯，載於《亞里士多德全集》（第二卷），苗力田主編，北京：中國人民大學出版社，1991年，第75頁。

[29] 亞里士多德：〈物理學〉，徐開來譯，載於《亞里士多德全集》（第二卷），苗力田主編，北京：中國人民大學出版社，1991年，第75頁。

　　以上結論還須解釋。在最初的文本中，亞氏曾說過一句總結的話：「結論便是，無限只能是潛能上的存在。」但是，不可把這個「潛能」當作「潛能與現實」中的「潛能」──「千萬不要把這個『潛能』理解為『這潛在地是一尊雕像』那種意義上的『潛能』」。因為，如果在此意義上理解「潛能」，它的前路便已「命定」。也就是說，它將必定變成一尊雕像，雕像就是其本身的內在「規定」──按此「規定」，「潛能」必然會步入「現實」。但是問題在於「無限卻不是這樣，不會有一個現實意義上的無限」。也就是說，在無限問題上，亞氏認為只存在潛無限，而沒有實無限。潛無限排斥「完成」、「現實」和「目的」，故而不能在「潛能與現實」的意義上提及，它不屬此番論域。同上，與「目的因」相伴相隨的一整套概念，也順理成章地被當作實無限的要素而拒之門外。因此，所謂「無限既有增加意義，也有劃分意義」，就不會前者對應「潛能」，而後者對應「現實」──「潛能與現實」本質是一回事，且已被潛無限開除。相反，「增加和劃分」倒是描述潛無限的要素，並分別著眼不同的視角──「增加方面的無限和劃分方面的無限是同一的」、「前者逆轉過來就是後者」。這也即本書前此所提「延展」與「可分」，它們和「增加」與「劃分」同類，既排斥完成也拒絕停止。誠如亞氏所言，「積量在實現意義上不是無限的，而在分割的意義上卻是無限的」──它們同屬潛無限，而非實無限。所以，亞氏最後的強調──「但是，在增加方面超過一切積量的那種無限，即使是潛能意義上的，也不會有，除非它是由於偶性的現實上的無限」，意在表明，「增加方面超過一切積量的無限」不是潛無限，而是實無限。根據上一章的理解，我們知道「一個事物超過了一切積量」便等於斷言「該序列是無限的」，或下判斷說「此

積量是極大的」。在此意義，它構成「全盤統觀」。亞氏認為，這種無限不能拿來當真，然大家時常以其為真。日常用法中，不加反思的無限通常就是永續、極大而最多的積量，沒有任何事物可超過它。但是畢竟常識距離哲學還很遙遠，它經不起反思。故而，亞氏說，「實際上，無限的真正含義很可能和大家說的恰好相反」，無限「不是『此外全無』，而是『此外永有』」[30]。後者正是亞氏認為合理的無限概念，即潛無限。因為，「此外永有」意味著永恆開拓，沒有完結。然而，那「超過一切積量的無限」恰是「此外全無」──它的體量比任何別種積量都大，在其意外沒有別的積量。因此，它是「整體」而「完全」的。前者意味著「邊界」，後者則代表「終結」。話至此處，我們不難認定其為實無限。

　　除此以外，《物理學》中的其他表述，還可體現兩種無限的別種性質：

　　　　物體無限和物體各有特定地點這兩種說法就不可能同
　　時成立。因為無限也必然或重或輕，但是，不論說它作為
　　整體有的重有的輕，還是說它一半重一半輕都不可能。因
　　為，怎樣把它分開呢？或者，無限如何能夠一部分向上另
　　一部分朝下，或一部分朝向邊界另一部分趨於中心呢？

　　　　無疑，一物在何處就是在地點中，在地點中就是在何
　　處。所以，如果無限不是某個量──某個量就是諸如兩肘
　　尺或三肘尺；因為量所意味的正是這些──，那麼它就同

---

[30] 亞里士多德：《物理學》，張竹明譯，北京：商務印書館，1982年，第88頁。

　　　　樣不會在地點中，即處於何處。因為在何處就意味著在上
　　　　或在下，或在六種不同方位的另外某個處所。但這其中的
　　　　每個處所都是一個界限。[31]

　　這一段話的主旨，以前此的術語來說，謂之潛無限的「同質
性」。即無限的各個部分是齊一而無差的，它們都有同等地位。
故而，無法說出哪裡重、哪裡輕，哪裡朝上、哪裡朝下，或哪裡
是邊緣，哪裡是中心。否則，便是給它加了限定，對其進行了把
握與統觀，它因此便也不再是潛無限。「*物體在每個方向上都有
拓展，無限就是沒有止境地拓展，所以，無限的物體必定在每一
個方向上都無窮無盡地拓展*」。[32]在此意義，「同質性」的規定
被細化了。它被具體表述為潛無限排斥所有「方向性」與「結構
性」的含義。也就是說，一方面，潛無限在方向上是任意的或全
盤皆可的，因而在每個方向都無窮延展；另一方面，它在結構上
也是無謂先後、輕重、緩急、快慢、上下和左右等差別。
　　實無限的情況則剛好相反──

　　　　自然就是目的和「何所為」。因為，如果某物進行連
　　　　續的活動，並且有謀者運動的目的，那麼，這個目的就是
　　　　終結和所為的東西。（正是這一點導致了詩人的荒誕。在
　　　　談到人死之時，他說，「他已達到了那個為之而生的目的
　　　　了」。因為並非一切終結都是目的，只有最好的終結才叫

[31]　亞里士多德：〈物理學〉，徐開來譯，載於苗力田主編《亞里士多德全
　　　集》（第二卷），北京：中國人民大學出版社，1991年，第74頁。
[32]　亞里士多德：〈物理學〉，徐開來譯，載於苗力田主編《亞里士多德全
　　　集》（第二卷），北京：中國人民大學出版社，1991年，第70頁。

目的。）[33]

　　引文的意思已然表達清楚。前此也談到，實無限是與亞氏所謂「目的」的系列概念相一致的。「目的」有所朝向，這裡也將其和「何所為」相互關聯。它們共同承諾了「方向性」與「結構性」。事實上，此番含義在亞氏的「目的論」中，也時常體現為生命體的論述，從而更顯複雜——「精子還不潛在地是人，它還需要在其他東西中進行變化。倘使它能通過自身的本原而成為某種東西，那麼這種東西就確是潛在地存在了。但精子還需要另外的本原，正如泥土並非潛在地是雕像意義，它必須經歷變化才能成為青銅」[34]。精子從動力因看，已潛在地是人了；而從質料因看，卻不是如此。因為，精子與人之間仍須變化和發育。如同泥土不是雕像的潛能，泥土冶煉為銅，銅才是潛能。而泥土雖不是雕像的潛能，但它卻是銅的潛能。同樣，精子不是人的潛能，但可當作靈魂的潛能。〈論動物的生成〉這樣說到：「精液究竟有靈魂還是無靈魂？對這個問題的解釋同對軀體各部分的解釋是一樣的。即靈魂除了它所存在於其中的東西不會存在於任何東西中；任何一部分如果不分有靈魂就不是該部分，除了同名之外。如死人的眼。顯然，精液既具有靈魂，同時又是潛能意義上的靈魂。」[35]承接《形而上學》的討論，亞氏首先闡明了精液在潛能

---

[33]　亞里士多德：〈物理學〉，徐開來譯，載於苗力田主編《亞里士多德全集》（第二卷），北京：中國人民大學出版社，1991年，第36頁。

[34]　亞里士多德：《形而上學》，苗力田譯，中國人民大學出版社，2003年，第184頁。

[35]　亞里士多德：〈論動物的生成〉，崔延強譯，載於苗力田主編《亞里士多德全集》（第五卷），中國人民大學出版社，1997年，第258-259頁。

意義上有靈魂。隨後也說，潛能是多樣而非齊一的。精子不是直接成人，而要先進行胚胎發育。這是亞氏複雜的生物學漸成說──「因為無物自我生成，儘管生成後自我發育。這即是某部分首先生成，而非全部一起生成的原因」[36]。從精子到心臟，從心臟到其他器官，最後成為有機體。整個過程需要多個中介才能最終達成。在此意義，亞氏的機體發育理論是「四因說」和「潛現說」的交涉與深化。也就是說，「目的因」在此得到空前強化，它既與別種原因緊密結合，也在單一體、時空歷合體乃至動變的環節中，無微不至地滲透。它既關涉質料，也牽扯動力，最終達成形式。而總的發育便是目的實現的過程。對此，安若瀾有一套優美的解說：「**由種源而胚胎、胚胎而嬰孩、嬰孩而成人，這是一個發展過程。我們還可以看到所有的動因並不處於同等地位：種源是被動的動者，因胚胎的替換而消失；相反，這個連續的中介動因中，人從潛在而至於現實，通過中介動因傳導而實現其自身。**」[37]最後，繼「方向性」和「結構性」之後，實無限還擁有「價值性」。而所謂「價值性」，不過是在既有的基礎上補充一句「這樣真好」。在此，亞氏批評「**詩人多謊**」[38]，進而主張只有「好」的「終結」才是「目的」。「終結」不是任意的結束，唯有「善」或「完滿」才配得上它，這也同時蘊含在「實現」自身形式、「達成」自身本性的過程中。類似的價值取向在柏拉圖

---

36 亞里士多德：〈論動物的生成〉，崔延強譯，載於苗力田主編《亞里士多德全集》（第五卷），中國人民大學出版社，1997年，第259頁。

37 安若瀾：《亞里士多德的《形而上學》》，曾怡譯，上海：華東師範大學出版社，2015年，第81-82頁。

38 亞里士多德：《形而上學》，吳壽彭譯，北京：商務印書館，1959年，第6頁。

處也可見,「關於這些看起來可笑的,譬如頭髮、污泥、穢物,或其它最不足重視的和最無價值的」[39],便無理念。

至此,通過考察亞氏學說,我們收穫了關於兩種無限的諸多新特性。匯聚它們於下表中,能證明本節的努力並非無用功:

概念的分野	新增加的關鍵詞	核心命義
潛無限	無目的、非方向、非結構、非價值	非完成
實無限	目的性(包括最後、最終、圓滿、完滿、必然、結局、結束、終結、實現、現實、自為、何所為、善和隱德萊希等)、方向性、結構性、價值性	完成

(表2,表題:第三章第一節內容總結,來源:作者自製)

第二節
庫薩的尼古拉和笛卡爾

庫薩的尼古拉(以下簡稱尼古拉)和笛卡爾的相遇,在此只是巧合。誠如前述,我們無意構造一段無限的哲學史,甚至,連材料堆砌的拼接湊合體也不願爬梳。把尼古拉和笛卡爾湊在一起,不過是因其相距遙遠的對無限的思考可互相對比,進而能聯合推出關於兩種無限的嶄新元素。在此意義,他們的邂逅可謂完全無意識的。但在有些論述中,這種相逢變得自覺。啟動我們的進程之前,不妨首先觀瞻這樣一齣尼古拉與笛卡爾在無限舞臺聯合出場的劇目。

柯瓦雷在《從封閉世界到無限宇宙》中談到:「瑞典女王克莉絲蒂娜懷疑,在笛卡兒無定限延伸的宇宙中,人是否還能

---

[39] 柏拉圖:《巴曼尼德斯篇》,陳康譯注,北京:商務印書館,1982年,第55頁。

占據中心位置，而根據教義，這一中心位置是上帝在創世時賦予人的。笛卡兒在給沙尼的著名回信中說，畢竟『庫薩的主教和其他一些教士都認為世界是無限的，但他們並沒有受到教會的譴責，恰恰相反，使上帝的作品顯得偉大被認為是在榮耀上帝』。笛卡兒對庫薩的尼古拉學說的闡釋似乎非常合理，因為庫薩的尼古拉的確否認過世界的有限性，還否認世界由天球包裹著。但他並沒有正面斷言世界的無限性。事實上，庫薩的尼古拉同笛卡兒本人一樣，一直謹慎地避免把『無限』這個限制條件歸於宇宙，而是將它留給了上帝，只有上帝才能稱得上無限。庫薩的尼古拉的宇宙不是無限的（infinitum），而是『無終止的』（interminatum）。這不僅意味著宇宙沒有邊界，不會被一個外部的球殼所終止，而且也意味著宇宙沒有終止於它的組分，也就是說，宇宙完全缺乏精確性和嚴格的確定性。它從未達到過『界限』（limit），是完全無限定的（indetermined）。因此，它不可能是整體精確認識的對象，而只能是部分推測認識的對象。」[40]《從封閉世界到無限宇宙》是一部優秀的作品，其中也時常涉及潛無限和實無限的區分。但這種劃分意識，卻未必一貫而鮮明。觀瞻這部劇目，可見其中論述的不足之處，以當作開胃的前菜。起始講到，女王懷疑的內容為，笛卡爾將宇宙理解為無定限延伸——說到底是潛無限，是否會導致人類喪失其所占的中心位置。笛卡爾回覆的大意為，尼古拉也是同類看法，但其未曾遇見此類困難。隨後，作者柯瓦雷質疑了笛卡爾回覆的有效性，認為尼古拉所主張乃潛無限，故而他「並沒有正面斷言世界的無

---

[40] 柯瓦雷：《從封閉世界到無限宇宙》，張卜天譯，北京：商務印書館，2016年，第7-8頁。

限性」——「正面斷言」意味著實無限。所以，笛卡爾的講法並不合適。但是，柯瓦雷錯了——女王所疑笛卡爾所談之無限，正是潛無限而不是實無限，故而，笛卡爾和尼古拉所談乃同一種無限。[41]因此，笛卡爾可搬出尼古拉而不必遭遇柯瓦雷的質疑。批判科瓦雷不能直接為我們帶來什麼成果，但是作為對尼古拉和笛卡爾無限學說的領略，倒是難得的素材。

尼古拉的學說，一度被認作某種悖謬。科拉科夫斯基談到：「庫薩的尼古拉感覺到的難題也是所有一元論的難題。他徒勞地尋求闡明把統一性到多樣性的發展當成真實的發展如何成為可能，而不是當成含有可歸於上帝本身的潛在性那種從潛在存在到現實存在的變化，庫薩的尼古拉的思想處在兩個極端的緊張狀態之中，這兩個極端沒有一個能夠與即使是最不嚴格的正統思想相調和。一方面，永恆的誘惑要把整個多樣的宇宙當成虛幻，當成存在的純粹外觀，只有實在是絕對的統一性。二者擇一：世界必

---

[41] 無獨有偶，在《從封閉世界到無限宇宙》後續談論笛卡爾的章節中，柯瓦雷說到：「笛卡兒想去維護上帝『徹底的』無限〔與其他事物的無定限之間〕的區分，這無疑是正確的。上帝不僅排除了一切限制，而且將一切雜多、分割和數從空間和數列（它們必定包含和預設了這些東西）純粹的無終止和無定限中排除了出去。況且這種區分也相當傳統，我們已經看到庫薩的尼古拉和布魯諾都曾有此主張。」（張卜天譯，北京：商務印書館，2016年，第128頁）在此，柯瓦雷意在說明，笛卡爾和尼古拉都將上帝從潛無限中排除，進而認定上帝屬於實無限。如果柯瓦雷在此的說法是對的，即笛卡爾與尼古拉都將潛無限歸給自然、世界或宇宙，而把實無限拿給上帝，故在無限問題上的看法是齊一的，那麼正文所言二者的差別，就是錯的。事實上，在筆者看來，柯瓦雷前後的說法都是錯的——他沒有認識到，尼古拉所謂「上帝的無限」只是「空名」。故而，他們在關於自然、世界或宇宙的事情上都持有潛無限的觀點。但是，笛卡爾把上帝視作實無限，而尼古拉則認定其為潛無限。

須被看成處在演進狀態中的上帝，由此可得出上帝並不是完全真實的；抑或上帝不是絕對的，而僅僅是創造的歷史終端，並且根據這種歷史才成為絕對。……庫薩的尼古拉在神性的本質中發現了一個不可迴避的矛盾，但是，用黑格爾的話來講，這是一個穩固不變的矛盾，即思辨的結果導致的二律背反。對神性本質的反思導致這樣的結論：神性本質在其本身之中必然包含為有限存在所不相容的特性，因為，如同上帝是純粹的現實性並且同時涵括整個實在那樣，在這種實在中，不能有不可實現的、像神性統一性那樣深奧莫測的事物。所以，庫薩的尼古拉的思想使他從簡單發展著的絕對觀念得出了這種二律背反。這種在邏輯形式下而不是在動態形式下表現出來的矛盾，還不是那些以其對抗導致新事物產生的真實力量的衝突。這還不是對上帝創造的解釋，毋寧說是對有限的心智在試圖探討無限時所陷入悖謬的一種認識。」[42]

---

[42] 萊澤克・科拉科夫斯基：《馬克思主義的主要流派》第一卷，唐少傑、顧維翹、寧向東、李正栓譯，蘇國勳、唐少傑、魏志軍校，哈爾濱：黑龍江大學出版社，2015年，第36-37頁。另可參見萊謝克・科拉科夫斯基：「尼古拉遇到的難題也是全部一元論的難題。他枉費心機去尋求一個理論格式，能把從單一到多樣的發展看成真實發展，但不看成從可能『存在』到現實『存在』的變化，因為那樣看等於說神本身具有潛勢。尼古拉的思想是夾在兩個極端中間處於緊張狀態的思想，這兩個極端哪個也不能同哪怕最不嚴格的正統教義相調和。一方面是永遠不緊要把整個多樣宇宙看成幻覺，純粹是外在的外表，而唯一的實在就是『絕對』這個單一體。要不然是，世界必須看做發展狀態下的神，由此可見神不是十分現實的，神也不是『絕對』，他是在創造的歷史末尾，憑藉那段歷史才成為他那樣的。……尼古拉發現神的本性是一個不能根除的矛盾，可是如果借用黑格爾的術語，它是一個靜止的矛盾，即進行思辨結果造成的自相矛盾。思索神的本性得出一個結論：神的本性內一定包含按有限物說來互不相容的性質，因為既然神是純現實，同時又包括全部

無獨有偶，尚文華也說到：「在尼古拉看來，……宇宙就是包含了上帝之外一切事物的總體。就其不包含上帝而言，它是受到限制的，因而絕無可能成為絕對的無限；但就其包含一切事物而言，它又是不受任何除了上帝之外的他物而限制的，因而它又是某種意義上的無限。……因此，可以看到尼古拉在這裡的雙重運思：首先，因著智性，宇宙是無限度的，因為只有在智性之中，宇宙可以被當作一個包含一切的總體，而不受除了上帝之外的任何他者限制；其次，宇宙之無限制性乃是在它自身之中，因為在它之外，不存在任何除了上帝之外的他者。」[43]可見，尼古拉一直擁有雙重困擾，任何一邊的代價都是他所不願接受的——這與他所特有的思想背景、問題意識與理論旨趣有關。或許，也是出於這個原因，他的學說歷來眾說紛紜，學界尚無能夠打遍天下的標準詮釋。我們在此不關注這個學說總體，尤其是其中處理上帝信仰與絕對觀念的部分，而只著眼其對無限的論述，以期有所收穫。

首先，在《論有學識的無知》中，尼古拉有如下說法：

> 我們對於無限曲線的無限筆直所作思考中得出的結論，現在可以相比擬地用於極大的最單純的無限本質；在

實在，那個實在中就不會有任何在神的單一體中以不可理解的什麼方式未實現化的東西。這樣，尼古拉的思維把他引到因單純發揮絕對的概念而產生的自相矛盾上。矛盾是以邏輯形式而不是以動力形式出現，就是說，不是那些彼此的對抗會產生新事物的實際力量之間的衝突。這矛盾也不是神的創造的解釋，卻是認識到有限心靈如果要探索無限就陷入荒謬悖理。」（《馬克思主義主要流派：興起、發展與崩解》第一卷，馬元德譯，台北：聯經出版事業股份有限公司，2017年，第33-34頁）

[43] 尚文華：《希望與絕對：康德宗教哲學研究的思想史意義》，南京：江蘇人民出版社，2018年，第35頁。

一切本質之中它怎麼正是那獨一的無限單純的本質；在它裡面，事物的一切本質，不論是已經存在的事物的本質，還是即將發生的事物的本質，怎麼都總是永恆地實現著它的那個特定本質；正如它是一切事物的本質，它也就是一切本質；它——一切事物的本質——怎麼是一切事物本質中的每一個，卻因為它同時是一切，而又不是它們之中任何特定的一個。還有就是，和無限的線是一切線的適當尺度一樣，無限的本質怎應也正是一切本質的最適當尺度。

為了更清楚地看清這一點，請設想兩條無限的線，一條線包含著無限數量的一尺，另一條包含著無限數量的兩尺；它們卻仍舊必然是相等的，因為無限不大於無限。正如在一條無限的線中，一尺並不比兩尺小，同樣，一尺兩尺的問題也就根本不影響無限的線的長度。再者，因為無限的每一部分也都是無限的，那麼，無限的線中的一尺，就和兩尺一樣，都同等地就是整個無限的線。[44]

在此，尼古拉進一步地細化了潛無限的一個特徵，我們稱之為「敉平性」。這個術語選自海德格爾的《存在與時間》——「『時間是無終的』這一流俗時間解釋的主論題最入裡地表明：這樣一種解釋敉平著遮蔽著世界時間，並從而也敉平著遮蔽著一般時間性。時間首先被表現為不間斷的連續的現在。每一個現在也已經是剛剛與立刻。如果對時間的描述首先而唯一地拘泥於這種序列，那麼在這種描述中本來從原則上就不可能找到始與

44　庫薩的尼古拉：《論有學識的無知》，尹大貽、朱新民譯，北京：商務印書館，1988年，第32頁。

終」[45]。其中，不論是「時間無終」的流俗解釋，「不間斷的連續與現在」還是「每一個現在也已經是剛剛與立刻」都體現為潛無限，海德格爾把這種效應叫做「敉平」，相伴隨的還有「遮蔽」。「敉平」與「遮蔽」意謂事情原本「不平」（有所區別）和「澄明」，只是由於某種誤解，才使之消弭本有的區分，變得晦暗不明。在此意義，「敉平性」和「無方向」、「無結構」和「無價值」一道，是潛無限「同質性」的延伸與結果。故而，與亞氏宣告無限不是「諸如兩肘尺或三肘尺」[46]的某個量不同，尼古拉表明，若已有相互區別的一尺和兩尺，則不能將其放入潛無限，否則區別將會消失。因此，尼古拉也說：「無限的每一部分——不管是一尺還是兩尺——都同等地是無限的」。此中含義等於前段所講「無限就是一切，又可以是每一個。」初聽起來，似乎並不可能——既然事物之間存在諸多差別，那麼各種不同的事物何以成為同一個無限？但從「敉平性」著眼，就不難理解——每一事物只要放入無限中，哪怕先前擁有再多差別，也都變得齊一，都可消弭不計。故而，尼古拉斷言：「事物的一切本質，不論是已經存在的事物的本質，還是即將發生的事物的本質，都是永恆地實現著它的那個特定本質，也就是無限的本質。」此番道理還進一步地被尼古拉運用到數學幾何中，提出了「絕對的無限可以是任意一個圖形」的觀點並論證了「絕對的筆直就是絕對的彎曲」、「一個無限的三角形就是一條直線」等諸多命題[47]，起

---

[45] 海德格爾：《存在與時間》，陳嘉映、王慶節譯，熊偉校，陳嘉映修訂，北京：商務印書館，2015年，第509頁。

[46] 亞里士多德：〈物理學〉，徐開來譯，載於苗力田主編《亞里士多德全集》（第二卷），北京：中國人民大學出版社，1991年，第74頁。

[47] 參見庫薩的尼古拉：「如果有一條無限的線，我認為它同時就是一條直

其理其據亦來自「敉平性」[48]。最後，作為「無結構」方面的深化，尼古拉使用了「程度」和「比例」這樣更接近範疇表述的用語，這在本書第六章論及黑格爾時還會涉及——「**因此，在無限中不能允許有程度；程度也不能存在於那些以某種方式與無限成比例的事物中，因為這種事物也是無限的**」。[49]

其次，尼古拉關於上帝的論述也帶來啟發——潛無限是「非理解的前提」，不能導致理解。與第一章第三節注釋所提「消極言說」一樣，尼古拉對上帝持有「否定神學」的理解，即我們無法正面描述或認知上帝，而只能經由旁敲側擊或通過如前所述的「數學類比」獲得有關知識。尼古拉把上帝稱作「絕對者」，其已超越人類的認知範圍。故而從根本上說，我們對上帝只能「無

　　線、一個三角形、一個圓、一個球；與此相似，如果有一個無線的球，它也就會同時是一個圓、一個三角形和一條線；而且，無限的三角形和無限的圓也都將如此。」（《論有學識的無知》，尹大貽、朱新民譯，北京：商務印書館，1988年，第24頁）

[48] 可參柯瓦雷：「舉例來說，在幾何學中再沒有什麼比『直』和『曲』更為對立的了。然而，在無限大的圓中，圓周卻與圓的切線重合，在無限小的圓中，圓周與圓的直徑重合。而且，在這兩種情況下，圓心都失去了其唯一而確定的位置：它與圓周相重合。它既可以說處處不在，又可以說無處不在。而『大』與『小』這對相對概念只有在有限量和相對的領域中才是有效和有意義的，在此領域中沒有『大』和『小』，只有『更大』和『更小』，因此也就沒有了『最大』和『最小』。與無限相比，沒有什麼東西比其他任何東西更大或更小些。絕對的、無限的極大和絕對的、無限的極小一樣，都不屬於大和小之列。它們在大和小之外。因此，正如庫薩的尼古拉大膽斷言的那樣，它們是一致的。」（《從封閉世界到無限宇宙》，張卜天譯，北京：商務印書館，2016年，第10頁）

[49] 庫薩的尼古拉：《論有學識的無知》，尹大貽、朱新民譯，北京：商務印書館，1988年，第64頁。

知」。但是，我們以自身之尺度，以不完滿的形式所得的關於上帝的認識，儘管無法全然理解，又畢竟代表某種程度或低一等級的「知識」。在此意義，尼古拉稱其為「有學識的無知」。前此提到，尼古拉對上帝的認識與對無限的理解通過類比而相輔相成。「一切事物的本質」和「可是任何事物的無限」就是上帝，同時也叫「極大」或「絕對的一」。值得強調的是，儘管「否定神學」或「絕對者」等詞常用作描述實無限，但在尼古拉的學說中，上帝卻屬潛無限——上帝不僅超逾人類的認知範圍，無其自身的規定，甚至連「超逾」也不是其規定，否則便成為有限；上帝也不固定地就是「極大」，否則「極大」便成其規定，而這是不可能的。其實，「極大」就是「極小」，並可以是任意和一切事物，它就是「無限」（牧平）。上帝雖是創世者，但是對於此種創造機制，我們不得而知——「*被造之物的存在以一種神祕方式來自極大的存在*」[50]。在此意義，其中的關鍵是——「上帝超逾規定」不可作為「上帝的規定」。而認識了這一點，便是「有學識的無知」。更清楚地說，倘若斷言「上帝是無限的」，就意謂實無限，此乃「有知」而非「無知」。只有知道了「上帝是潛無限」，才是「有學識的無知」。此處「學識」的內容是空的——其為潛無限。

　　對於如此作為潛無限的上帝，下面的描述是一個例子：

　　　　永恆之中的前後相繼不是前後相繼，而是永恆本身；
　　　它就是你的道，就是我們的主、上帝。你設想某種在時間

---

[50]　庫薩的尼古拉：《論有學識的無知》，尹大貽、朱新民譯，北京：商務印書館，1988年，第65頁。

中顯現給我們的事物，並不先於它的存在。你在永恆中設想，在永恆中，一切時間中的前後獻祭都在永恆的同一個現在中歸於一致。因此，在將來，過去與現在歸於一致的地方，沒有任何東西是將來的和過去的。[51]

　　由於上帝的本質是潛無限，故對其的設想也具有「敉平性」——「在上帝那裡前後相繼顯得沒有前後相繼」[52]。在此，一切對上帝的謂述歸根結柢都是「空名」——「我在天堂的園子中觀看你，但卻不知道自己看到了什麼，因為我沒看到任何東西。我所知道的僅僅是，我知道自己既找不到也永遠不知道自己看到了什麼。我不知道怎樣稱道你，因為我並不知道你是什麼。即使有人告訴我，可以用這個或那個名稱稱道你，但也正是因為他稱道你，我知道這並不是你的名字」[53]。而人類的認識恰只屬於那前後相繼的場域，以有限觀照無限，得來的便是「相對主義」——「你是沒有開端的開端沒有終端的終端；你是沒有終端的開端、沒有開端的終端。你如此是開端，以致你也是終端；你如此是終端，以致你也是開端。你既不是開端也不是終端，而是超越了開端和終端。你是永受讚頌的絕對的無限自身」[54]。在此意義，理解的首要前提是排除潛無限——有理解就沒有潛無限，有潛無限

---

[51]　庫薩的尼古拉：《論隱祕的上帝》，李秋零譯，北京：商務印書館，2012年，第84頁。

[52]　庫薩的尼古拉：《論隱祕的上帝》，李秋零譯，北京：商務印書館，2012年，第85頁。

[53]　庫薩的尼古拉：《論隱祕的上帝》，李秋零譯，北京：商務印書館，2012年，第89頁。

[54]　庫薩的尼古拉：《論有學識的無知》，尹大貽、朱新民譯，北京：商務印書館，1988年，第94頁。

便不可理解。更進一步，倘若一個理解的內容是潛無限，即使它似乎已然擁有一切，實際也只能失去一切，走向無知。這是對潛無限「非概念」特徵的延伸，是來自尼古拉的教導。

　　把同樣的問題意識對應到實無限的領域，則要進入笛卡爾。笛卡爾的哲學曾以普遍懷疑而著名，但是有別於懷疑主義，從普遍理性出發[55]，他懷疑的目的恰是為了不疑[56]，以找到人類知識之樹的根基（形而上學）[57]，找到構建哲學體系的「阿基米德支點」[58]。從而，後來便有「我在懷疑，這無可懷疑」和「我思

---

[55] 參見笛卡爾：「良知，是人間分配得最均勻的東西。因為人人都認為自己具有非常充分的良知，就連那些在其他一切方面全都極難滿足的人，也從來不會覺得自己的良知不夠，要想再多得一點。這一方面，大概不是人人都弄錯了，倒正好證明，那種正確判斷、辨別真假的能力，也就是我們稱為良知或理性的那種東西，本來就是人人均等的。」（《談談方法》，王太慶譯，北京：商務印書館，2000年，第3頁）

[56] 可參周濂：「要特別強調的是，笛卡爾式的懷疑是方法論上的懷疑，這意味著他不是為了懷疑而懷疑，恰恰相反，他的懷疑只是為了尋找那個確定無疑的東西。在中世紀晚期，古希臘的很多哲學流派重新開始流行，其中最受歡迎的就是懷疑主義。道理一望便知，因為懷疑主義可以作為一個工具去衝撞經院哲學的權威性。可是過猶不及，如果演變成為普遍的懷疑主義，那就會產生極大的破壞後果。很多哲學的初學者都會陷入這種我懷疑、我懷疑、我懷疑的狀態中，最後就成了我破壞、我破壞、我破壞的思想紅衛兵。而真正偉大的哲學家，他們雖然也懷疑，但是他們絕不是為了懷疑而懷疑，而是把懷疑作為通向確定性的一條道路。笛卡爾就是這樣，所以我們才會把他的懷疑稱為方法論上的懷疑。」（《打開：周濂的100堂西方哲學課》，上海：上海三聯書店，2019年，第379-380頁）

[57] 參見笛卡爾：「全部哲學就如一棵樹似的，其中形而上學就是根。」（《哲學原理》，關文運譯，北京：商務印書館，1958年，xvii）

[58] 參見笛卡爾：「阿基米德只要求一個固定的靠得住的點，好把地球從它原來的位置上挪到另外一個地方去。」（《第一哲學沉思集》，龐景仁

故我在」云云[59]。同尼古拉一樣，笛卡爾也認為，人是有限的存在。不過，這種限度不再是「有學識的無知」，而是「我」這個個體本身具有的不完滿與不可靠之特性。它體現為兩個方面——在存在方面，「我」雖終在「我思故我在」中獲得實存的承認，然則是經由懷疑而實存，並非直接地認定，因此是不完滿的；在認知方面，人類認識不僅無法窮盡世間事物，也缺乏直接的可靠性，不能承諾普遍的必然性，因而也不夠完滿。

正如柯瓦雷所說，笛卡爾曾區分「無定限」和「無限」，並把前者歸給廣延而將後者拿給上帝。[60]但柯瓦雷把此與尼古拉等同，[61]則犯了錯誤。[62]其實，上帝在尼古拉處，是與宇宙連續的——當宇宙成為潛無限時，上帝的本質也是潛無限，也就是說，其絕對和無限的品質就是「空名」。而上帝在笛卡爾處，則和宇宙分離——當宇宙畢竟是潛無限（廣延）時，上帝中斷了與世界的聯繫並自立其端，其本質乃是實無限。並且，笛卡爾這樣處理上帝，正為著解決人類個體於存在和認知方面的不完滿性。在此意義，潛無限無法拯救潛無限本身，須得設定上帝作為實無限。柯瓦雷談到：「正是由於缺乏廣延，上帝、人的靈魂以及任意數目的天使才能共處於同一位置。……然而說實話，笛卡兒挽救上帝全能的努力以及對空虛可能性的否認（因為它與我們的思維方

譯，北京：商務印書館，1986年，第24頁）

[59]　參見笛卡爾：《第一哲學沉思集》，龐景仁譯，北京：商務印書館，1986年，第25頁。

[60]　參見柯瓦雷：《從封閉世界到無限宇宙》，張卜天譯，北京：商務印書館，2016年，第128頁。

[61]　參見柯瓦雷：《從封閉世界到無限宇宙》，張卜天譯，北京：商務印書館，2016年，第128頁。

[62]　本節開端的一個註釋曾說明此錯誤。

式不相容）並不令人信服。笛卡兒的上帝是一個誠實的上帝，他保證我們清晰分明的觀念是正確的。」[63]周濂則從另外一個角度說到：「有人可能會問，天賦的不是與生俱來的嗎？那它怎麼可能是外來的？笛卡爾說，像上帝這種天賦觀念就是由上帝放到我們的觀念裡的，所以雖然它是與生俱來的，但也是外來的。你一定好奇，沉思者做這些區分到底是為了什麼？歸根結柢，他是想借助上帝這個獨特的觀念來完成最關鍵的突破。現在沉思者做了一個非常重要的改變，他不再認為上帝是個騙子，而是把上帝觀念解釋成完滿的觀念。他從無限的、完滿的上帝觀念，得出上帝『沒有任何缺陷』。由此推論，『它不可能是騙子，因為自然之光清楚地告訴我們，欺騙在於有某種缺陷』。」[64]無論如何，笛卡爾體系中的上帝在各方面均享有最高的完滿性和可靠性。

以上還只是間接說明，下面我們便以笛卡爾的原文來具體分析：

> 即使我的認識真的是每天都取得進一步的完滿，我的本性裡真是有很多潛在的東西還沒有成為現實地存在，可是所有這些優點絕對不屬於，也不接近我所具有的上帝的觀念，因為在上帝的觀念裡，沒有僅僅是潛在的東西，全部都是現實存在的、實在的東西。尤其是從我的認識逐漸增加、一步步增長這一事實上，難道不就是必然的、非

---

[63] 柯瓦雷：《從封閉世界到無限宇宙》，張卜天譯，北京：商務印書館，2016年，第125-126頁。

[64] 周濂：《打開：周濂的100堂西方哲學課》，上海：上海三聯書店，2019年，第386頁。

常可靠的證據，說明我的認識是不完滿的嗎？再說，雖
然我的認識越來越增長，可是我仍然不能是現實無限的，
因為它永遠不能達到一個不能再有所增加的那樣高度的完
滿性。可是我把上帝是現實無限的領會到他所具有的至高
無上的完滿性上再也不能有所增加這樣一個高度。最後我
理解得十分清楚：一個觀念的客觀的存在體不能由一個僅
僅是潛在的存在體（這樣的存在體真正來說是沒有的）產
生，它只能由一個形式的或現實的存在體產生。[65]

　　這一段話中，笛卡爾把人的認識刻畫為一種原則上潛無限
的存在，即所謂「逐漸增加、一步步增長」，但卻永恆持續，永
不完成。相反，上帝的認識則可以窮盡世界，從而也「超逾世
界，在其之外」，成為「一個不能再有所增加的那樣高度的完滿
性」。其中，全部事物均為「現實」而非前「潛在」——上帝在
此被描述為實無限，此乃就認知方面而言，上帝的與眾不同。而
就存在方面來說，笛卡爾認為「我」作為個體雖不甚完滿，但
「我」卻可擁有完滿的觀念——上帝。由於上帝被設想為絕對完
滿，它便現實存在——它必須蘊含存在，否則就不夠完滿。最
後，笛卡爾說：「一個觀念的客觀的存在體不能由一個僅僅是潛
在的存在體……產生，它只能由一個形式的或現實的存在體產
生。」這意謂「無中不能生有」，既然人的完滿性並非最高的，
而是缺乏和有限的，那便需要更完滿和更可靠的存在體來作為其
保證。但潛無限無法充當此類保障，唯有更現實之物方才可以。

---

[65] 笛卡爾：《第一哲學沉思集》，龐景仁譯，北京：商務印書館，1986
年，第51頁。

如此層層遞推，上帝便是最完滿的實無限。回復到認知方面，這種來自上帝的保證也可帶來好處，即使吾人的認知得以可能。前此說到，人的認識缺乏直接的可靠性和普遍的必然性。因而，如果此兩類特徵實際上存在，其便一定是「外來的」（周濂強調了這個詞），即通過上帝而得以保證：

因此我非常清楚地認識到，一切知識的可靠性和真實性都取決於對於真實的上帝這個唯一的認識，因而在我認識上帝以前，我是不能完滿知道其他任何事物的。[66]

由此可見，我們觀念的客觀實在性要有一個原因，這原因就包含著這種實在性，不僅是客觀地包含著，而且是形式地或卓越地包含著。必須注意，這條公理是非接受不可的，單憑這條公理，我們才能認識所有的東西，包括可以感覺到的和不能感覺到的。因為，舉例來說，我們是根據什麼知道天存在呢？是因為我們看見它嗎？可是這個『看見』除非是一個觀念，一個附著在心靈裡面的現念，而不是一個描繪在幻想裡的影相，否則它是聯繫不到心靈上的。而且，如果不是一切觀念都該有一個具有客觀實在性的、實際存在著的原因，我們也不能根據那個觀念斷定天存在；我們斷定那個原因就是天本身，別的事情也是這樣。[67]

---

[66] 笛卡爾：《第一哲學沉思集》，龐景仁譯，北京：商務印書館，1986年，第78頁。

[67] 笛卡爾：《談談方法》，王太慶譯，北京：商務印書館，2000年，第89-90頁。

　　首先，第一段話所言「完滿知道其他任何事物」，指的是徹底理解事物，即對事物形成普遍、必然、真實而可靠的認識。而此事之所以需要保證，在於「我」雖可認識「這個」，認識「那個」，但無法遍認所有。然而，一切普遍原理都是全稱的，這種全稱的依據又是在有限個體中尋找不到的。因此，與尼古拉強調潛無限是「非理解的前提」不同，笛卡爾從另一方面表明，實無限就其帶來知識的普遍必然性而言，是「理解的必要前提」。其次，第二段話所謂「客觀實在性」，即將「思想之物」變為「存在之物」。換句話說，這裡的困難在於，如何保證「言說之物」能夠切中「實存之物」。正如笛卡爾所言：「通過眼睛直觀『天』」這個事件並不蘊含「獲得『天』這個觀念。」況且，更加重要的「觀念」往往無可「直觀」。歸根結柢，觀念所具客觀實在性的來源，不能是外感官的直觀，只能來自內裡的概念。而唯有上帝能夠正充當此類實存的保證——「我好像是從自然那裡知道了我判斷的有關我的感官對象的其他一切東西；……可是以後，有許多經驗逐漸破壞了我以前加給我的感官的全部信任。……以上使我相信可感覺的東西的真實性的那些理由，我用不著費很多事就可以答覆。因為自然給了我很多在道理上使我弄不通的東西，我認為我不應該過於相信自然告訴我的事。……我知道凡是我清楚、分明地領會的東西都能就像我所領會的那樣是上帝產生的」[68]。其實，這個問題毋寧就是近代哲學最為關心且為唯理論和經驗論共同爭論的休謨問題，或稱歸納問題。我們前此曾多次提到並處理了此類問題。歸納就其本質而言不具普遍必

[68] 笛卡爾：《第一哲學沉思集》，龐景仁譯，北京：商務印書館，1986年，第83-85頁。

然性，故而一般認為，概念不會經由歸納而來。歸納意謂經由外在的感官，因而不甚可靠。而概念或理解所要之一系列要素——「邊界」、「自為」、「統觀」、「整全」和「完成」等，都屬實無限。在此意義，顛倒了的事情便不再遭受批判。倘若已然擁有上帝這個最高的完滿概念，其他概念的可靠性便可順承而獲。顛倒的思路已然避開無中生有的錯誤，而此乃我們先前論述無限的日常用法與哲學概念時，已然揭示的思路。最後，笛卡爾和康德的區別也值得注意。笛卡爾的實無限意謂「理解之必要前提」，康德的實無限則意謂「概念須被設想為有邊界方可理解」。前者更關心「認識是什麼」或「命題何以可能」，後者則更關切「概念是什麼」或「概念何以可能」。它們各有側重，但同為「認知」實無限朝不同方向的深化。

　　通過探討尼古拉和笛卡爾，兩種無限的關鍵詞變得更加豐富：

概念的分野	新增加的關鍵詞	核心命義
潛無限	敉平性、無程度、無比例、非理解的前提、相對主義	非完成
實無限	理解的必要前提（可靠性、普遍性）	完成

（表3，表題：第三章第二節內容總結，來源：作者自製）

第三節
斯賓諾莎和萊布尼茨

　　笛卡爾的學說以二元論著稱，當其言說「物質的本性是廣延」時，指稱了潛無限；而闡述「精神的本性是思想」時，則意指實無限。換句話說，笛卡爾把潛無限歸給自然，而將實無限歸給上帝。對照來看，尼古拉則頗為一貫，他從自然的潛無限出

發，層層高攀，直通上帝——以潛無限充實了作為絕對者的上帝，使其成為「空名」。其中的教訓是，切勿看到「絕對」便聯想實無限，判斷之前還須考察其中機理。在此意義，斯賓諾莎展示了別種一貫的樣式，他從上帝出發，級級下降，直達自然——以實無限涵蓋了作為永恆的自然，使其變為緊密結合的連續體。而此處的教訓，則是「永恆」可同時與兩種無限相容並存，更進一步，毋寧說「永恆」和「無限」一樣，其本質是一種「意義空格」。

　　斯賓諾莎對兩種無限心知肚明。在致梅耶爾的一封信中，他曾提到：「無限的問題在所有人看來，常常是一個極其困惑的問題，甚至似乎是一個無法解決的問題，其原因是人們沒有區分：一種是根據其本性或由於其界說而必然是無限的東西和一種並非由於其本性只是由於其原因而沒有任何限制的東西；其次是他們沒有區分：一種是因為沒有任何限制而稱作無限的東西和一種然我們知道最大量和最小量，然而我們卻無法用任何數字來比較和說明其部分的東西，最後是他們沒有區分：一種我們只能理解卻不能想的東西和一種我們既能理解也能想像的東西。我認為，如果他們注意到這種種區別，那麼他們就不會為重重困難所壓倒，因為那時他們將會清晰地理解到一種無限是不能分成部分的，或者它根本就沒有部分，而相反的一種無限則[有部分]而且這並沒有矛盾；他們也將會理解到，一種無限能夠被設想為比另一種無限大些，並沒有矛盾。而另一種無限則是不能作如此設想。」[69]歸根結柢，等閒之輩缺乏三重區分，以致無限問題混亂不清；一

---

[69] 斯賓諾莎：〈斯賓諾莎致博學而精煉的哲學和醫學博士路德維希・梅耶爾閣下（論無限的本性）〉，載於《斯賓諾莎書信集》，洪漢鼎譯，北京：商務印書館，1993年，第54-55頁。

且將無限分成兩類看待，重重困難便會煙消雲散。其中，「據其
本性與界說、因其無任何限制且只能理解無可想像」的無限，是
指實無限——它「不能分成部分，或者根本沒有部分，也不能設
想比別種無限大些」；而「並非由其本性僅由其原因而沒有限
制、雖知道其極值但無法以數位比較說明其部分且既能理解也能
想像」的無限，則指潛無限——它「有部分，並可設想比別種無
限大些」。[70]

　　隨後，斯賓諾莎認為有必要談論「實體」、「樣態」、「永
恆」和「綿延」四個概念。其中，「實體」指單純而非雜多的存
在，它有同一本性，且唯有一個實體充滿世界——否則其有複多
本質，便不再單純。[71]在此意義，實體是無限的（實無限）[72]，
而神（上帝）正是這樣的實體——「神，我界說為由無限多的屬
性所構成的本質，其中每一種屬性是無限的，或者在其自類中是

---

[70] 參見斯賓諾莎：「有些事物按其本性是無限的，根本不能設想它們為有
限的；但是有些事物之所以是無限的，僅僅由於它們所依賴的原因，所
以當我們抽象地去考察它們時，它們就能分成部分，並且被認為是有限
的；最後，有些事物能夠稱為無限的，或者您寧願說，是無定限的，乃
是因為我們不能用任何數來比較它們，雖然它們能夠被設想為大一些或
小一些。」（〈斯賓諾莎致博學而精煉的哲學和醫學博士路德維希·梅
耶爾閣下（論無限的本性）〉，載於《斯賓諾莎書信集》，洪漢鼎譯，
北京：商務印書館，1993年，第59-60頁）

[71] 參見斯賓諾莎：〈斯賓諾莎致博學而精煉的哲學和醫學博士路德維希·
梅耶爾閣下（論無限的本性）〉，載於《斯賓諾莎書信集》，洪漢鼎
譯，北京：商務印書館，1993年，第55頁。另外，《倫理學》中有對此
詳細的證明。參見斯賓諾莎：《倫理學》，賀麟譯，北京：商務印書
館，1983年，第3-7頁。

[72] 參見斯賓諾莎：《倫理學》，賀麟譯，北京：商務印書館，1983年，第
8頁。

無上圓滿的」[73]。而所謂「樣態」，則指實體的狀態。與實體不同，樣態本身不蘊含任何存在。即便它們存在，我們亦可設想其不存在。[74]進而，斯賓諾莎提到「永恆」與「綿延」的區別——「我們用綿延概念僅能說明樣態的存在，而實體的存在只能用永恆概念來說明。……通常當我們只考慮樣態的本質而不考慮自然的秩序時，我們就能任意地規定樣態的存在和樣態的綿延，我們能夠任意設想它們大一些或小一樣，能夠任意把它們分成部分。我們這樣做，絲毫也不會有害於我們關於樣態所具有的概念；但對於永恆和實體，因為它們只能被設想為無限的，所以我們就不能這樣做了，否則我們就會同時破壞了我們關於它們所具有的概念」[75]。從中可見，「綿延」對應著「樣態」，屬於可設想大小並可分的無限；「永恆」則對應「實體」，屬於相反的一種無限。而前此說到，這後一種無限，正是上帝，也是實無限。

斯賓諾莎對「實體」、「無限」和「上帝」的界定，描繪了一種將世界全然充實的系列——「神性既具有絕對無限多的屬性（據界說六），而其每一屬性又各表示其自類無限的本質，所以從神的本性的必然性，無限多的事物在無限多的方式下（亦

---

[73] 斯賓諾莎：〈斯賓諾莎致高貴而博學的亨利·奧爾登堡閣下〉，載於《斯賓諾莎書信集》，洪漢鼎譯，北京：商務印書館，1993年，第6頁。另外，《倫理學》中有對此詳細的證明。參見斯賓諾莎：《倫理學》，賀麟譯，北京：商務印書館，1983年，第9頁。

[74] 參見斯賓諾莎：〈斯賓諾莎致博學而精煉的哲學和醫學博士路德維希·梅耶爾閣下（論無限的本性）〉，載於《斯賓諾莎書信集》，洪漢鼎譯，北京：商務印書館，1993年，第55頁。

[75] 斯賓諾莎：〈斯賓諾莎致博學而精煉的哲學和醫學博士路德維希·梅耶爾閣下（論無限的本性）〉，載於《斯賓諾莎書信集》，洪漢鼎譯，北京：商務印書館，1993年，第55-56頁。

即，凡能為無限理智的對象之一切事物）都必定推得出來」[76]。在此，我們既可看到他與笛卡爾的相似，也可發現其間的不同。以自身完滿的上帝充當其下諸事物的保證，笛卡爾已然做過。但是，笛卡爾的世界序列並非全然充實的，因其保證者（上帝）和被保證者（吾人）之間是異質的。同樣，潛無限的自然與實無限的上帝之間，亦有難以逾越的鴻溝。在此意義，其中之保證或原因總是「外來的」或謂「一個遠因」。而這是斯賓諾莎無法接受的，「我曾聽你說過，上帝是一切東西的原因，並且又說，它不能是一個別樣的，只能是一個內存的原因。這樣，如果它是一個一切東西的內存的原因，那末如何你又能稱它為一個遠因呢？因為這在一個內存的原因是不可能的」[77]。而在斯賓諾莎看來，要破解這個矛盾，需使上帝及其下屬事物「一起成為一個全體」[78]，「如果我們要去限制自然，我們就得用——這是荒謬的事——一個烏有去限制它。我們避免了這個荒謬，肯定它是一個永恆的一體，是由它自身而存在的、無限的、全能的，等等，也就是說那無限的自然和它所包含的一切；而它的否定我們則稱為烏有」[79]，「無限的廣袤和無限的思想，和其他無限的屬性（或用你的話說：其他實體）一起，不是別的，只是那一個唯一的、永恆的、由它自身而存在的東西的式態；我們從這一切，如上面

---

[76] 斯賓諾莎：《倫理學》，賀麟譯，北京：商務印書館，1983年，第17頁。

[77] 斯賓諾莎：《簡論上帝、人及其心靈健康》，顧壽觀譯，北京：商務印書館，2010年，第44頁。

[78] 斯賓諾莎：《簡論上帝、人及其心靈健康》，顧壽觀譯，北京：商務印書館，2010年，第44頁。

[79] 斯賓諾莎：《簡論上帝、人及其心靈健康》，顧壽觀譯，北京：商務印書館，2010年，第37頁。

所說，只得出一個唯一的、或一個一體，在這個一體之外不能設想任何東西」[80]。這就是斯賓諾莎所構造的全然充實的序列——它將世界的全體（包括被笛卡爾稱為潛無限的宇宙廣延）均設定為實無限，從而在根源上由上帝溢出並加以保證，「一切存在的東西，都存在於神之內，沒有神就不能有任何東西存在，也不能有任何東西被認識」[81]。

　　然而，以上所論，僅是一個消極的道理，闡明了對立理解的分裂弊端。進一步的問題是，斯賓諾莎式的理解應如何正面處理分明被默認當作潛無限的廣延。破的法子，是將廣延宣布為虛假的無限，將其可分性與相繼性從真正無限中剝離。首先，在「可分」的事情上，《倫理學》談到，「他們以為有形體的實體既然是實體，必定是集部分而組成，因此他們否認它可以具有無限性，並且否認它屬於神。……他們說，假如有形體的實體是無限的，試將它分為兩部分，則它的每部分不是有限的，必定是無限的。如果是有限的，則無限乃是兩個有限部分所構成，這是不通的。如果是無限的，則將有一個無限大於別的無限兩杯，這也是同樣的不通」[82]，在此，斯賓諾莎將潛無限塞入實無限的框架中——潛無限可分，然其所靠的實無限並不可分。讓後者含有前者，進而使得前者不攻自破。在此基礎，量也被從潛無限中剝離而塞給實無限——「如果就出於想像之量而言，則我們將可見到，量是有限的、可分的，並且是部分所構成的，這是我們所常常做而且容易做的事；反之，如果就出於理智之量而言，而且就

[80]　斯賓諾莎：《簡論上帝、人及其心靈健康》，顧壽觀譯，北京：商務印書館，2010年，第39頁。

[81]　斯賓諾莎：《倫理學》，賀麟譯，北京：商務印書館，1983年，第13頁。

[82]　斯賓諾莎：《倫理學》，賀麟譯，北京：商務印書館，1983年，第14頁。

量之被理解為實體而言，（但這樣做卻很難），則有如我在上面所詳細證明的那樣，我們將會見到，量是無限的、唯一的和不可分的」[83]。在此，潛無限被理解為人類有限的認識方式或認知模式。吾人不可把握絕對無限的超然之物，只能以「想像的量」來認識世界。但「想像的量」只能被理解為樣態而不可理解為實體（存在），因後者在理智上的規定否決了前者。在此意義，如果硬把「想像的量」當真，就會招來悖謬，「量度、時間和數只是思想的樣式，或者更正確地說，只是想像的樣式。因此，難怪所有那些試圖用這類概念，並且是錯誤地加以理解的概念去理解自然過程的人，是那樣稀奇古怪地把自己困纏起來，以致除非把一切都加以砸碎，或者乞靈於最荒誕不經的荒謬，他們最終是無法解脫自己的。因為有許多事物，我們是不能用想像去理解它們的，而只能用理智加以把握，譬如實體、永恆等等，如果我們用這類只是想像輔助工具的概念去理解它們，那麼，我們除了用想像力徒勞地說一些毫無意義的夢話外，別無其他成效」[84]。

其次，在「完成」的事情上，斯賓諾莎對反對者回覆到：「據他們說如果神能將它所知道的一齊全部創造出來，則神的萬能的創造力就窮盡了，因而喪失掉它的圓滿性了。所以為了維持神的圓滿性起見，他們同時不得不說，神雖然是萬能的，但在神的力量所能達到的事物中，它並不能一切都其作用。我實在再也想不出比這更不通，更有悖於神的萬能的說法了。」[85]此處運用

---

[83] 斯賓諾莎：《倫理學》，賀麟譯，北京：商務印書館，1983年，第16頁。

[84] 斯賓諾莎：〈斯賓諾莎致博學而精煉的哲學和醫學博士路德維希·梅耶爾閣下（論無限的本性）〉，載於《斯賓諾莎書信集》，洪漢鼎譯，北京：商務印書館，1993年，第57頁。

[85] 斯賓諾莎：《倫理學》，賀麟譯，北京：商務印書館，1983年，第

了歸謬法——只有潛無限的理解才面臨此類困難，唯有它才排斥完成。其實，問題的根本毋寧是，含有潛無限的理解終歸是不完備的，它無法和作為實無限的上帝完美地融合。笛卡爾在此走向了二元論。但是，在斯賓諾莎看來，一個雙軌的體系終究明裡暗裡代表了欺騙與虛假。故而，他選擇犧牲潛無限，以一貫的實無限填充整個學說，「所以神存在的證明並不在於認為無限不可能實際存在，或無限的原因系列是不可能的這種想法，而僅僅在於我們不可能假定那種按其本性必然不存在的事物，其存在是不能為某種按其本性必然存在的事物所決定，即不能為本身只是原因而不是結果的東西所決定」[86]。

斯賓諾莎作為笛卡爾的完成，其哲學世界乃全然填充的無限系列。這個系列太過堅實，以致後被黑格爾斥為未給自我意識留下餘地。[87]正如尼古拉表明，並非一切超出認知之物都是實無限；斯賓諾莎也說明，並非一切填充序列都是潛無限。其實，斯賓諾莎的最大特色就在於轉換了通常所謂無限序列（永恆）的含義——通過指認其不能完成的特性（無限定），闡明它的認知悖謬（不能認識、無可把握），從而若想得到完備的理解，就必須將此一界限由「無限定」更改為「無限」，也就是說，把它歸給實無限。此乃斯賓諾莎魔術在後台的原理。

19-20頁。

[86] 斯賓諾莎：〈斯賓諾莎致博學而精煉的哲學和醫學博士路德維希・梅耶爾閣下（論無限的本性）〉，載於《斯賓諾莎書信集》，洪漢鼎譯，北京：商務印書館，1993年，第60頁。

[87] 參見黑格爾：「這種證明的必然性裡缺少自我意識的環節，是一種凝固的必然性；自我消失了，在證明中完全放棄了自身，耗盡了自身，正如斯賓諾莎本人在證明中耗盡了精力而死於癆病一樣。」（《哲學史講演錄》第四卷，賀麟、王太慶等譯，北京：商務印書館，1978年，第124頁）

後台原理在前台的運作，體現為對「永恆」一詞的使用。在《形而上學思想》中，斯賓諾莎曾不滿「永恆」的多重用法，進而批判「有些作者」以「神的永恆性」為幌子，將「綿延」充作「永恆」強加給神（上帝）。[88]「因為他們企圖撇開神來說明永恆性，好像永恆性離開了神的本質也能被理解似的，或者好像永恆性是神的本質之外的某種特殊東西似的。這種錯誤又是由於下面的情況造成的：因為缺乏語詞，我們曾經習慣於把永恆性歸屬於那些其本質與其存在不同的事物（例如當我們說，世界永恆地存在，這並沒有矛盾）；其次，我們習慣於把永恆性歸屬於我們還沒有設想為存在著的事物的本質，因為那時我們就稱這些事物是永恆的本質」[89]。由此觀之，斯賓諾莎認為其不過是「語詞的缺乏」和「語言的誤用」。而順理成章的解決辦法，便是「定義的澄清」：

> 現實的無限的存在是神所固有的，正如無限的理智實際上是神所固有的一樣。我把這種無限的存在稱之為永恆性；永恆性只能屬於神，而不能屬於任何一種被創造的事物，甚至在此事物的綿延兩端均無終點時也是如此。[90]

在斯賓諾莎的詞典中，「永恆」是實無限上帝專屬的形容詞。其中道理前已講過。上帝根據斯賓諾莎的理解，是超越、永

---

[88] 斯賓諾莎：〈形而上學思想〉，載於《笛卡爾哲學原理》，王蔭庭、洪漢鼎譯，北京：商務印書館，1980年，第164頁。

[89] 斯賓諾莎：〈形而上學思想〉，載於《笛卡爾哲學原理》，王蔭庭、洪漢鼎譯，北京：商務印書館，1980年，第165頁。

[90] 斯賓諾莎：〈形而上學思想〉，載於《笛卡爾哲學原理》，王蔭庭、洪漢鼎譯，北京：商務印書館，1980年，第166頁。

在而遍在的。因此謂之「永恆」，得以展示其「固定」和「穩固」的含義——黑格爾稱之為「凝固的必然性」[91]。但是，日常生活中的「永恆」一詞，往往在與斯賓諾莎相反的意義上使用——不論是「永恆相繼」、「永恆延續」還是康德二律背反中流逝了的「永恆」，包括本書慣常的用法，都意指潛無限而非實無限。在此，斯賓諾莎沒有充耳不聞、掩耳盜鈴：

> 　　為了正確地理解這個問題，應當注意一下「永恆地」這個用語。因為我們想用它來表明跟我們上文在談到神的永恆性時所說明過的道理完全不同的某種東西。因為在這裡我們不過理解為一種沒有開端的綿延，或者一種我們不能用任何數目來表明的綿延，無論這數目有多大，即使我們願意把它增加到許多年，或者增加到千百萬年，甚至增加到千百萬年的千百萬年。
> 　　……這種觀點，當我們證明了神固有的不是綿延而是永恆性時，就已經充分地為我們所駁斥了。
> 　　……他們把永恆性和綿延混淆起來了，他們只把綿延永恆地歸屬於神。[92]

　　斯賓諾莎一語中的，將問題說得清清楚楚。一切混亂與爭吵，均源自「永恆」的多重用法。而其背後的本質，毋寧說就是本節起首所引斯賓諾莎的籲求——區分兩類無限，「如果他們

---

[91] 參見黑格爾：《哲學史講演錄》第四卷，賀麟、王太慶等譯，北京：商務印書館，1978年，第124頁。

[92] 斯賓諾莎：〈形而上學思想〉，載於《笛卡爾哲學原理》，王蔭庭、洪漢鼎譯，北京：商務印書館，1980年，第188-189頁。

注意到這種種區別，那麼他們就不會為重重困難所壓倒」[93]。客觀地看，斯賓諾莎之所以反對此類用法，不是因為其犯了何種罪過，或別種使用乃天然正義，而不過是由於他的學理主張。因此，跳出斯賓諾莎的論域，拋開他的哲學觀點不談，在不將兩種用法混同的基礎上，我們也可說──「永恆」既可用在潛無限上，也可用在實無限上。這是一種「詮釋學劃界」，在畢竟沒有絕對憲法的詞語使用中，只要自覺且不相混淆，便無可指摘。

更進一步，「無限」和「永恆」其實頗為類似。它們各自擁有兩種用法，又同潛無限和實無限內在關聯。因此，其間存在得以互通的橋樑──橋樑這頭，無限問題可轉化為永恆問題；橋樑那頭，永恆問題也可以轉化為無限問題。在此，誠如斯賓諾莎所言，潛無限與實無限常常打著「永恆」的旗號，作為掩護，混淆在一起。原本相反的事情卻實際相成，這是自然語言的魅力。泛泛而論，這個神奇機制的原理是：一方面，潛無限的核心命義是「非完成」，某種程度上它可用「永恆」替代，因為「非完成」就是「永恆」繼續，進而連帶的「永續」、「無限多」和「序列」等含義也可收編；另一方面，實無限的核心命義是「完成」，而這也可為永恆所換，因為「完成」便是固定和抽身，便是恆常不動和永在，進而相關的「整體」、「綜合」和「邊界」等含義亦可容納。歸根結柢，單論「永恆」，只有「永遠」的含義。而「永遠做甚」則未被言明，或謂開放的。既可永遠繼續，也可永遠結束。同樣，「無限」的情況也是類似，單論「無限」，「限指何者」則未被言明，究其是潛無限或是實無限，還

---

[93] 斯賓諾莎：〈斯賓諾莎致博學而精煉的哲學和醫學博士路德維希・梅耶爾閣下（論無限的本性）〉，載於《斯賓諾莎書信集》，洪漢鼎譯，北京：商務印書館，1993年，第55頁。

尚須認定。總而言之，「無限」和「永恆」二詞都具備「意義空格」的特性。

　　所謂「意義空格」，意指說出一詞，其含義本身和所指對象並未同時說出，或至少未完整說出的現象。經典邏輯學可作為例子，在命題「這是一隻霍加狓」中，「這」作為主詞，起到指出對象作用。關於對象的意義，它絕口不談。在此，主詞就是空格，僅占據空間地理的位置而不說出對象的具體內涵。相反，起到意義填充功能的則是謂詞部分（一隻霍加狓）。「意義空格」好比海德格爾所講「無何有之鄉」，根據《存在與時間》的描述，「無何有之鄉」用來形容「畏之所畏」。「畏之所畏」在「世內存在者」的層面是「無」，沒有對應物，也叫「世內的無」；而在生存論存在論層面，它卻不是「無」，而是「無何有之鄉」。鄉者，處所也。它意謂此在在世所展開的空間性。此在「被拋」於世，畏之所畏雖是無，但也要「在這裡」。[94]

　　話說回來，雖然在「詮釋學劃界」的視野下，「無限」和「永恆」作為「意義空格」，本身並不帶來嚴重後果，也未必就此導致體系崩盤。但是，這同時提示出了隱患。即每當面見「意

----

[94] 參見海德格爾：「威脅者乃在無何有之鄉，這一點標畫出畏之所畏者的特徵來。畏『不知』其所畏者是什麼。但『無何有之鄉』並不意味著無，而是在其中有著一般的場所，有著世界為本質上具有空間性的『在之中』而展開了的一般狀態。所以進行威脅的東西也不能在附近範圍之內從一個確定的方向臨近而來，它已經在『此』──然而又在無何有之鄉；它這麼近，以致它緊壓人而窒息──然而又在無何有之鄉。……在畏之所畏中，『它是無且在無何有之鄉』公開出來。世內的無與無何有之鄉的頑梗在現象上等於說：畏之所畏者就是在世本身。」（《存在與時間》（中文修訂第二版），陳嘉映、王慶節譯，熊偉校，陳嘉映修訂，北京：商務印書館，2015年，第232頁）

義空格」時，我們都應著眼具體語境澄清其含義，經由分析而萃取一貫主張。倘若不加區分，則無法判定其背後所指，容易導致理解的混亂。在此意義，康德《道德形而上學原理》中的「雜拌」，總是難以避免的禍端。[95]

最後，為著展示此類禍端，我們願以最簡略的形式提及萊布尼茨。無限問題上，萊布尼茨不滿斯賓諾莎的方案。在此意義，他便重新面對笛卡爾的困難。換種角度，亦可說斯賓諾莎和萊布尼茨各自代表了解決笛卡爾困境的兩種辦法。斯賓諾莎重視全體，「萊布尼茨的基本原則卻是個體。他所重視的與斯賓諾莎相反，是個體性，是自為的存在，是單子」[96]。費爾巴哈的講法則更具文采：「斯賓諾莎的實質的統一，萊布尼茨的實質是差異、區別。……斯賓諾莎的哲學是巍峨崇高的哲學。……他是近代哲學中的哥白尼。……斯賓諾莎是一位以哲學家身分出現的數學家。……斯賓諾莎的哲學是把遙遠得看不見的事物映入人們眼簾的望遠鏡；萊布尼茨的哲學是把細小得看不見的事物變成可以看得見的事物的顯微鏡。……斯賓諾莎的世界是神的消色差透鏡，是介質，通過它我們除了統一實體的皎潔的天光之外什麼也看不到；萊布尼茨的世界是多棱角的結晶體，是鑽石，它由於自己的特殊本質而使實體的單純的光變成無窮豐富的色彩，同時也使它暗淡不明」[97]。萊布尼茨對無限的理解可由實體問題引出，

---

[95] 參見康德：《道德形而上學原理》，苗力田譯，上海：上海人民出版社，2012年，第21頁。

[96] 黑格爾：《哲學史講演錄》第四卷，賀麟、王太慶等譯，北京：商務印書館，1978年，第182頁。

[97] 費爾巴哈：《對萊布尼茨哲學的敘述、分析和批判》，塗紀亮譯，北京：商務印書館，1979年，第37-39頁。

他不滿笛卡爾和斯賓諾莎對實體的界定。笛卡爾宣稱唯有上帝是實體，可實際承認又物質（廣延）和精神（思想）作為實體。這個矛盾後為斯賓諾莎克服，他將廣延和思想變為上帝這個唯一實體的組成部分，從而世界的每個角落都是實體，且都是同一個、唯一的實體。但萊布尼茨認為，根據（笛卡爾和斯賓諾莎所言）實體不依他物而自存的定義，唯上帝而不包括廣延與思想，才是實體。[98]因此，這是一條前途悖謬從而阻塞不通的道路。更進一步，在萊布尼茨看來，還有些不被笛卡爾與斯賓諾莎納入實體編制的事物，例如力和生命，同樣是獨立自存的。[99]在此，他援引了亞氏的一個術語，認為實體就是自身含有「隱德萊希」。[100]萊布尼茨認為，無限問題的癥處在於，如果取消具體事物的獨立性，它們便是上帝的幻影；而若將其與上帝掛鉤，則會喪失自身獨立性[101]——這個困難便是連續統一體的困難。在此意義，

---

[98]　可參費爾巴哈：《對萊布尼茨哲學的敘述、分析和批判》，塗紀亮譯，北京：商務印書館，1979年，第32頁。以及羅素：《對萊布尼茨哲學的批評性解釋》，段德智、張傳有、陳家琪譯，陳修齋、段德智校，北京：商務印書館，2010年，第48頁。

[99]　可參費爾巴哈：《對萊布尼茨哲學的敘述、分析和批判》，塗紀亮譯，北京：商務印書館，1979年，第32-33頁。以及羅素：《對萊布尼茨哲學的批評性解釋》，段德智、張傳有、陳家琪譯，陳修齋、段德智校，北京：商務印書館，2010年，第49頁。

[100]　可參費爾巴哈：《對萊布尼茨哲學的敘述、分析和批判》，塗紀亮譯，北京：商務印書館，1979年，第33頁。

[101]　可參萊布尼茨：「因此，物質能感覺和思想，並不是自然的事，它要能如此，只能由於兩種方式：一種方式是上帝使它和另一種自然能思想的實體相結合，另一方式是上帝用奇蹟把思想放在物質之中。所以在這方面我完個同意卡爾的意見，只是我還把它擴充到禽獸，並認為禽獸也有感覺和（真正說來）非物質的心靈，也和德謨克利特或伽森狄所說的原

「單子」出場了——它的出場不是經由論證，而是憑靠其解釋能力。[102]複多中必有單一，否則複多也不成其為複多。同樣，如果物質沒有實體性的點，就將在無限可分中消融自身。然而，消融自身又抵制了無限可分——後者恰需要不可分之物充當劃分的對象（承載者）。因此，「事實上只有實體的原子，也就是實在而絕對沒有部分的單元，才是行動的根源，才是構成事物的絕對的最初本原，而且可以說是把實體性的東西分析到最後所得到的元素。我們可以把它們叫做形而上學的點」[103]。此處所謂「形而上學的點」便是單子。單子是無限、眾多的獨立自存的個體，從而也是實體。故而，存在多少實體，便有多少單子。在此，斯賓諾莎的充實系列已然被個體化和獨立化——單子自我滿足，沒有窗戶。同時，單子並不分裂世界，世界由無限單子緊密排列而成，牽一髮而動全身，「一個單子有理由要求上帝在萬物發端之際規範其他單子時即考慮到它。……在受造物之間，各種活動與各種受動便是相互的。因為上帝在比較兩個單純實體時，便會發現每個實體中都有它適應於另一個實體的各種理由」[104]。在此意義，

子一樣不會毀滅；反之笛卡爾派則毫無理由地對禽獸的靈魂感到困惑，而如果禽獸的靈魂也能保存，他們就不知道該怎麼辦（因為他們沒有想到動物本身是縮小了保存著的），因此不得不與一切顯然的現象及人類的判斷相反，連禽獸有感覺也拒不承認了。」（《人類理智新論》，陳修齋譯，北京：商務印書館，1982年，第27頁）

[102] 可參羅素：《對萊布尼茨哲學的批評性解釋》，段德智、張傳有、陳家琪譯，陳修齋、段德智校，北京：商務印書館，2010年，第87頁。

[103] 萊布尼茨：《新系統及其說明》，陳修齋譯，北京：商務印書館，1999年，第7頁。

[104] 萊布尼茨：〈單子論〉，載於《萊布尼茨後期形而上學文集》，段德智編，段德智、陳修齋譯，北京：商務印書館，2019年，第293頁。

世界中的每個單子都可認識到世界中發生的一切，從而每個單子自身也將是世界的一面鏡子[105]，「**即使在最小的物質微粒中，也存在有一個由生物、動物、『隱德萊希』和靈魂組成的整個受造物世界**」[106]。結合此兩點，便有所謂「充足理由律」云云和「現存世界是一切可能中最好的世界」云云。

　　單子的「功利性出場」是一種「庸俗辯證法」。在萊布尼茨的學說中，除去對單子的直面描述，就是其效用解釋。提到功用，便滔滔不絕；講到界說，則啞口無言。歸根結柢，背後發揮作用的乃主觀衝動，並非客觀原理。所謂主觀衝動，意指從觀念的需要出發，設想在滿足需要的前提下，何種學說可被構建出來。例如，既然「**沒有正義和仁慈可言的上帝**」[107]不可接受，「**此生今世，除因滿足自己的命運而獲得生活的寧靜再無任何幸福可言**」[108]也無法容忍，它們便是錯的，而「**這些也就是斯賓諾莎的觀點，而且，在許多人看來，笛卡爾似乎也持同樣的意見**」[109]。相對應地，由於單子論的理解沒有使日常生活感到什麼

---

[105] 參見萊布尼茨：〈理由原則的形而上學推論〉，載於《萊布尼茨後期形而上學文集》，段德智編，段德智、陳修齋譯，北京：商務印書館，2019年，第189頁。

[106] 萊布尼茨：〈單子論〉，載於《萊布尼茨後期形而上學文集》，段德智編，段德智、陳修齋譯，北京：商務印書館，2019年，第305頁。

[107] 萊布尼茨：〈論兩個自然主義者派別〉，載於《萊布尼茨自然哲學文集》，段德智編譯，北京：商務印書館，2018年，第45頁。

[108] 萊布尼茨：〈論兩個自然主義者派別〉，載於《萊布尼茨自然哲學文集》，段德智編譯，北京：商務印書館，2018年，第45頁。

[109] 萊布尼茨：〈論兩個自然主義者派別〉，載於《萊布尼茨自然哲學文集》，段德智編譯，北京：商務印書館，2018年，第46頁。另可參見萊布尼茨：「斯賓諾莎在這方面向前走得更遠，他似乎在明白無誤地教導一種盲目的必然性，因為他否認萬物的造主具有理智和意志，設定善和

不適——事實上，它終生的奮鬥目標便是避免此類不適，它就是對的。如前所述，不僅在自然哲學和形而上學方面是這樣，在道德哲學——乃至方方面面，都是如此。萊布尼茨曾批判斯賓諾莎全然充實的世界序列意謂一個無可選擇的必然王國，其中既無自由意志，也無善惡可言。[110]而萊布尼茨所給解決方案，歸根結柢，不過是那個由無限多的單子手把手組成的系列。在此序列中，既有潛無限的「眾多」、「延伸」與「可能」，也有實無限的「正義」、「判準」與「救贖」。[111]單子占遍了全部好處，它說明了一切，然而始終沒有說明自己——單子是誰，它何以相容兩種無限。而其中的真相，不過是「我們需要」！在此意義，它是一個標準的「雜拌」，「如果有人只在那中所喜愛的趣味裡尋

完滿性僅僅與我們相關而與萬物的造主無關。誠然，斯賓諾莎在這個問題上的意見有些含混不清。因為他在否認上帝具有理智之後又賦予他思想，斷言思想並沒有遠離上帝。而且，甚至在有些段落裡，他對必然性的看法也有所緩和。不過，就人們能夠對他理解到的而言，嚴格地講，他是不承認上帝身上存在有善的。他教導說，萬物都是藉上帝本性的必然性而存在的，根本不存在上帝的任何選擇行為。我們不打算在這裡浪費筆墨，來批駁這樣一個如此有害實際上又如此無法自圓其說的意見。我自己的意見是建立在可能事物本性的基礎之上的，也就是說，是建立在不蘊含矛盾事物的基礎之上的。我不認為一個斯賓諾莎主義者會說人們能夠想像出來的一切虛構故事都能夠在宇宙的某個地方現在現實地存在，或者曾經存在過，或者將來存在。」（《神正論》，段德智譯，北京：商務印書館，2018年，第357-358頁）

[110] 萊布尼茨：《神正論》，段德智譯，北京：商務印書館，2018年，第539-540頁。

[111] 可參萊布尼茨：《神正論》，段德智譯，北京：商務印書館，2018年，第217-218頁；以及萊布尼茨：〈論萬物的終極根源〉，載於《萊布尼茨早期形而上學文集》，段德智編，段德智、陳修齋、桑靖宇譯，北京：商務印書館，2017年，第368-369頁。

找道德，那麼他將要碰到的，一會兒是人性的特殊規定，其中包括理性本性自身的觀念，一會兒是道德完善性，一會兒又是幸福，在這裡是道德感，在那裡是對上帝的畏懼，把這樣一點，那樣一點混在一起，成為難尋難覓的雜拌兒」[112]。萊布尼茨的單子論通過運用兩種無限共用的語詞和規定而沒有區分，甚至不加說明，使得自身解釋能力倍增。更進一步，在早期作文〈論萬物的終極根源〉的末尾，這種恣意妄為達到了登峰造極乃至胡謅八扯的程度：

　　除上帝作品整體上的美和完滿性之外，我們還必須承認整個宇宙有一種持續不變的無止境的進步，以致它始終前進，謀求更大的完善，就像我們的世界儘管現在大部分都得到了耕耘，但將來會越來越多地得到耕耘。一些事物退化到了它們原初的野蠻狀態，另一些事物遭到了破壞和埋葬，不過，我們必須以同樣的方式將這理解為我們剛剛解釋過的上述苦難。其實，正是這樣一種破壞和埋葬使我們獲得了一些更好的東西，以至於我們在某個意義上是從這樣一種失中獲得益處的。

　　但有人卻會提出異議說：倘若如此，世界早就該變成天堂了。對此，我們有一個現成的答案。這就是：儘管許多實體都已獲得了很大的完滿性，但由於連續體的無限可分性，在事物的幽深處，卻始終有一些沉睡著的部分，尚待被喚醒，尚待被提升成為更大和更好的事物。簡言之，

---

[112] 康德：《道德形而上學原理》，苗力田譯，上海：上海人民出版社，2012年，第21頁。

尚待被提升，達到更完善的狀態。[113]

　　這段話中，萊布尼茨以作為實體（實無限）的單子營造了「進步」、「完善」和「最好」。但是，為著使得這種進步具有「持續性」，他拿出了早已準備好的「現成的答案」——吃下潛無限「無限可分性」的救命丸。從而，將「雜拌」的本質體現得淋漓盡致。更多地，萊布尼茨所思所想與本書所論主題關係密切。就此而論，提及萊布尼茨倒有別具一格的意義。

　　不同以往，本節的討論把兩種無限合併看待，且就多義重合而展開。問題邊界已經觸及，此處就是乾端坤倪——

概念的分野	新增加的關鍵詞	核心命義
潛無限	永恆？雜拌？	非完成
實無限		完成

（表4，表題：第三章第三節內容總結，來源：作者自製）

---

[113] 萊布尼茨：〈論萬物的終極根源〉，載於《萊布尼茨早期形而上學文集》，段德智編，段德智、陳修齋、桑靖宇譯，北京：商務印書館，2017年，第369-370頁。

上篇小結

　　如果「無限」已是日常生活的常客，然而平庸之輩還未曾將其搞得清楚。整個上篇的工作，便彌補了這項應有的工程。也就是說，在其結束之時，我們已然收穫了一種難能可貴的「變遷」。如同柏拉圖在《理想國》中說：「*如果他回想起自己當初的穴居、那個時候的智力水準，以及禁錮中的夥伴們，你不認為，他會慶幸自己的這一變遷，而替夥伴們遺憾嗎？*」[1]此處，這種「變遷」無非是從「無限」的黑暗「洞穴」（日常用法）中汲取出了哲學概念。更進一步，這些概念不僅是對「無限」而言的果實，也同時是對本書議題的前期準備。

　　「做事之前，反思方法」是哲學家的美德。首先，「過渡」是第一個方法論說明。康德的《道德形而上學原理》提供了對其的兩層界說。其一是，此番「過渡」不是歸納──它的結果不是新來的而是已在的，故而不會遭遇歸納問題的責難。康德稱之為「分析的」方法，意在表明：無限的哲學概念邏輯在先而時間在後，其日常用法則時間在先而邏輯在後，後者是前者的化身和體現。其二是，無限的日常用法不可自我保存，自然地會產生「過渡」到哲學概念的動力。這是實然層面的描述，應然層面的道理

---

[1]　柏拉圖：《理想國》，516 C，郭斌和、張竹明譯，北京：商務印書館，1986年，第232頁。另可參見柏拉圖：「他一旦想到他的舊家，以及洞穴裡的智慧，他同伴們的智慧，你想他會不為他的轉變慶幸，而對那些人憐憫嗎？」（《柏拉圖理想國》，516 C，侯健譯，台北：聯經出版事業股份有限公司，2014年，第291頁）

則主要藉黑格爾以完成。在黑格爾的體系中，上述第一層界說體現為絕對精神邏輯在先而時間在後的特性，在此意義，萬物只是其倒著或顛倒的驗證；第二層界說則體現為《邏輯學》中概念天然所有的向對立面轉化或揚棄自身之特性，這經由「理性的狡計」構成直指絕對精神的動力，方能到達「過渡」的終點。

其次，「哲學史」可當作第二個方法論說明。黑格爾的《哲學史講演錄》和《小邏輯》等文本，提示出「哲學史」與眾不同的性質。它從根本上區別於其他學科的歷史，不是外在命運的僵屍陳列，而是生命的洪流。「哲學史」的發展就是「哲學本身」，這個歷程乃絕對精神完成自身的展現，它既有開端也有終結，構成方向性——故而也是一個實無限，但此乃後話。然而，我們的工作卻不是「哲學史」的建構。只是以其為資源，豐富和發展兩種無限概念各自的含義。

而在內容方面，首先，第一章「過渡」中的五組例句作為日常用法，提示出了關於無限的諸多主題。具體包括「無限多」（「沒有終點」、「不能囊括」、「永恆相繼」、「代代相傳」、「永遠延續」、「無止境累加」、「無窮計數」和「無限增長」等），「延展」與「可分」（「無始無終」、「無限延伸」、「無限可分」、「無邊界」和「無垠」等），「可能性」（「不定的」和「不確定」），「循環」、「重複」或「週期」以及「上帝」（「超越的」、「超感的」、「最高的普遍性」、「最高的整體性」、「整全性」、「完成性」、「固定性」、「不變性」和「永恆性」等）。其中，前四組屬於潛無限的一類，第五組則歸屬實無限。

進而，我們在第二章的「一般界說」中，通過仔細分析康德對《純粹理性批判》中第一個二律背反正題的論述，對「潛無

限」和「實無限」這兩個哲學概念分別做了義理的闡明。概括而論，潛無限意指排斥完成的無限序列，它無盡延伸，承諾同質性，無法斷言其中某個位置是終結；實無限則指稱完成了的終結或概念式把握的無限，它承諾異質性，有其邊界。兩種無限各自的含義清晰且一貫，彼此間又存在根本的歧異，故而相互衝突、彼此悖謬。在此意義，兩種無限各自認領了一套特性──潛無限的核心命義是「非完成」，且下屬「永續」、「無限多」、「流變」、「序列」、「相繼」、「被給予的」、「無規定性」、「直觀」、「分割」、「延展」、「重複」、「連續」、「無邊界」、「無規定」、「無組織」、「可能性」、「同質性」和「均等性」；而實無限」的核心命義是「完成」，且含括「概念」、「範疇」、「整體」、「綜合」、「總和」、「總量」、「遍歷」、「跑遍」、「把握」、「有邊界」、「規定性」、「被給予了的」、「固定」、「整全視角」、「全盤統觀」、「有組織」、「異質性」和「差別性」。

　　最後，在第三章的「補充」中，我們在既有基礎上通過對亞里士多德、庫薩的尼古拉、笛卡爾、斯賓諾莎和萊布尼茨有關文本的詮釋分析，增補了對兩種無限的相關理解。具體而言，亞氏帶來了潛無限的「無目的性」、「非方向性」、「非結構性」和「非價值性」以及實無限的「目的性」（包括「最後」、「最終」、「圓滿」、「完滿」、「必然」、「結局」、「結束」、「終結」、「實現」、「現實」、「自為」、「為了自身」、「何所為」、「善」和「隱德萊希」等）、「方向性」、「結構性」和「價值性」；尼古拉帶來了潛無限的「敉平性」、「無程度」、「無比例」、「非理解之前提」和「相對主義」；笛卡爾則提示了實無限是「理解的必要前提」（包括「可靠性」和「普

遍性」）。而對斯賓諾莎和萊布尼茨的分析，則有別具一格的意義。藉由斯賓諾莎，我們明確了「無限」和「永恆」二詞的綁定性質，知曉了它們一定意義上相互轉化的情形，並闡明了它們「意義空格」的特性，在原理層面對「一詞多義」或「多義重合」的現象做了初步解釋，並提示了如此可能帶來的禍端。更進一步，經由萊布尼茨，我們對此一禍端有了實際的經驗與體會。他們二者共同把我們的問題帶往了新的範圍與領域。

形上的考察

　　《列子・湯問》裡有愚公移山的故事。毛澤東的版本講得更加通俗——「愚公回答說：我死了以後有我的兒子，兒子死了，又有孫子，子子孫孫是沒有窮盡的。這兩山雖然很高，卻是不會再增高了，挖一點就會少一點，為什麼挖不平呢？愚公批評了智叟的錯誤思想，毫不動搖，每天挖山不止。這件事感動了上帝，他派了兩個神仙下凡，把兩座山背走了」[1]。其中，「上帝的感動」雖在情感上畫龍點睛，於道理上卻不必要——沒有上帝和神仙的相助，愚公及其後代照樣可以實現理想，只要不怕耗時久遠。因為，山的高度有限且不加增，而愚公的家族則以「無限的代際」沖刷「有限的高度」，不愁沒有窮盡的那天。

　　這些說法對〈愚公移山〉來說，既構成一番評論，也可視作一個「形而上學考察」。通常所謂「形而上學考察」，脫胎自「形而上學闡明」。後者又蘊含兩個方面的含義：其一，它在抽象、普遍和一般層面上揭示原理；其二，它在內容上關乎本質。康德在《純粹理性批判》中做過類似的事。具體而言，對著第一

---

[1]　毛澤東：〈愚公移山〉，載於《毛澤東選集》第三卷，北京：人民出版社，1991年，第1102頁。

條要求，他這樣交代：「我們首先要通過排除知性在此憑它的概念所想到的一切來孤立感性，以便只留下經驗性的直觀。其次，我們從這種直觀中再把一切屬於感覺的東西分開，以便只留下純直觀和現象中的單純形式，這就是感性所能驗前地提供出來的唯一的東西了。」[2]其中，「分開」一詞——王譯本謂之「抽出」[3]，實為「抽象」，或曰「控制變量」。意在表明，要想獲得對直觀形式的純粹界說，就要將它從相連的事物上剝離，使之純化。由此，它便不得打擾我們分析的進程。對經由抽象而萃取之物的分析，是純形式的。既無須也不能考慮與其伴隨的其他質料之性質，「在現象中，我把那與感覺相應的東西稱之為現象的質料，而把那種使得現象的雜多能在某種關係中得到整理的東西稱之為現象的形式。……雖然一切現象的質料只是驗後被給予的，但其形式卻必須是全部在內心中驗前地為這些現象準備好的，因此可以將它與一切感覺分離開來加以考察。我把一切在其中找不到任何屬於感覺的東西的表象稱之為純粹的（在超絕的理解中）」[4]。我們記得，引言在概述純粹哲學時，曾引過康德另外一處同樣的講法。其實，毋寧說「形而上學闡明」的要求就是純粹哲學的要求（之一），它們是內在一致的。同時，「抽象」的最終目的，也正是尋求自為、一貫和必然的規定。正如這裡所講，現象不能純然樸素地充當感性直觀的對象，充其量只是其質料部分先被理解為「與感覺相應的對象」。在此，能整理這些

---

[2]　《純粹理性批判》鄧譯本，A22，B36，第27頁。

[3]　《純粹理性批判》王譯本，A22，B36，第72頁。

[4]　《純粹理性批判》鄧譯本，A20，B34，第25-26頁。其中，「驗後」或「驗後的」指「posterior」，通常譯為「後天的」。為著與「驗前的」相對，本文使用「驗後的」這種翻譯，後文不再強調。

「相應對象」的時間和空間，構成現象的形式。唯有分離其中的形式與質料，時空作為純粹直觀的本質才得以突顯。因而，這順利地過渡到第二條要求。《純粹理性批判》對「形而上學闡明」給出了如下界定：「我所謂闡述，就是清楚地（雖然不是詳盡地）表述一個概念的內容；這闡述裡如果表明該概念是驗前接受的，那就是形而上學闡述。」[5]所謂「驗前接受」云云，重複了其抽象性質；而「表述一個概念的內容」，才是最後的歸宿。

　　上篇的工作，在於對兩種無限進行「形而上學闡明」。接續此基礎，以「闡明」所得的武器為裝備，在普遍、一般和必然的層面——也即純粹哲學的意義上，對另外一套學說加以系統檢查，輔以批判或辯護，便是「形而上學考察」。「考察」不同於「闡明」——意謂將概念予以抽象並孤立地說明，而是直面具體的運用本身。然而有時，二者之間並無絕對界限。例如，第三章對斯賓諾莎和萊布尼茨的論述，相比之前幾位哲學家，可稱「考察」；而相對下篇的任務，就仍是「闡明」。事實上，下篇的旨趣，就是對恩格斯的發展觀開展「形而上學考察」，以期揭示其中學理的悖謬。前也說到，這種「考察」由於是純哲學的，故而就不計實踐成果與現實意義。但是，自己不追求不代表實際上沒有，更進一步，倘若哲學畢竟也多少具有現實意義，就唯有通過曾經專心做過一地雞毛的探討，從而在間接層面發揮效用。總之，將理論與實踐劃界，既不敗壞它們，也對它們各自有利。

　　恩格斯關於發展的論述主要集中在《反杜林論》、《社會主義從空想到科學的發展》（以下簡稱《發展》）、《終結》和《自然辯證法》四部作品中。下篇的「考察」也主要圍繞它們而

5　《純粹理性批判》王譯本，A23，B38，第73頁。

展開。由於《發展》是由《反杜林論》的部分章節改寫而成，因此，凡是《反杜林論》已有的內容，我們便不再就《發展》而提及了。

第四章　學說的悖謬

第一節
潛無限

斯賓諾莎提醒我們注意，「無限」和「永恆」往往相互綁定、互相轉化或替代而行。其實，在恩格斯的文本中，它們便時常聯合出場。請看〈自然辯證法〉的這一段話：

> 此外，諸天體在無限時間內永恆重複的先後相繼，不過是無數天體在無限空間內同時並存的邏輯補充——這一原理的必然性，甚至德雷帕的反理論的美國人頭腦也不得不承認了。

> 這是物質運動的一個永恆的循環，這個循環完成其軌道所經歷的時間用我們地球年是無法量度的，……在這個循環中，物質的每一有限的存在方式，不論是太陽或星雲，個別動物或動物種屬，化學的化合或分解，都同樣是暫時的，而且除了永恆變化著的、永恆運動著的物質及其運動和變化的規律以外，再也沒有什麼永恆的東西了。[1]

---

[1] 恩格斯：〈自然辯證法〉，載於《馬克思恩格斯全集》第二版第26卷，北京：人民出版社，2014年，第483-484頁。原文參見 Engels: *Dialektik der Natur*, (1873-1882), in *MEGA*[2], I/26, Berlin: Dietz Verlag, 1985, S.315-316 此段引文有所省略，因為省略部分談及了另外一種無限，將在下文專門分析。

　　恩格斯説到，諸天體在「無限」時間內「永恆」「重複」的先後「相繼」，不過是「無數」天體在「無限」空間內同時並存的邏輯補充。意思是説，諸天體（的存在或運動）在時間和空間上都是無限的。這個概括易於使我們想起《純粹理性批判》中第一個二律背反的正題表述——世界在時間上和空間上都是無限的。故而，接續一個自然的問題便是，恩格斯此處所言意指潛無限還是實無限？

　　答案顯而易見，其所指是潛無限。主要原因包括以下三點：

　　第一，不論是上述已提的「重複」、「相繼」和「無數（無限多）」，還是後面強調的「無法量度（無機）」和「循環」，都是先前從《純粹理性批判》中萃取出來形容潛無限的關鍵詞，它們提示出潛無限「非完成」的核心命義。

　　第二，恩格斯這一段話的觀點和康德論及時空作為潛無限樣式時的表述如出一轍。恩格斯所言「**諸天體在無限時間內永恆重複的先後相繼**」，就是康德所謂「**世界中諸事物前後相繼狀態的無限序列**」；同樣，恩格斯所説「**在無限空間內同時並存的邏輯補充**」，就是康德所講「**具有同時實存著的諸事物**」（二律背反）和「**所有無限的部分是同時存在的**」（空間概念的形而上學闡明）。

　　第三，這一段話就其主旨而論，所談乃潛無限。恩格斯説，物質運動永恆循環若想完成，其需要的時間以地球年是無法量度的。言下之意表明，它不能完成，或我們無可設想此類完成。這是潛無限最為核心的含義。同樣，恩格斯也説，這個循環中大到太陽和星雲，小到化學的化合或分解，都是暫時的。此乃尼古拉所言「敉平性」。無限循環的力量是強大的，哪怕是大如太陽的天體，也要「變」得有限，也就是總有一天要滅亡。因此，這段話中的「永恆」首是與潛無限相伴而出場的。一般看來，「世界

是永恆發展的」這句箴言中「永恆」亦是與潛無限結合。它們的運用在此都是強調「不能完成」的含義，其所表達的共同觀點是永續發展，而一切事物在其中只是暫時的。

　　但是，這種運用不是絕對的。例如，最後一句話，「除了**永恆變化著的、永恆運動著的物質及其運動和變化的規律以外，再沒有什麼永恆的東西了**」，就值得細細品味。它的字數不多，但包含了三個「永恆」。泛泛而言，前兩個「永恆」（「**永恆變化**」和「**永恆運動**」）都適合潛無限的含義；但最後一個「永恆」（「**沒有什麼永恆的東西了**」）卻不能如此設想，它意指了實無限。論及斯賓諾莎時，我們曾說「永恆」既可勾連潛無限，也可勾連實無限，而「固定」的含義通常體現在後者。此處的運用便是一個範例。「再無何者永恆」的意思便是「再無何者固定」，因此等價於「全然都是暫時」。但是，實際的情況還要複雜。因為，一定意義上，前兩個「永恆」也可理解為「固定」。我們不難從恩格斯的話中發現這層意思：循環中物質的每一有限的存在方式都是暫時的，唯有物質運動和變化的規律是永恆的。前者流變而後者固定。然而，需要澄清的是，儘管「固定」在前兩個「永恆」中也可講通，但其所描繪卻非完成，正好相反，是永不完成與不能完成。正是潛無限不可完成的循環本身，構成了常在和固定的規律。因此，儘管「永恆」在此的規定並不唯一，甚或有時相反，並且「固定」等含義也往往存在多重運用，但是它們並未造成矛盾。從中我們仍可一貫地整理出潛無限的含義。哪怕最後一個「永恆」意指了實無限，但因其帶有否定前綴，所以不會帶來表意的衝突。

　　「永恆」和「無限」已然被恩格斯捆綁使用。囿於自然語言的限制，釐清二者的關係是繁難的；而基於本書的謀篇布局，

分析前者又是困難的。因為，上篇的準備都是圍繞「無限」而非「永恆」展開的，在此意義，「無限」問題具有比「永恆」問題更加基本而源始的地位——我們缺乏「永恆」的分析工具，唯有轉化為「無限」問題，才可在本書的論述中解決。

《自然辯證法》中有大量文本都可體現自然物質的潛無限，但是恩格斯的想法並未到此為止。有關的表述很快便超越「自然規律」和「物體運動」的自然科學範圍，而趨進關涉「人的認識發展」和「絕對真理問題」的社會歷史維度。對此，恩格斯在〈終結〉中這樣說到：

> 現在，真理是在認識過程本身中，在科學的長期的歷史發展中，而科學從認識的較低階段向越來越高的階段上升，但是永遠不能通過所謂絕對真理的發現而達到這樣一點，在這一點上它再也不能前進一步，除了袖手一旁驚愕地望著這個已經獲得的絕對真理，就再也無事可做了。……歷史同認識一樣，永遠不會在人類的一種完美的理想狀態中最終結束；完美的社會、完美的「國家」是只有在幻想中才存在的東西；相反，一切依次更替的歷史狀態都只是人類社會由低級到高級的無窮發展進程中的暫時階段。……不存在任何最終的東西、絕對的東西、神聖的東西；它指出所有一切事物的暫時性；在它面前，除了生成和滅亡的不斷過程、無止境地由低級上升到高級的不斷過程，什麼都不存在。它的革命性質是絕對的——這就是辯證哲學所承認的唯一絕對的東西。[2]

---

[2] 恩格斯：〈路德維希·費爾巴哈和德國古典哲學的終結〉，載於《馬克思

其中，後半段的討論於我們並不陌生，它的表述與《自然辯證法》非常接近。此處所講「人類認識的發展機制」與前此所言「自然物質的運動規律」一樣，都是潛無限。因此，它們將永不「停止」，永不取得「完滿」或「完成」的形式，也永不會在人類歷史的「完美」理想中「結束」。人類歷史的發展長河中，諸類事物也同樣是暫時的，唯有永續生成和無盡滅亡才能長駐。沒有任何「最終」或「絕對」的東西——否則就造成「絕對真理」，以致人們無事可幹，除了袖手只能旁觀。同樣相似的是，恩格斯也說此乃辯證哲學（舊譯辯證法，於義理影響不大）唯一承認的「絕對之物」。當然，這個「絕對」和作為「固定」的「永恆」一樣，屬於潛無限的永續，而非實無限的終止。

可是問題在於，倘若僅具備這一點，大功還不能告成。因為，不論是自然物質的不斷變化，還是科學認識與人類歷史的永續生成和無盡滅亡，皆無法全然充實「發展」的含義。「發展」的要求更加嚴格，它不滿足單純的運動和循環，唯有加上「前進」與「上升」這番含義，才是「發展」。此處所言「從認識的較低階段向越來越高的階段上升」、「前進一步」、「由低級到高級的無窮發展進程」和「由低級上升到高級的不斷過程」等，都提示了發展預設的「方向」，即前進與上升的「朝向」。[3] 而

恩格斯全集》第二版第28卷，北京：人民出版社，2018年，第323-324頁。

[3] 同類的表述在恩格斯的文本中非常常見。更簡短而典型的表述是：「世界不是既成事物的集合體，而是過程的集合體，其中各個似乎穩定的事物同它們在我們頭腦中的思想映象即概念一樣都處在生成和滅亡的不斷變化中，在這種變化中，儘管有種種表面的偶然性，儘管有種種暫時的倒退，前進的發展終究會實現。」（〈路德維希‧費爾巴哈和德國古典哲學的終結〉，載於《馬克思恩格斯全集》第二版第28卷，北京：人民出版社，2018年，第352-353頁。）

對於這些要素，單憑潛無限無法給出承諾。其實，它們得以倖
存，功在與潛無限不甚融貫的另一概念——實無限。

第二節
實無限

　　實無限在恩格斯的發展觀中有多重體現，適合分點闡述。但
它們亦非全然分野、決然獨立，彼此之間也相互聯繫。因此，有
時文本的使用會是反覆而回環的。具體而論，實無限方面的證明
包括以下五個論點：

　　第一，就「序列中的個體關係」而言，恩格斯主張了同潛
無限相背的觀點。上節所引文本中諸如「**從低級到高級**」的表
述，實際都在強調「差別」而非「均等」——彼此均等的事物之
間無謂孰優孰劣。其中，前者代表「異質性」而後者則意謂「同
質性」。根據前此的分析，「均等」和「同質」屬於潛無限的規
定。由於其不可完成的本性，或畢竟要求永續、無終且無界的序
列，其中每個排序個體之間就必須同質，如此才可維繫這個系
列。其中，一切先後、長短、上下、高低和左右皆被拋棄。康德
所言作為潛無限的空間，雖然包含這個空間和那個空間，然其歸
根結柢都是同一個空間，彼此無甚區別。尼古拉要求潛無限具備
「敉平性」，而敉平的對象恰是差異，敉平的目標則是同質。因
此，一旦恩格斯賜予序列中排序個體以分別的性質，這個序列就
實質上已然超越了潛無限的規定，從而走向它的對立面。

　　以上解釋屬於我們，從而是間接的；接續的論述屬於恩格
斯，故而是直接的——

　　存在著的不是質，而只是具有質並且具有無限多的
質的物。兩種不同的物總有某些質（至少在物體性的屬性
上）是共有的，另一些質在程度上有所不同，還有一些
質可能是兩種物中的一個所完全沒有的。如果我們拿兩種
極不相同的物──例如一塊隕石和一個人──來比較，我
們由此得到的共同點便很少，至多只有重量和其他一些一
般的物體屬性是兩者所共有的。但是，介乎這二者之間還
有其他自然物和自然過程的一個無限的序列，這些自然物
和自然過程使我們有可能把從隕石到人的這個序列充實起
來，並指出每一個自然物和自然過程在自然聯繫中的地
位，從而認識它們。這是耐格里自己也承認的。[4]

　　這一段話屬於〈自然辯證法〉的簡記片段，其主旨在於回
應和批駁耐格里「我們沒有能力認識無限」的觀點。對於這個爭
論，我們興趣寥寥。在此僅僅考察其中恩格斯的表述所帶來的重
要訊息。根據恩格斯，兩種不同的物之間總有某些質是相同的，
而另外一些質則不同。以「隕石」和「人」這兩種「極不相同」
的物為例──說它們「極不相同」，意謂共同點很少，也即異質
性很多，儘管如此，「隕石」和「人」之間仍有一個由其他「自
然物和自然過程」組成的「無限的序列」。該序列的任務，就在
於將從「隕石」到「人」的「空隙」全部填滿或「充實起來」。
如此，我們就可以根據每一個自然物或自然過程在這個序列中的
聯繫與地位，進而認識它們。把這些論述加以整理，便可收穫如

---

[4]　恩格斯：〈自然辯證法〉，載於《馬克思恩格斯全集》第二版第26卷，
　　北京：人民出版社，2014年，第571頁。原文參見 Engels: *Dialektik der*
　　Natur, (1873-1882), in *MEGA*², I/26, Berlin: Dietz Verlag, 1985, S.384-385

下三條訊息：

> （1）存在一個充滿自然物和自然過程的無限序列，它既有開端也有終結——開端就是「隕石」，終結則是「人」。
> （2）「隕石」和「人」之間存在諸多的「異質性」。
> （3）充當排序個體的諸多自然物和自然過程之間也是相互異質的，因為我們正是依據它們各自在這個序列中所處的位置之「不同」或「差異」來認識它們的。

　　事情到此為止就清楚了。以上三個命題，潛無限全都承諾不起——不論是「開端」與「終結」，還是「異質」與「差異」，都與潛無限背道而馳。

　　第二，就「序列的整體」而論，諸如「上升」、「前進」、「往前」和「進步」等提法，都意謂實無限而非潛無限的理解。首先，倘若繼續前此關於「異質性」的探討，這些提法都可當作對「異質」或「有序」的需求。根據康德，要使序列變得「有序」，須使其變得「有機」——這也是實無限的要素。而著眼尼古拉，如果序列成為有序的，它便不再是無限的（「無程度」和「無比例」）——此乃潛無限的標識。其次，上述提法也預設了「方向」與「結構」的含義。而據以亞氏的教導，它們隸屬實無限而非潛無限。單純承諾「進步」而不言「方向」是說不通的——否則怎知「何處為進」而「何處為退」呢？同樣，僅僅主張「上升」而不主張「結構」是不可思議的——否則怎知「如何是升」而「如何是降」呢？歸根結柢，「上（下）」、「升（降）」、「前（後）」和「進（退）」等字眼帶有抹不掉的

「方向」和「結構」特性。它們不能棲身於潛無限，唯有實無限中才可安身立命。亞氏說，「終結」必須是好的結局，而不是隨便的結束。因此它代表了「圓滿」、「實現」或「完成」，這是實無限的「價值性」。而「價值」恰是「發展」亟需的品質。唯有這種「圓滿」的「終結」，才可支撐歷史發展的「結構」，帶給排序個體「朝前進」或「向上衝」的「方向」與「價值」，也同時賜予我們言說進步的勇氣。

　　上述解釋是暗示的，除此以外還有直言的。恩格斯的此一觀點非常有名，通常叫做「歷史合力論」——

　　　　歷史是這樣創造的：最終的結果總是從許多單個的意志的相互衝突中產生出來的，而其中每一個意志，又是由於許多特殊的生活條件，才成為它所成為的那樣。這樣就有無數互相交錯的力量，有無數個力的平行四邊形，由此就產生出一個合力，即歷史結果，而這個結果又可以看做一個作為整體的、不自覺地和不自主地起著作用的力量的產物。因為任何一個人的願望都會受到另一個人的妨礙，而最後出現的結果就是誰都沒有希望過的事物。所以到目前為止的歷史總是像一種自然過程一樣地進行，而且實質上也是服從於同一運動規律的。但是，各個人的意志——其中的每一個都希望得到他的體質和外部的、歸根到底是經濟的情況（或是他個人的，或是一般社會性的）使他嚮往的東西——雖然都達不到自己的願望，而是融合為一個總的平均數，一個總的合力，然而從這一事實中決不應作出結論說，這些意志等於零。相反，每個意志都對合力有

　　所貢獻，因而是包括在這個合力裡面的。[5]

　　力有「方向性」是物理學的常識。恩格斯用這個常識隱喻歷史發展理論，也不費解。簡而言之，歷史是有「方向」的，作為歷史結果的合力也是有「方向」的。更進一步，合力的「方向」並非與每個人獨自的意志無關，而是以諸個人的意志作為分力，進而根據平行四邊形法則合成的。在此意義，恩格斯稱前者乃後者相加而構成的「平均數」。在〈反杜林論〉中，恩格斯也曾運用四邊形法則來詮釋杜林的觀點。[6]他說，根據杜林，自由就是理性的認識把人拉向「右邊」，非理性的認識把人拉向「左邊」，進而根據平行四邊形法則，就只能按照對角線的「方向」來進行。在此，恩格斯反對杜林的觀點，並加以諷刺[7]，但這沒

5　恩格斯：〈恩格斯致約瑟夫·布洛赫（1890年9月21-22日）〉，載於《馬克思恩格斯文集》第10卷，北京：人民出版社，2009年，第592-593頁。

6　參見恩格斯：「根據這種看法，自由是在於：理性的認識把人拉向右邊，非理性的衝動把人拉向左邊，而在這樣的力的平行四邊形中，真正的運動就按對角線的方向進行。這樣說來，自由就是認識和衝動、知性和非知性之間的平均值，而在每一個人身上，這種自由的程度，用天文學的術語來說，可以根據經驗用『人差』來確定。」（〈反杜林論〉，載於《馬克思恩格斯全集》第二版第26卷，北京：人民出版社，2014年，第120頁）

7　可參格斯：「自由的平均值在每一個人身上的體現就由天文學術語『人差』來進行確定。」（〈反杜林論〉，載於《馬克思恩格斯全集》第二版第26卷，北京：人民出版社，2014年，第120頁）對「人差」的解釋可參注釋：「人差指確定天體通過已知平面瞬間的系統誤差，這種誤差是以觀察員的心理生理特點和記錄天體通過時刻的方式為轉移的。——120。」（《馬克思恩格斯全集》第二版第26卷，北京：人民出版社，2014年，第815頁）

有妨礙恩格斯對自己分析工具的認可。因此，他在歷史發展問題上著實承諾了「方向性」。

「方向性」展示了恩格斯發展觀的實無限形式，進而彰顯了其悖謬性。悖謬性也是分等級的。其中，最輕微的乃是——此處主張了潛無限而在遙遠的別處主張了實無限，因而不易察覺；較嚴重的則是——同一段話的前面主張了潛無限而後面主張了實無限，從而突顯矛盾；但是，最嚴重的當屬——同一個表述既襄助潛無限又幫襯實無限，致使矛盾走到台前。前兩種情況前已提到，最後一種則放到這裡。為了說明這一情況，我們得把本章開頭所引〈自然辯證法〉的一整段話「不加省略地」再引一遍：

> 此外，諸天體在無限時間內永恆重複的先後相繼，不過是無數天體在無限空間內同時並存的邏輯補充——這一原理的必然性，甚至德雷帕的反理論的美國人頭腦也不得不承認了。

> 這是物質運動的一個永恆的循環，這個循環完成其軌道所經歷的時間用我們地球年是無法量度的，在這個循環中，最高發展的時間，即有機生命的時間，尤其是具有自我意識和自然界意識的人的生命的時間，如同生命和自我意識的活動空間一樣，是極為有限的；在這個循環中，物質的每一有限的存在方式，不論是太陽或星雲，個別動物或動物種屬，化學的化合或分解，都同樣是暫時的，而且除了永恆變化著的、永恆運動著的物質及其運動和變化的規律以外，再也沒有什麼永恆的東西了。但是，不論這個循環在時間和空間中如何經常地和如何無情地完成著，不論有多少億個太陽和地球產生和滅亡，不論要經歷多長時

　　間才能在一個太陽系內而且只在一個行星上形成有機生命
的條件，不論有多麼多的數也數不盡的有機物必定先產生
和滅亡，然後具有能思維的腦子的生物才從它們中間發展
出來，並在一個很短的時間內找到適於生存的條件，而後
又被殘酷地毀滅，我們還是確信：物質在其一切變化中仍
永遠是物質，它的任何一個屬性任何時候都不會喪失，因
此，物質雖然必將以鐵的必然性在地球上再次毀滅物質的
最高的精華──思維著的精神，但在另外的地方和另一個
時候又一定會以同樣的鐵的必然性把它重新產生出來。[8]

　　這一段話的潛無限思想，先前已有分析。而續在它後面的，
則是別的事情。第二小段中，恩格斯講完「物質運動的永恆循環
所需之時間，以地球年無法量度」之後，又說：「在這個循環
中，最高發展的時間，即有機生命的時間，並且尤其是具有自我
意識和自然界意識的人的生命的時間，就如同生命和自我意識的
活動空間一樣，是極為有限的。」顯然，同「隕石和人」一樣，
恩格斯把有機生命之誕生和人的出現視作「最高發展」，其在整
個序列中享有至高的地位，同時也是序列最終的歸宿和指向──
此乃「方向」與「結構」之含義。並且，恩格斯隨後強調這個
「最高發展」的時間，也是極為有限的。意思是說，其與先前眾
多平凡而漫長的排序個體相比，是超凡脫俗的──它不僅「另
類」（異質性），還「難能可貴」（價值性）。似乎意識到有些
彆扭，恩格斯複以長篇大論將此事重釋了一遍。「真理愈辯愈

<hr>

[8]　恩格斯：〈自然辯證法〉，載於《馬克思恩格斯全集》第二版第26卷，
　　北京：人民出版社，2014年，第483-484頁。原文參見 Engels: *Dialektik der
　　Natur*, (1873-1882), in *MEGA*[2], I/26, Berlin: Dietz Verlag, 1985, S.315-316

明」，此乃俗人淺見。實際的情況毋寧是顛倒的，過多的言說往往暴露背後的矛盾。其具體表現是：恩格斯說完「**在這個序列沒有任何永恆的東西，因而不論有多少億個太陽和地球，都也是要不斷地產生和滅亡等等**」之後，緊接著講「**然後具有能思維的腦子的動物才從他們中間『發展』出來**」——此乃將潛無限的序列和實無限的結構雜糅起來的「發展」。也許覺得著實不對，恩格斯又補充到，這個發展的成果也會被「殘酷地毀滅」——這是表意不明的，不知其究竟屬於潛無限的序列並最終在其中消弭，還是必須與之嚴格區分開來。最終的結語是一個模棱兩可的「**確信**」——確信「**物質將用其永恆循環以鐵的必然性在地球上再次毀滅思維著的精神，但在另外的地方和另一個時候也一定會以鐵的必然性再把它重新闡釋出來**」。這個確信詞句冗雜，簡化了的版本是「潛無限和實無限都是鐵的必然性」。兩種無限在此頭對頭地撞到一起。故而，矛盾聚到一點，衝突達到頂峰。

　　第三，就「序列的必然性」來說，恩格斯接受了實無限。發展的過程是必然的，不論是在人的認識維度——

　　　　認識就其本性而言，或者對漫長的世代系列來說是相對的並且必然是逐步趨於完善的。[9]

　　還是在社會歷史的維度——

9　恩格斯：〈反杜林論〉，載於《馬克思恩格斯全集》第二版第26卷，北京：人民出版社，2014年，第96頁。原文參見 Engels: *Herrn Eugen Dührings Umwälzung Der Wissenschaft (Anti-Dühring)*, in *MEGA²*, I/27, Berlin: Dietz Verlag, 1988, S.291-292

一切依次更替的歷史狀態都只是人類社會由低級到高級的無窮發展進程中的暫時階段。每一個階段都是必然的，因此，對它發生的那個時代和那些條件說來，都有它存在的理由。[10]

都是如此。而在實際的情形中，「必然」還有一位代言人，那就是「規律」。首先，請看：

世界不是既成事物的集合體，而是過程的集合體，其中各個似乎穩定的事物同它們在我們頭腦中的思想映象即概念一樣都處在生成和滅亡的不斷變化中，在這種變化中，儘管有種種表面的偶然性，儘管有暫時的倒退，前進的發展終究會實現。[11]

這一段話已經用過。「表面的偶然性」和「暫時的倒退」意謂，偶然的事情可當純然沒有發生，「必然」的事情才是深層而重要的──在此，前進的發展「終究」會實現。此乃對（物質永恆運動和變化）「規律」的解釋之一，是實無限。另一番解釋是潛無限，前已講過。

其次：

因為任何一個人的願望都會受到另一個人的妨礙，而

[10] 恩格斯：〈路德維希·費爾巴哈和德國古典哲學的終結〉，載於《馬克思恩格斯全集》第二版第28卷，北京：人民出版社，2018年，第323-324頁。

[11] 恩格斯：〈路德維希·費爾巴哈和德國古典哲學的終結〉，載於《馬克思恩格斯全集》第二版第28卷，北京：人民出版社，2018年，第352-353頁。

最後出現的結果就是誰都沒有希望過的事物。所以到目前為止的歷史總是像一種自然過程一樣地進行，而且實質上也是服從於同一運動規律的。[12]

這一段話也已提過。「到目前為止的歷史」按照思辨的法則，同「自然過程」一致，服從於「同一運動規律」。儘管每個人類個體的意志皆須包含在內，然而前者渺矣，「最後出現的結果就是誰都沒有希望過的事物」，也就是說，必然的規律意謂不以單個人的意志為轉移。

最後：

在這個循環中，……除了永恆變化著的、永恆運動著的物質及其運動和變化的規律以外，再也沒有什麼永恆的東西了，……我們還是確信：物質在其一切變化中仍永遠是物質，它的任何一個屬性任何時候都不會喪失，因此，物質雖然必將以鐵的必然性在地球上再次毀滅物質的最高的精華──思維著的精神，但在另外的地方和另一個時候又一定會以同樣的鐵的必然性把它重新產生出來。[13]

這一段話不止提過，且提過兩次。在此，無須什麼玄奧和深邃的闡釋，重要之事已露在表面──永恆的「規律」原本只是

---

[12]　恩格斯：〈恩格斯致約瑟夫·布洛赫（1890年9月21-22日）〉，載於《馬克思恩格斯文集》第10卷，北京：人民出版社，2009年，第592-593頁。

[13]　恩格斯：〈自然辯證法〉，載於《馬克思恩格斯全集》第二版第26卷，北京：人民出版社，2014年，第484頁。原文參見 Engels: *Dialektik der Natur*, (1873-1882), in *MEGA*[2], I/26, Berlin: Dietz Verlag, 1985, S.316.

潛無限的循環，可最後卻又變為兩種無限兼收並蓄的「鐵的必然性」。總而言之，「必然」和「規律」的相伴出場，體現了恩格斯對發展問題的實無限態度。這意味著，發展的路數是可以預見、已然排好並按既有步驟提前命定的。按亞氏的教導，此乃「目的論」的特徵。「目的」作為事物運動的終極，也必定是邏輯在先、命中註定的。「必然」從屬「目的」，不是潛無限的承諾範圍。「潛現說」說明了同樣的道理。不是隨便的性質都是潛能，唯有本質的規定才是潛能。本質規定的實質就是「規律」：潛能註定步入現實。而「現實」也屬「目的」，它受到實無限的管轄。

　　第四，就「序列的目的性」來講，發展學說帶有實無限色彩。以上對「目的」的論述，均屬「形式解釋」——擁有「方向」意謂有所「朝向」；「朝向」作為「異質」的要求，須有新的「對象」（「別物」）；而「別物」不可隨意置之，須得作為「終結」；「終結」又非普通的結束，它非得完滿，才可支撐發展的「結構」。所謂「形式解釋」，意謂它們僅説出「要有目的」這件事情，但是關於目的之「內容」，則未及闡釋，尚須新的考察。這是此處的任務。具體而言，請看〈自然辯證法〉中的文本：

　　　　事實上，一切真實的、尋根究柢的認識都只在於：我們在思想中把個別的東西從個別性提高到特殊性，然後再從特殊性提高到普遍性；我們從有限中找出和確定無限，從暫時中找出和確定永久。然而普遍性的形式是自我完成的形式，因而是無限性的形式；它把許多有限性的東西綜合為一個無限的東西。……自然界中的普遍性的形式就是

規律，而關於自然規律的永恆性，誰也沒有自然科學家談得多。因此，當耐格里說，人們由於不願意只去研究有限的東西，而把永恆的東西和有限的東西混在一起，於是就把有限的東西弄得神祕莫測，這時他否定的不是自然規律的可認識性，就是自然規律的永恆性。對自然界的一切真實的認識，都是對永恆的東西、對無限的東西的認識，因而本質上是絕對的。[14]

　　這一段話所屬的標題為「關於耐格里所說的沒有能力認識無限」，內容是對其觀點的批評。在此，爭論本身同樣沒有意義。我們只是分析其中表述，以期萃取恩格斯對目的所設對象的論說。具體而言，開頭「事實上，一切真實的、尋根究柢的認識都只在於……」的提法，已擺明要談論認識的目的，也即追尋的終點。更進一步，這個充當目的的「東西」，就是所謂「自然規律」。恩格斯講到，我們要從有限中找出「無限」，從暫時中確定「永久」，它們將「個別」提至「特殊」，復又將「特殊」升至「普遍」。而「普遍」又意謂與別種事物不同的「自我完成的形式」，其最終的狀態就是「自然界中的規律」。也就是說，「自然規律」充當了無限發展的「終結」，也即「目的」的對象或內容。而聯繫前此已有的對「規律」之論說，倘若追求潛無限的「永續」，便不能把「終點」當作「規律」來仰仗，以成「進步」。恩格斯在此沒有如此行事，並非消弭後者、貫徹前者，反倒犧牲前者，成全後者。

---

[14] 恩格斯：〈自然辯證法〉，載於《馬克思恩格斯全集》第二版第26卷，北京：人民出版社，2014年，第572-573頁。原文參見 Engels: *Dialektik der Natur*, (1873-1882), in *MEGA*², I/26, Berlin: Dietz Verlag, 1985, S.385-386

　　第五，就「認識序列的要求」而說，恩格斯已然承認實無限。此乃第四條「目的論探討」的延伸，所涉文本也緊隨其後——

　　　　自然界中的普遍性的形式就是規律，而關於自然規律的永恆性，誰也沒有自然科學家談得多。因此，當耐格里說，人們由於不願意只去研究有限的東西，而把永恆的東西和有限的東西混在一起，於是就把有限的東西弄得神祕莫測，這時他否定的不是自然規律的可認識性，就是自然規律的永恆性。對自然界的一切真實的認識，都是對永恆的東西、對無限的東西的認識，因而本質上是絕對的。

　　　　但是，這種絕對的認識遇到一個明顯的麻煩。可認識的物質的無限性，是由各種純粹的有限性組成的，同樣，絕對地認識著的思維的無限性，也是由無限多的有限的人腦所組成的，而人腦是彼此並列和前後相繼地從事這種無限的認識的……因此，對無限的東西的認識受到雙重困難的困擾，並且按其本性來說，只能通過一個無限的漸近的前進過程而實現。這使我們有足夠的理由說：無限的東西既是可以認識的，又是不可以認識的，而這就是我們所需要的一切。[15]

　　前面提過，這一部分論述意在反對耐格里所言「我們只能認識有限事物」，主張我們可以認識無限。而對於具體的認識機制，恩格斯在第二段說到，有待認識的物質在數量上是無限多

---

[15]　恩格斯：〈自然辯證法〉，載於《馬克思恩格斯全集》第二版第26卷，北京：人民出版社，2014年，第573頁。原文參見 Engels: *Dialektik der Natur*, (1873-1882), in *MEGA*², I/26, Berlin: Dietz Verlag, 1985, S.386

的。也就是説，認識的對象是無限的。這個道理反過來也成立，即「絕對地認識著的思維的無限性」，「是由無限多的有限的人腦所組成的」。並在最後「通過一個無限漸進的前進過程而實現」。在此意義，人類認識的結果就是實現了包含無限多數量的個體的集合，對之形成了「全盤統觀」。在此，回顧康德是必要的，康德曾教導我們空間是一種潛無限。前此提及，其中一種理解方式是區分直觀與概念。空間只能直觀而不是概念。後者要求的諸元素是潛無限排斥的。我們曾以「範疇」的「疇」來説明概念的「邊界」——倘若「把握」了「邊界」，就是「整體」打包，給其「定義」；而「定義」作為「規定」，「跑遍」了它的外延。這是「整全視角」或「全盤統觀」，是實無限才可具備的要素。而潛無限由於「無限延展」和「排斥邊界」的本性，無法構成概念，或謂在概念上是「不定的」。因此，恩格斯所言「通過無限的漸進來實現無限多的認識對象」，便等於康德（在二律背反中）所説「我們不能以別的方式、而只有通過各部分的綜合，才能設想一個並未在任何直觀的某個邊界內部被給予的量的大小，並且只有通過完全的綜合或者單位自身反復相加才能設想這樣一個量的總體」——康德聲明這是不可能的，而在恩格斯這裡卻不僅可能，而且必然。康德認為如此做法，彷彿把潛無限包裹在實無限的範圍內——也就是説，把潛無限當作一個對象，進而規定這個「量的總體」是無限的。但是，真正的潛無限是對「邊界」不做斷言的。故而倘若説出或認識到「這是無限的」，那便只能導致實無限。另外，上述引文和第四條要點都提到對「規律」的認識。根據恩格斯，其便是對「永恆」和「無限」之物的認識。因此不難看出，作為發展之「終結」的「規律」，它的本質也是「全盤統觀」。笛卡爾的見解與康德的觀點同等重

要。前此，恩格斯說到，「自然界中的普遍性的形式」就是「規律」；而「規律」又是「個別」到「特殊」，「特殊」到「普遍」。這些說法不僅表明恩格斯所追求的「永恆」與「無限」認識，也即「自然規律」，是普遍而必然的；它同時是「內包」的——倘若「認識規律」這件事情不是必然的，那麼「規律」本身也將不再必然，因為「規律」（的必然性）恰恰含括了「認識」（所有事物）的必然性。故而，認識「認識」，或謂這個認識本身作為一種知識，其必然性需要實無限作為「理解的前提」，而笛卡爾的見解恰好互為襄助。

綜上所述，通過對「序列中的個體關係」、「序列的整體」、「序列的必然性」、「序列的目的性」和「認識序列的要求」等五個方面進行闡述，我們論證了恩格斯的實無限主張。從而，與第一節的內容呼應，便可揭示出恩格斯對兩種無限的同時接納。闡明過程中所用素材或資源，皆來自且含括了上篇所總結的每一方面的關鍵詞。這是一種深謀遠慮的便利。倘若有人主張前此的準備是不必要的，他便要把那些對概念的解釋插在這裡，從而對肉眼這種既不是潛無限也不是實無限而是十分有限的普通存在物來說，就顯得極不合適了。

第三節
「挪移」和「雜拌」

前面，我們將兩種無限分開考察，再合到一起，以突顯其中悖謬；現在，本節則直接以整體為對象進行分析，論述兩種無限在同一個表述中的遭遇。不同的視角可得不同的收穫。具體而論，在此我們將揭示恩格斯發展學說中的四個「挪移」和一個

「雜拌」。其中，前者包括「規律」、「必然」、「絕對」和「永恆」；而「永恆」作為「挪移」的同時，也是「雜拌」。

對於「雜拌」，前此已有論述。當斯賓諾莎提出「永恆」可做多重運用時，「雜拌」的可能就成為一塊心病。康德已經面對了此類狀況，批判了作為其思想背景的哲學家把多重含義雜糅到一起的做法。與此不同，「挪移」意謂把同一種含義從此處挪到彼處，彷彿一塊膏藥，貼到恰當位置才可發揮效用。倘若貼錯地方，不僅沒有療效，還可能引起副作用，得不償失。

本節的論述從「規律」、「必然」、「絕對」和「永恆」這四個「挪移」開始。它們兩兩搭配，構成兩組要素。

第一組是「規律」和「必然」，它們在第二節的論述中已然關係密切。在此，我們首先展示它們作為潛無限的運用，並將其定義為「作為描述的使用」。相關的文本是已經熟悉的這一段話：

> 此外，諸天體在無限時間內永恆重複的先後相繼，不過是無數天體在無限空間內同時並存的邏輯補充——這一原理的必然性，甚至德雷帕的反理論的美國人頭腦也不得不承認了。
>
> 這是物質運動的一個永恆的循環，……在這個循環中，物質的每一有限的存在方式，不論是太陽或星雲，個別動物或動物種屬，化學的化合或分解，都同樣是暫時的，而且除了永恆變化著的、永恆運動著的物質及其運動和變化的規律以外，再也沒有什麼永恆的東西了。[16]

16　恩格斯：〈自然辯證法〉，載於《馬克思恩格斯全集》第二版第26卷，

　　其中，「除了永恆變化著的、永恆運動著的物質及其運動和變化的規律以外，再也沒有什麼永恆的東西了」這一句話體現了「規律」這個詞「作為描述的使用」。對此，前已多次講過，並強調了其中最後一個「永恆」雖是實無限，但由於否定前綴，仍可說得通。其概括的含義是，「除此之外，再無永恆之物」。而「此」指的就是「永恆運動和變化著的物質及其這樣運動和變化的規律」。所以，它等價於說此「規律」是永恆的。雖然上節把「規律」定為實無限的含義，但同「永恆」類似，此處的恩格斯並未主張實無限。這就是「規律」這個詞「作為描述的使用」，它描述的內容是潛無限。它的結構式是「『這是潛無限』是『規律』」。因此，「規律」這個詞的所指對象是一整句話或整個命題，而不是說「一個已經是潛無限的東西又同時是實無限」。

　　同樣，「諸天體在無限時間內永恆重複的先後相繼，不過是無數天體在無限空間內同時並存的邏輯補充——這一原理的必然性，甚至德雷帕的反理論的美國人頭腦也不得不承認了」這一句話也體現了「必然」這個詞「作為描述的使用」。同樣，「必然」本身雖屬實無限，但其所指之物（描述的內容）是潛無限，故而不會產生有害影響。也就是說，恩格斯此處的意思是，「『諸天體是時間和空間上是無限相繼的』是『必然』的」。此處，「必然」所指對象乃這一句話或這個命題，而不是「諸天體在時空中的運動本身」是實無限。但是，問題的關鍵在於這兩個詞不會永遠固守「作為描述的使用」進而安然無礙，它們會不斷躍出自己的邊界，變成「作為內容的使用」從而惹是生非。

　　北京：人民出版社，2014年，第483-484頁。原文參見 Engels: *Dialektik der Natur*, (1873-1882), in *MEGA*², I/26, Berlin: Dietz Verlag, 1985, S.315-316

「作為內容的使用」是實無限的運用。對此，上節已做了大量工作，在此不完全重複，僅各舉一例說明。比如，恩格斯將歷史的發展和自然的過程進行類比，指出它們都服從同一運動的「規律」。但是，後者屬於永恆循環，是潛無限；前者則有自身方向，是實無限。在此，拿著「規律」描述社會歷史本身，說「社會歷史本身的進步」就是「規律」，而不像在自然那裡——說「『自然界是潛無限』這件事情」是「規律」，就屬「作為內容的使用」。它不再有一個潛無限的實質來充當內容，從而使得「規律」的表述對內容的實質沒有涉及；而是直接意指規律就是進步，而進步就是規律。在此，每一個環節均是實無限，沒有潛無限來兜底。矛盾達到一定程度，便會不自覺地走到台前來。下面這一段話同時含有「規律」和「必然」兩個詞的「挪移」，我們引它當作第一組的結束：

> 物質在其永恆的循環中是按照規律運動的，這些規律在一定的階段上——時而在這裡，時而在那裡——必然在有機體中產生出思維著的精神。[17]

「絕對」和「永恆」是接下來的第二組，它們之間的關係同樣密切。首先，我們考察它們在恩格斯文本中「作為描述的使用」，相關的文本仍然熟悉：

> 真理是在認識過程本身中，在科學的長期的歷史發

---

[17] 恩格斯：〈自然辯證法〉，載於《馬克思恩格斯全集》第二版第26卷，北京：人民出版社，2014年，第464頁。原文參見 Engels: *Dialektik der Natur*, (1873-1882), in *MEGA²*, I/26, Berlin: Dietz Verlag, 1985, S.297

展中，而科學從認識的即較低階段向越來越高的階段上
升，但是永遠不能通過所謂絕對真理的發現而達到這樣一
點，……不存在任何最終的東西、絕對的東西、神聖的東
西；……它的革命性質是絕對的──這就是辯證哲學所承
認的唯一絕對的東西。[18]

　　這一段話中既有舊的知識，也有新的知識。關於前者，此處
所言「我們不能達到絕對真理」和之前所講「除此之外，沒有永
恆之物」一樣，雖然「絕對」和「永恆」都表達實無限，但是都
有否定前綴；關於後者，這裡所說「它的革命性質是絕對的──
這就是辯證哲學所承認的唯一絕對的東西」，同「永恆」一樣，
都屬「作為描述的使用」。因為，「絕對的革命性質」和「辯證
哲學所承認的唯一絕對的東西」就是就是「不存在任何最終的、
絕對的和神聖的東西」或「沒有絕對真理」。而前此所說「除此
之外，沒有永恆之物」的意思也是「『永恆運動和變化著的物質
及其這樣運動和變化的規律』是永恆的」。因此，它們的結構式
都是「『這是潛無限』是實無限」。

　　對應地看，它們轉化為「作為內容的使用」的文本，我們也
已提及──

　　　　自然界中的普遍性的形式就是規律，而關於自然規
　　　律的永恆性，誰也沒有自然科學家談得多。因此，當耐
　　　格里說，人們由於不願意只去研究有限的東西，而把永

18　恩格斯：〈路德維希‧費爾巴哈和德國古典哲學的終結〉，載於《馬克思
　　恩格斯全集》第二版第28卷，北京：人民出版社，2018年，第323-324頁。

恆的東西和有限的東西混在一起，於是就把有限的東西
弄得神祕莫測，這時他否定的不是自然規律的可認識
性，就是自然規律的永恆性。對自然界的一切真實的認
識，都是對永恆的東西、對無限的東西的認識，因而本質
上是絕對的。[19]

恩格斯批判耐格里把「永恆」與「無限」混在一起，進而
否認人的認識和自然規律具有「永恆」的特性，主張實際的情況
是，「對自然界的一切真實的認識，都是對永恆的東西、對無限
的東西的認識，因而本質上是絕對的」。在此，恩格斯把「永
恆」當成了認識的「終結」，即「無限對象」或「自然規律」
——作為歷數一切的「全盤統觀」，它是「永恆」的，從而本質
上是「絕對」的。「永恆」和「絕對」在此處都作為實無限而使
用，是「作為內容的運用」。因此，這最終導致了「挪移」。

總而言之，「規律」、「必然」、「絕對」和「永恆」四個
詞在恩格斯的發展學說中有「挪移」的修辭性質——從「作為描
述的使用」到「作為內容的使用」，它們體現了恩格斯的發展觀
念在兩種無限之間的滑動。圖一直觀地表現了這個機制。

「挪移」意謂詞語本身含義不變，只改變運用的模式。「雜
拌」則與之相反，意謂同種運用模式中的多重含義。一方面，前
文已提及，「永恆」在「作為內容的使用」中被當作認識的「終
結」和無限的「規律」，這是實無限。另一方面，「永恆」一詞
與眾不同的是，它還可或通常是被當作潛無限而使用。前此也說

---

[19] 恩格斯：〈自然辯證法〉，載於《馬克思恩格斯全集》第二版第26卷，北
京：人民出版社，2014年，第573頁。原文參見 Engels: *Dialektik der Natur*,
(1873-1882), in *MEGA²*, I/26, Berlin: Dietz Verlag, 1985, S.386

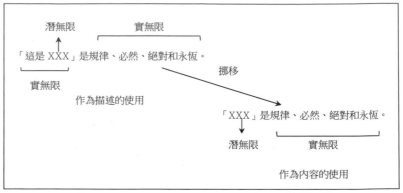

（圖1，圖題：「挪移」的機制，來源：作者自製）

過，在「『永恆變化著的、永恆運動著的物質及其運動和變化的
規律』是永恆的」這句話中，唯有最後一個「永恆」是「作為描
述的使用」——它的結構是「『這是永恆』是永恆」，而前兩個
「永恆」均屬「作為內容而使用」（其內容是潛無限）。因此，
「永恆」一詞在恩格斯的發展學說中確實存在兩種運用，它在此
處指稱潛無限，又在彼處意謂實無限，實乃「雜拌」。

　　本節一改「分」的道路，從「合」的視角出發，釐清了同一
個表述在不同運用模式中的遭遇。通過揭示「挪移」和「雜拌」
這兩種不合法的使用現象，突顯了恩格斯發展學說的悖謬性。聯
繫上篇的讖語，這與「規律」、「必然」、「絕對」和「永恆」
四個詞作為意義空格的特性有關。它們雖占據了地理空間，含
義卻不甚完滿。[20]另外「永恆」一詞不僅包攬了「挪移」和「雜

---

[20] 例如，什麼是「規」？什麼是「律」？「然」為「這樣」，可是，「這
　　樣」是怎樣？是什麼「絕」？是什麼「對」？以及，是什麼「永」是
　　什麼「恆」？這種現象在日常語言中是常見的。「進步」能當作全新的
　　例子，有關的討論可參見戴晴：「……接下去的『進步』論述一般。或

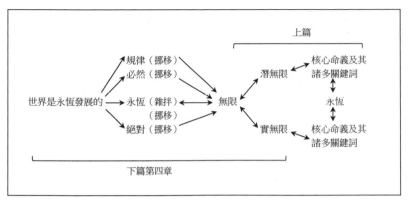

（圖2，圖題：論證的思路，來源：作者自製）

拌」，更成為到此為止串聯全文的「一條金線」。圖二直觀地展現了本書至此論證的思路——

　　圖二的右半部分展示了上篇（「概念的準備」）的主要內容與結構。自該部分的左邊看起，本書的論述以「無限」這個詞為起始。在第一章中，我們把「無限」從「日常用法」過渡到「哲學概念」，後者就是「潛無限」和「實無限」。在第二章和第三章中，我們分別借助康德和其他哲學家的資源對兩種無限進行了界說，並收穫了它們各自的核心命義和諸多關鍵詞。特別地，最後出場的斯賓諾莎和萊布尼茨啟示我們「無限」和「永恆」具有綁定性質，並且無限問題極易混淆，從而把思路帶離既有的論述，轉到下篇的範圍，進入示意圖的左邊。

許『進步』本身含義太泛，不具太強的抗爭特色，誰都可以高高興興甚至加著碼接受。學校裡派進控制學生思想的訓導員可以稱作進步；大躍進、超英趕美也可稱作進步。」（《梁漱溟王實味儲安平》，南京：江蘇文藝出版社，1989年，第151頁）

　　圖二的左半部分展示了下篇第四章的內容和結構。在第四章中，我們首先根據無限和永恆的綁定性質，把恩格斯對發展的論述從永恆問題轉化為無限問題；其次按照前此收穫的潛無限和實無限的相關資源，分別論證了恩格斯發展觀的悖謬性。但是，我們的思路不是單向的，而是雙重的。在第三節中，我們揭示了「規律」、「必然」、「絕對」和「永恆」的「挪移」性質從而說明了從「作為描述的使用」到「作為內容的使用」帶來的矛盾；又揭示了「永恆」的「雜拌」性質從而闡明了恩格斯學說在兩種無限概念之間的雜糅。這既照應了上篇中斯賓諾莎和康德的擔心，也照應了萊布尼茨引起的禍端。在一定意義上，它構成了對上篇的回覆。總而言之，我們在第四章第一節中從永恆問題開始，最終在第三節裡又以永恆問題結束，中間再不斷牽扯著前文的有關資源，形成了一個較大的思路回環。因而，在圖二中凡是能體現這個回環的箭頭都是雙向的，而其他的進程則只是單向的。

第五章　恩格斯
——悖謬的自覺和解決的方案

　　第四章已經證明了恩格斯發展學說的悖謬性，即它同時主張了兩種無限。但是，既有的證明並未窮盡形而上學考察之全部——倘若到此為止，結論就不盡可靠。也就是說，真實的情況還要更加複雜。在此，本章標題中的「自覺」一詞需要強調。引言曾介紹過「詮釋學劃界」的工作，並提到「作者所想」與「作者所寫」的問題。此處，不妨再加一重「文本詮釋」的區分。進而——首先，前兩部分並不等價，也就是說，不能期望「作者所想」等於「作者所寫」。一般而論，前者總是比後者要多。因為，凡是寫出的必定是想到的，而凡是想到的未必是寫出的。在此意義，總有部分「作者所想」沒有通過「作者所寫」而體現。更有甚者，「作者所想」和「作者所寫」之間也可能存在矛盾，它們並非總是一致的。例子就在眼前，第四章論述恩格斯發展學說所用的文本，就是「作者所寫」，但能否就此斷言恩格斯是故意寫出一個充滿悖謬的體系呢？當然不會。原因就在於，很多情況下，創建完滿體系是一個「理想」，但是「理想」未必總能實現，實現了的部分也未必不打折扣。所以，發展學說的論述屬於恩格斯，悖謬的論點則屬於我們自己，它只是第三重區分——「文本詮釋」。因而，此處的責難最多就是恩格斯的寫作時的注意力不夠集中。同樣，康德在《實踐理性批判》中曾說：「前後一貫是一個哲

學家的最大責任，但卻極少見到。」[1]言下之意是，別人沒有做到，但我康德是做到了。然而，眾所周知的是，康德的學說是哲學史上著名的「體系不融貫」的代表。不論別的，「自在之物」就是一個難題。故而，在一定意義上有了費希特等人。這也在說，把「理想」拿來實現，結果未必「理想」。其次，「作者所寫」和「文本詮釋」之間也有鴻溝，同一套文本並非對應唯一的詮釋。這方面的例子更是數不勝數——從西方傳統中對《聖經》的注釋，到中國傳統中對儒家經典的解釋；上到馬克思主義的多種流派，下到本文對恩格斯的詮釋與理解，無不印證了這個觀點。本書的工作恰好屬於「文本詮釋」，因此，在此倘若泛泛地論及恩格斯的「意圖」，則不甚妥當。其中至少相隔兩條鴻溝。首先，「本書詮釋」不等於「恩格斯所寫」；繼而，「恩格斯所寫」又不等於「恩格斯所想」。因此，「通過文本推測意圖」之事在原則上乃是不可能的。

　　所以，此處所言恩格斯的「自覺」是極有限度的。它包括兩層界定。其一是，其中悖謬並非為恩格斯所完全意識到，也就是說，其對此不是有意為之。而從文本看，只能表明他已意識到其中的一部分，對於這一部分所面臨的困難，他是自覺的。其二是，我們的考察仍站在第三方視角，屬於「文本詮釋」而非「作者所想」。因此，這種「自覺」只是「文本顯象」，而不可能「問及恩格斯本人」。這也同時意謂，即使作者本人（假使方便的話）也無權反對文本顯象，因其一旦寫出便有獨立自存的意義。更進一步，對於「文本顯象」，不論恩格斯已經如何自覺，

---

[1]　康德：《實踐理性批判》，鄧曉芒譯、楊祖陶校，北京：人民出版社，2003年，第29頁。

他也畢竟沒有使用兩種無限概念，也沒有分析二者的矛盾與衝突，只是認為其中存在有待解決的困難，並嘗試給出了化解的方案。

　　以上工作是對方法論的澄清，它闡明了本章所論「自覺」的性質。更進一步，關於其中內容，則包含兩個方面。第一個方面是恩格斯對黑格爾的批判。請看文本：

　　　　這種近代德國哲學在黑格爾的體系中完成了，在這個體系中，黑格爾第一次——這是他的偉大功績——把整個自然的、歷史的和精神的世界描寫為一個過程，即把它描寫為處在不斷的運動、變化、轉變和發展中，並企圖揭示這種運動和發展的內在聯繫。……

　　　　黑格爾沒有解決這個任務，這在這裡沒有多大關係。他的劃時代的功績是提出了這個任務。這不是任何個人所能解決的任務。……黑格爾的體系作為體系來說，是一次巨大的流產，但也是這類流產中的最後一次。就是說，它還包含著一個無法解決的內在矛盾：一方面，它以歷史的觀點作為基本前提，即把人類的歷史看做一個發展過程，這個過程按其本性來說在認識上是不能由於所謂絕對真理的發現而結束的；但是另一方面，它又硬說自己就是這種絕對真理的化身。關於自然和歷史的無所不包的、最終完成的認識體系，是同辯證思維的基本規律相矛盾的；但是，這樣說決不排除，相反倒包含下面一點，即對整個外部世界的有系統的認識是可以一代一代地取得巨大進展的。[2]

---

[2]　恩格斯：〈反杜林論〉，載於《馬克思恩格斯全集》第二版第26卷，

　　恩格斯首先在第一段話裡表揚了黑格爾的「巨大功績」──
「把整個自然的、歷史的和精神的世界描寫為一個過程，即把它
描寫為處在不斷的運動、變化、轉變和發展中，並企圖解釋這種
運動和發展的內在聯繫」。不難看出，這個功績的前半段屬於潛
無限，即不斷的運動和變化等等；而到了後半段，也就是所謂
「內在聯繫」云云，則體現出實無限的色彩。[3]恩格斯將此界定
為黑格爾的「功績」，實際上是對自身發展學說的重複。隨後，
在第二段話中，恩格斯強調黑格爾雖然想到但是並未做到。也就
是說，他僅僅提出了任務而並未解決它。然而，這並非黑格爾的
「錯誤」或是他「能力不夠」。因為，這個任務──「透過一切
表面的偶然性揭示這一過程的內在規律性」或者「發現絕對真
理」──「不是任何個人所能解決的」。在此意義，恩格斯認為
黑格爾體系中存在「一個無法解決的內在矛盾」，即一方面把人
類歷史當作「發展過程」，這個過程是不可能完成或通過發現絕
對真理而結束的；另一方面又硬把自身當成絕對真理。顯然，這
個指責的實質就是認為黑格爾同時主張了潛無限和實無限。這是

北京：人民出版社，2014年，第26-28頁。原文參見 Engels: *Herrn Eugen
Dührings Umwälzung Der Wissenschaft (Anti-Dühring)*, in *MEGA*[2], I/27, Berlin:
Dietz Verlag, 1988, S.234-235. 另外，第二段省略的部分表明了恩格斯和黑
格爾的差異，這是下文專論的主題，在此省略。

[3]　實際上，對實無限的強調還要更多。其後的話是：「從這個觀點看來，
人類的歷史已經不再是亂七八糟的、統統應當被這時已經成熟了的哲學
理性的法庭所唾棄並最好儘快被人遺忘的毫無意義的暴力行為，而是人
類本身的發展過程，而思維的任務現在就是要透過一切迷亂現象探索這
一過程的逐步發展的階段，並且透過一切表面的偶然性揭示這一過程的
內在規律性。」（恩格斯：〈反杜林論〉，載於《馬克思恩格斯全集》
第二版第26卷，北京：人民出版社，2014年，第26-28頁）

恩格斯的第一層「自覺」——他認為潛無限和實無限是矛盾的，因此不能被同時塞入某個發展觀中。然而，據說黑格爾正是這樣做的。在此意義，恩格斯批判黑格爾，不承認絕對真理。據此來說，他的發展觀應該不會重蹈黑格爾的覆轍。按其想法，他主張了「全新的進步模式」——「但是，這樣說決不排除，相反倒包含下面一點，即對整個外部世界的有系統的認識是可以一代一代地取得巨大進展的」。恩格斯在此只是擺出結論，並未給出論證。但是，根據我們之前的眼光，它屬於「統觀」的實無限，然而這是後話。

　　第一層「自覺」是側面的，是在批判黑格爾的過程中體現出來的。恩格斯雖然指出了某種矛盾，但並未承認在自己的學說中也存在同樣的矛盾。而第二層「自覺」則是正面的，它剛好是恩格斯對自己體系的評價。請看下面這一段話：

　　　　這樣人們就碰到一個矛盾：一方面，要毫無遺漏地從所有的聯繫中去認識世界體系；另一方面，無論是從人們的本性或世界體系的本性來說，這個任務是永遠不能完全解決的。但是，這個矛盾不僅存在於世界和人這兩個因素的本性中，而且還是所有智力進步的主要槓桿，它在人類的無限的前進發展中一天天不斷得到解決，這正像某些數學課題在無窮級數或連分數中得到解答一樣。[4]

---

[4]　恩格斯：〈反杜林論〉，載於《馬克思恩格斯全集》第二版第26卷，北京：人民出版社，2014年，第40頁。原文參見 Engels: *Herrn Eugen Dührings Umwälzung Der Wissenschaft (Anti-Dühring)*, in *MEGA*², I/27, Berlin: Dietz Verlag, 1988, S.245

在這之前，恩格斯首先把前此提到的「黑格爾的功績」重複了一遍。[5]進而將其概括為「一個矛盾」——「**一方面，要毫無遺漏地從所有的聯繫中去認識世界體系；另一方面，無論是從人們的本性或世界體系的本性來說，這個任務是永遠不能完全解決的**」。有所不同的是，這個矛盾不再被甩到黑格爾的頭上，而是變為恩格斯自己面對的問題。恩格斯把自己的發展觀建立在這種矛盾的基礎上，這是他的第二層「自覺」。這個「自覺」不是說因為自己的體系主張了兩種無限，所以它瓦解了；而是說兼具或調和兩種無限是自己學說的使命。更多地，關於後者，恩格斯也同時給出了解決方案。而它使我們倍感熟悉——「**這個矛盾……在人類的無限的前進發展中一天天不斷得到解決**」。

就此停住，我們發現對於兩種無限的悖謬，恩格斯至少已有兩層「自覺」，下面的總結清楚地展現了它們的內容及其與第四章結論的區別：

(1)恩格斯「認為」（第一層「自覺」）在黑格爾的體系中存在矛盾，並且這個矛盾導致了黑格爾體系的崩

---

[5] 參見恩格斯：「關於自然界所有過程都處在一種系統聯繫中的認識，推動科學到處從個別部分和整體上去證明這種系統聯繫。但是，這種聯繫作恰當的、毫無遺漏的、科學的陳述，對我們所處的世界體系形成精確的思想映射，這無論對我們還是對所有時代來說都是不可能的。如果在人類發展的某一時期，這種包括世界各種聯繫——無論是物質的聯繫還是精神的和歷史的聯繫——的最終完成的體系建立起來了，那麼，人的認識的領域就從此完結，而且從社會按照那個體系來安排的時候起，未來的歷史的進一步發展就中斷了，——這是荒唐的想法，是純粹的胡說。」（〈反杜林論〉，載於《馬克思恩格斯全集》第二版第26卷，北京：人民出版社，2014年，第40頁）

盤與解體。我們把這個矛盾詮釋為潛無限和實無限之間的矛盾。

（2）恩格斯「認為」（第二層「自覺」）在他自己的體系中存在著同樣的矛盾，但是，這並未導致整個體系的崩盤與解體。因為，他還有「解決方案」。

（3）我們在之前在第四章所得出的結論：恩格斯的發展觀中同時主張了潛無限和實無限，這兩種無限之間的矛盾無法調和，進而導致這個體系是說不通的。

兩層「自覺」雖不一樣，但是它們所給的方案卻是相同的：認識可以「一代又一代」取得巨大進展，且在人類無限的前進發展中「一天又一天」不斷得到解決。這些說法都暗示了潛無限，但是仍然不足以為證。所幸，恩格斯每當提及相關問題，這個方案便幾乎都會出場。下面這一段話能夠成為範例，串聯其他文本，進而配套地闡明這個方案的實質：

> 換句話說，思維的至上性是在一系列非常不至上地思維著的人中實現的；擁有無條件的真理權的認識是在一系列相對的謬誤中實現的；二者都只有通過人類生活的無限延續才能完全實現。
> 在這裡，我們又遇到了在上面已經遇到過的矛盾：一方面，人的思維的性質必然被看做是絕對的，另一方面，人的思維又是在完全有限地思維著的個人中實現的。這個矛盾只有在無限的前進過程中，在至少對我們來說實際上是無止境的人類世代更迭中才能得到解決。從這個意義上說，人的思維是至上的，同樣又不是至上的，它的認識能

力是無限的，同樣又是有限的。按它的本性、使命、可能
和歷史的終極目的來說，是至上的和無限的；按它的個別
實現情況和每次的現實來說，又是不至上的和有限的。[6]

按照前此的分析，所謂「思維的至上性」和「擁有無條件的
真理權的認識」，都意指實無限。根據恩格斯，它們是「由一系
列非常不至上地思維著的人」和「在一系列相對的謬誤中」實現
的。這兩個實現途徑，按他自己的解釋，屬於「人類生活的無限
延續」。它們屬於潛無限。因為，「非常不至上地思維著的人」
和「一系列相對的謬誤」和作為「統觀」或「終結」的「思維的
至上性」和「擁有無條件的真理權的認識」在質上是極不相同
的。前者只能是「中途」，而不可能作為「結局」[7]——它們就
是人類發展的「一代又一代」和「一天又一天」。歸根結柢，這

---

[6]　恩格斯：〈反杜林論〉，載於《馬克思恩格斯全集》第二版第26卷，
　　北京：人民出版社，2014年，第91-92頁。原文參見 Engels: *Herrn Eugen
　　Dührings Umwälzung Der Wissenschaft (Anti-Dühring)*, in *MEGA²*, I/27, Berlin:
　　Dietz Verlag, 1988, S.288

[7]　最後一句引文對此也有說明——「按它的個別實現情況和每次的現實來
　　說，又是不至上的和有限的」。因此，若不論總體的情懷，只著眼於
　　個別的狀況，我們只能達到「相對真理」，而把「『絕對真理』撒在一
　　邊」。另外，可參恩格斯：「但是，假定一切矛盾都一下子永遠消除
　　了，那麼我們就達到了所謂絕對真理，世界歷史就完結了，而世界歷史
　　雖然已經無事可做，卻一定要繼續發展下去——因而這是一個新的、不
　　可解決的矛盾。……我們把沿著這個途徑達不到而且任何單個人都無法
　　達到的『絕對真理』撒在一邊，而沿著實證科學和利用辯思維對這些科
　　學成果進行概括的途徑去追求可以達到的相對真理。」（〈路德維希·
　　費爾巴哈和德國古典哲學的終結〉，載於《馬克思恩格斯全集》第二版
　　第28卷，北京：人民出版社，2018年，第326-327頁）

個「解決方案」的實質就是「通過潛無限達到實無限」。

這一段話的中心句明示了這一點──「這個矛盾只有在無限的前進過程中，在至少對我們來說實際上是無止境的人類世代更迭中才能得到解決」。意思是說，實無限只能在潛無限中得到解決。具體而言，第四章曾提到，恩格斯認為作為認識對象的物質是無限多的，它們構成認識客體的無限性；相應地，從事認識活動的人腦也是無限多的，它們形成認識主體的無限性──「絕對地認識著的思維的無限性」。[8]就像《資本論》把許多個人的活動當成同一個魯濱遜[9]，這個「絕對地認識著的思維的無限性」作為「人腦」這樣一個總稱，也是由許多（無限個）有限的人腦組成的。也就是說，無限多個人腦組成的序列（「人類認識」或「人腦」這個總稱）最後能夠實現「無限的認識對象」這個理論目標──「人腦是彼此並列和前後相繼地從事這種無限的認識的」。在此，其理想是實無限，而方法則是潛無限。故而，恩格斯也說這個理想「只能通過一個無限的漸近的前進過程而實現」

---

[8] 參見恩格斯：「但是，這種絕對的認識遇到一個明顯的麻煩。可認識的物質的無限性，是由各種純粹的有限性組成的，同樣，絕對地認識著的思維的無限性，也是由無限多的有限的人腦所組成的，而人腦是彼此並列和前後相繼地從事這種無限的認識的，會在實踐上和理論上出差錯，從歪曲的、片面的、錯誤的前提出發，循著錯誤的、彎曲的、不可靠的道路行進，往往當正確的東西碰到鼻子尖的時候還是沒有得到它（普利斯特列）。因此，對無限的東西的認識受到雙重困難的困擾，並且按其本性來說，只能通過一個無限的漸近的前進過程而實現。這使我們有足夠的理由說：無限的東西既是可以認識的，又是不可以認識的，而這就是我們所需要的一切。」（〈自然辯證法〉，載於《馬克思恩格斯全集》第二版第26卷，北京：人民出版社，2014年，第573頁）

[9] 參見馬克思：《資本論》第一卷，北京：人民出版社，2004年，第96-97頁。

——這裡的矛盾生長在「單個人」與「全人類」之間。另外，它也可以生長在「個人」與「時代」之間。個人雖有「內部無限的認識能力」，但其進行認識時，也時常受到來自外部的阻礙，例如認識的差錯、自然的壽命等等。因此，恩格斯的「解決方案」除了使人腦變得「連綿」以外，也可使得時代變得「連綿」——「是在至少對我們來說實際上是無窮無盡的、連綿不斷的時代中解決的，是在無窮無盡的前進運動中解決的」[10]。

　　歸根結柢，不論是「歷史發展」與「人類認識」之間的矛盾，還是「單個人」與「全人類」、「個人」與「時代」之間的矛盾，「解決方案」都是通過既有的和延展的潛無限來通達未來的實無限。在此意義，所謂「人的思維既是至上的又不是至上的」云云、「人的認識能力既是有限的又是無限的」云云以及「無限的東西既是可以認識的，又是不可以認識的」云云，也是在說，如果單純著眼有限，那這些事情顯然是不可能的；而若觀瞻重疊了的兩種無限，不可能之事也變得可能了。因而，至此我們論證了：「通過潛無限達到實無限」就是這個「解決方案」的實質。

　　然而，事情並非萬事大吉。恩格斯給出的方案還無法徹底解決問題。因為，單純聲稱「通過潛無限達到實無限」只是描述了事情的情形，而並未給出所以如此的理由。故而，它是不夠的，否則就是獨斷的。要想獲得對此問題的完備理解，還需進而

---

[10]　參見恩格斯：「人的內部無限的認識能力和這種認識能力僅僅在外部受限制的而且認識上也受限制的各個人身上的實際存在者二者之間是矛盾，是在至少對我們來說實際上是無窮無盡的、連綿不斷的時代中解決的，是在無窮無盡的前進運動中解決的。」（〈反杜林論〉，載於《馬克思恩格斯全集》第二版第26卷，北京：人民出版社，2014年，第128頁）

考察「潛無限如何通達實無限」。也就是說，需要討論該方案運作的機制。而對這個機制的說明在恩格斯上述的討論中是缺乏的。

但是，事情也非一籌莫展。恩格斯在遠離論述中心的別處，又談及一種所謂「量變引起質變」的原理，使得問題有了新的突破：

> 一、量轉化為質和質轉化為量的規律。為了我們的目的，我們可以把這個規律表述如下：在自然界中，質的變化──在每一個別場合都是按照各自的嚴格確定的方式進行的──只有通過物質或運動（所謂能）的量的增加或減少才能發生。
>
> ……因此，在這個形式下，黑格爾的神祕的命題就顯得不僅是完全合理的，並且甚至是相當明白的。
>
> ……我們看到，純粹的量的分割是有一個極限的，到了這個極限，量的分割就轉化為質的差別：物體純粹由分子構成，但它是本質上不同于分子的東西，正如分子又不同於原子一樣。
>
> ……「例如，水的溫度起初對於水的滴液狀態來說是無關緊要的；但是後來由於液態水的溫度的升高或降低，便會達到這樣一個點，在這一點上這種凝聚狀態會發生變化，水會變為蒸汽或冰。」（黑格爾《全書》，《黑格爾全集》第6卷第217頁）
>
> 例如，電流必須達到一定的最低強度才能使電燈泡中的白金絲發光，每種金屬都有自己的白熱點和熔解點，每種液體在已知的壓力下都有其固定的冰點和沸點──只

要我們有辦法造成相應的溫度；最後，例如每種氣體都有
其臨界點，在這一點上壓力和冷卻能使氣體變成液體。一
句話，物理學的所謂常數，大多不過外是這樣一些關節點
的標誌，在這些關節點上，運動的量的增加或減少會引起
相應物體的狀態的質變，所以在這些關節點上，量轉化為
質。[11]

　　第一段中，恩格斯對「量轉化為質和質轉化為量的規律」
進行了總的概括──「質的變化只有通過物質或運動（所謂能）
的量的增加或減少才能發生」。這說的是「量變引起質變」。詳
細而論，第三段講到了它的具體機制──「純粹的量的分割是有
一個極限的，到了這個極限，量的分割就轉化為質的差別」。一
方面，「純粹的量的分割」符合潛無限的特徵，「分割」本身屬
於「延展性」和「可分性」，而「純粹的」又意指「同質性」、
「無比例」和「無結構」等特性。更進一步，恩格斯對「純粹的
量的分割」的其他描述，諸如「量的增加或減少」和「物質或運
動的增加或減少」等，也都提示出潛無限在序列上的補充與削
減。另一方面，「質的差別」又是與「量的分割」截然不同的結
果，按照恩格斯自己的解釋──「物體純粹由分子構成，但它是
本質上不同於分子的東西，正如分子又不同於原子一樣」，從原
子到分子再到物質，較後者由較前者組成，可是它們具有根本的
差異（聯想笛卡爾、斯賓諾莎與萊布尼茨）。在此意義，所謂的
「構成」實際上是一種「積聚」，它的原理是把潛無限的分割或

<hr>

[11]　恩格斯：〈自然辯證法〉，載於《馬克思恩格斯全集》第二版第26卷，
　　　北京：人民出版社，2014年，第537頁。原文參見 Engels: *Dialektik der
　　　Natur*, (1873-1882), in *MEGA*[2], I/26, Berlin: Dietz Verlag, 1985, S.357-358

相繼打包起來進行「統觀」，也即從「整體」上來「把握」。也就是說，這裡的「質的變化」不是別的，正是實無限。

　　因此，恩格斯描述的「質量變原理」和之前的「解決方案」是同構的，都是「通過潛無限達到實無限」。其中，潛無限的方面體現為「純粹的量的分割」、「認識的個體」、「非常不至上的思維」和「相對的謬誤」等表述，實無限的方面則化身成「質的變化」、「至上的思維」、「得到解決」和「重大進展」等提法——這是共性。之前的「解決方案」只描述了無限發展的兩個方面，而現在的「質量變原理」則提供了這兩方面的聯繫——這是差異。具體而言，這個「聯繫」就是潛無限的量的分割必須要達到一個「極限」，進而才能轉化為質的差別。關於這個「極限」，恩格斯在上述最後兩段也舉了實例。其中，前者是對黑格爾的引用[12]，後者是恩格斯自己的論述。無論怎樣，它們都說明了：不論是水、電流、金屬還是氣體，都有改變自身狀態的「關節點」，只有當溫度、電流強度或壓力達到它的時候，量的積累（溫度的逐漸升高或降低、電流強度的逐漸增強或減弱以及壓力的逐漸增大或減小）才導致質的變化。

---

[12] 這個例子非常經典，恩格斯不僅引用黑格爾來表述它，並且也親自言說它。其中，親自言說的「極限」更加直觀——「在上面說到世界模式論時，我們已經看到，由於黑格爾的度量關係的關節線——在這裡，在量變的一定點上驟然發生質變——，……我們在那裡舉出一個眾所周知的例子——水的聚集狀態變化的例子。水在標準氣壓下，在0°C時從液態變為固態，在100°C時從液態轉變為氣態，可見，在這兩個轉捩點上，僅僅是溫度的單純的量變就可以引起水的狀態的質變。」（恩格斯：〈反杜林論〉，載於《馬克思恩格斯全集》第二版第26卷，北京：人民出版社，2014年，第133頁）

　　補上這個「聯繫」並不終止疑問。因為，「極限」並非一個價值中立的概念，它更親近於實無限，從而遠離潛無限。「極限」的命義是「朝向終結」、「進步」和「逐漸完滿」，這從根本上不同於「敉平性」、「無程度」和「無比例」。因此，這個補充是不夠的——它只是用「極限」替換了實無限，從而使得衝突變得隱晦而已。更進一步，對於「質量變的原理」根本機制，恩格斯並未給出內在而深刻的論述，只是借用黑格爾的資源來填補空白。對此，他自己也並不諱言——「**在這個形式下，黑格爾的神祕的命題就顯得不僅是完全合理的，並且甚至是相當明白的**」。[13]總而言之，恩格斯挪用黑格爾的資源來彌補自身理論的關鍵一環，並使其（至少是主觀聲稱上的）完備，進而延續著他關於發展的構想。[14]然而，這種「搬運」的方法並未緩和矛盾，

---

[13]　這裡是對黑格爾學說的直接承認。除此之外，還有間接承認。例如，上述引文中的例子就來自黑格爾。再例如，恩格斯在別處也有對黑格爾「質量變規律」的挪用：「只是在作了這些說明以後，馬克思才指出：『在這裡，也像在自然科學上一樣，證明了黑格爾在他《邏輯學》中所發現的下列規律的正確性，即單純的量的變化到一定時就轉變為質的區別。』」（〈反杜林論〉，載於《馬克思恩格斯全集》第二版第26卷，北京：人民出版社，2014年，第132頁）這一段話的主角是馬克思。馬克思和本書議題沒有關係，但是從中可見恩格斯贊同「他所詮釋的馬克思」（這裡絲毫不斷言「恩格斯詮釋的馬克思」等於馬克思），並且贊同的內容正是黑格爾的「質量變規律」。

[14]　挪用黑格爾的「質量變原理」也可等價援引黑格爾的「雙重否定規律」。相關文本前此提過：「這樣，不平等又重新轉變為平等，但不是轉變為沒有語言的原始人的就得自發的平等，而是轉變為更高級的社會契約的平等。壓迫者被壓迫。這是否定的否定。」（恩格斯：〈反杜林論〉，載於《馬克思恩格斯全集》第二版第26卷，北京：人民出版社，2014年，第148頁）以及：「因此，每一種事物都有它的特殊的否定方

反而增添了新的煩難——恩格斯認為黑格爾體系和自己學說中都蘊藏兩種無限的矛盾，但是，黑格爾無法解決這個矛盾，自己的學說則有「解決方案」，可是，這個「解決方案」卻是原封不動地挪用黑格爾的資源，借用其「量變引起質變」的原理。這一切都是說不通的。

　　在此意義，一種理論上求知的好奇心和哲學上刨根問柢的基本態度，就會自然地催促並且迫使我們，攜帶上關於這個「解決方案」的疑難以及前此分析的成果，一同進入到黑格爾的地盤去一探究竟。也就是說，一同進入到第六章，考問「恩格斯發展觀」和「黑格爾辯證法」的差異。

　　式，經過這樣的否定，它同時就獲得發展，每一種觀念和概念也是如此。」（恩格斯：〈反杜林論〉，載於《馬克思恩格斯全集》第二版第26卷，北京：人民出版社，2014年，第150頁）本書有自己的主線，因此以前者為論述對象。羅馬作為最終目的，經由何路是無所謂的。

第六章　恩格斯與黑格爾的差異

第一節
無限性

　　第五章中的黑格爾全是恩格斯口中的黑格爾。現在，我們則進入黑格爾的論述本身。儘管它們的內容不一定不一致，但在詮釋學性質上，有著根本差異——這一點前此已多次提及。總的來說，本章對黑格爾的考察不是漫天撒網，而只著眼自身的問題意識，依次論述他對「無限性」、「質量變」和「發展觀」的看法，揭示其與恩格斯的觀點上的根本歧異，以解決前此遺留的諸多問題。按照步驟，第一節的主題是「無限性」。[1]其中，具體包括兩個結論——首先，黑格爾主動區分了潛無限和實無限，並把前者叫做「壞的無限」，持有批判態度，而將後者叫做「真正的無限」，持有肯定態度，進而認為其間存在無法跨越的鴻溝；其次，在黑格爾「正、反、合」的辯證法中，潛無限一般處於「第二環節」或「反題」階段，實無限則作為「第三環節」或在「合題」階段出場。具體而論，下面的概括能夠反映第一節的總

---

[1]　論證的主體部分主要使用黑格爾《邏輯學》「有論」第一部分「規定性（質）」下屬第二章「實有」所包括的「乙、有限」和「丙、無限」中的文本，沒有觸及第二部分「大小（量）」下屬的第二章「定量」所包括的「丙、量的無限」中的內容。後者雖也切題，但按本書思路，它更適於且實屬於第二節的範圍。

體論證結構，可作為一個提綱挈領的「導覽」：

　　（1）分別闡明黑格爾對①「有限」、②「壞的無限」和③「真正的無限」的看法及態度。

　　並且，在（1）中的②這一部分插入（2）黑格爾對潛無限和實無限以及它們之間的悖謬性有所自覺，並把「壞的無限」理解為潛無限，進而區別於實無限。

　　並且，在（1）中的③這一部分插入（3）「壞的無限」是作為「反題」、「第二階段」或「第一層否定」，而「真的無限」則是作為「合題」、「第三階段」或「否定之否定」。

　　（4）闡明黑格爾的其他文本對（1）、（2）和（3）的印證。

　　首先，我們考察黑格爾對「有限」的論述，並以此為切入點，展開之後的話題：

乙、有限

　　（1）某物與他物；它們首先是互不相關的。一個他物同時也是一個直接的實有物，一個某物；否定落在兩者之外。某物是自在地與其為他之有（Sein-Für-Anderes）對立。但是規定性也屬於某物的自在，並且是

　　（2）自在的規定，這種規定也同樣要過渡為狀態（Beschaffenheit），狀態與規定同一，構成內在的同時又是被否定的為他之有，即某物的界限，界限是

（3）某物自身的內在規定，某物因此是有限的。[2]

　　在這一段籠統的論述中，有兩個要點值得注意。第一，「有限」是直接的。這體現為「某物」與「他物」之間的彼此獨立，也就是說，它們都是單個「直接的實有物」，而「否定」則「落在兩者之外」。意思是說，它們都是「肯定自身」而非「否定自身」。故而，此乃「某物」「自在地」與它的「為他之有」相對立。第二，「實有」的言下之意，包含了「某物」的「自在的規定」。更進一步，這種「自在的規定」也要「過渡為狀態」。從而，一方面使「規定」變為「內在的」，另一方面也使「規定」形成「否定的」「為他之有」。這樣就形成了「界限」——「界限就是某物自身的內在規定」。這些論述提示了「有限」與「實無限」類似的品質，例如「規定」和「邊界」等等。性質之間也是有聯繫的，我們可曾記得康德的教導——概念成為自身，在於其「規定」同時構成「界限」。在此意義，潛無限由於排斥邊界就不能充當概念。

　　更進一步的考察有賴於新的文本：

3.有限

　　實有是規定了的；某物卻有一個質，在質中它不僅被規定，而且被界限著；它的質就是它的界限，帶著這種界限，起初它是肯定的、靜止的實有。但是，這種否定發展了，以至某物的實有和作為它的內在界限本身的否定兩者

---

[2]　黑格爾：《邏輯學》上卷，楊一之譯，北京：商務印書館，1996年，第110-111頁。

間的對立就是某物的內在之有，而且這種內在之有因此不過是在某物本身那裡的變；——這樣便構成了有限物。

當我們說事物是有限的，我們的意思是說：它們不僅有規定性，質不僅是實在和自在之有的規定，它們也不僅僅是有界限的，——在界限之外，它們還有實有，——而且還不如說，非有構成它們的本性，它們的有。有有限的事物，但是它們的自身關係卻是使它們否定地自身相關，甚至在這種自身關係中使它們超出自身，超出它們的有。它們有，但是這種有的真理就是它們的終結。有限物不僅像一般某物那樣變化，它並且要消滅。它的消滅僅僅可能的，假如是那樣，它也就可能不消滅。有限的事物的這樣的有，乃是以消滅的種子作為它們的內在之有：它們生時就是它們的死時。

（一）有限的直接性

事物有限性的思想帶來了悲傷，……有限物也當然要是自己流動，它本身卻是註定要終結，而且只是終結；——它倒不如說是拒絕使自己肯定地走向它的肯定物，即無限物，拒絕讓自己和無限物聯繫；……有限事物的規定，除了它們的終結，就再沒有下一步的規定。當知性把非有造成事物的規定時，同時也就是把非有造成是不滅和絕對的了，於是知性就僵化在有限性的悲傷中了。……所以有限性是永恆的。

……但是，說有限物是絕對的，當然任何哲學、觀點、或知性都不願意讓自己承擔這樣的立場；表現在對有限物的主張中的，不如說是明明相反：即有限物是有限制

的，可消滅的；這一點已經直接包括在它的固定性和名詞之內了。但是問題在於是否要停留在有限性的「有」這種觀點上面而可消滅性仍然長存呢？或是可消滅性和消滅也要消滅呢？事實是恰恰在上述觀點中，沒有出現最後一種情形，這種觀點把消滅造成有限物的最後之物了。它明白主張有限物與無限物不相容，也不能聯合，有限物與無限物絕對對立。把有、絕對的有歸於無限物；堅持有限物為無限物的否定者，仍然與無限物對立；有限物與無限物不能聯合，就仍然是絕對的留在自己的方面；有限物從肯定物、無限物取得肯定，於是消滅；但是與無限物的聯合卻被宣布為那是不可能的東西。假如有限物不堅持與無限物對立而消滅，那麼，如前所說，它的消滅正是最後的，不是肯定的，只有消滅的消滅才是肯定的。又假如有限物不再肯定物中消滅，而它的終結被瞭解作無，那麼我們又重回到那個最初的、抽象的無去了，而這個無的本身卻是久已消滅了的。

　　……而且，有限物的發展顯示出有限物在它那裡作為這種矛盾而一齊消融於自身之中，但是在那裡，矛盾也就真正消解了；不僅有限物是可消滅的，是在消滅，而且消滅、無也不是最後的東西，也要消滅。[3]

　　這是黑格爾對「有限」更為詳細的論述。同康德一樣，黑格爾把實無限的「規定」和「某物」的「質」當作「界限」——

---

[3]　黑格爾：《邏輯學》上卷，楊一之譯，北京：商務印書館，1996年，第125-127頁。

「這種有的真理就是它們的終結」。它作為「最後」和完成了的「規定」，使得「有限」本身雖然流動，但也註定「終結」，因此就「沒有下一步的規定」，從而是「絕對」和「永恆」。這些論述都是「有限」與「實無限」的共性。更進一步，它們之間也有差異——「有限」作為「直接」而單純的「否定」，無法自身完滿，不能保存自身，只能歸於「消滅」。黑格爾說，「有限」帶著「界限」，起初是「肯定」而「靜止」的，但是隨後，「否定」發展了。這裡插入一些解釋：前此在對「有限」的籠統論述中，我們曾提到「否定」——「否定落在兩者之外」。意思是說，「某物」和「他物」同時作為「直接」的「實有物」或都作為「有限」，因此「界限」就在它們之間。這個「界限」也是「否定」。一旦超出「界限」，它們的「規定」就不再適用，也即被「否定」，從而「適用之物」轉化為「他物」的「規定」。在此意義，反說「某物」是「有限」之時，須得預設一個地位相等而同樣「有限」的「他物」。「有限」意謂「邊界」和「界限」，而在「界限」之外必定還有別種東西[4]，這就是「他物」。此之謂「界限在兩者之間」和「否定在兩者之外」。回過頭來，黑格爾說這種「否定」發展了。這裡的「否定」不過是在「某物」和「他物」之間劃了「界限」而已——它是單純而「直接」的「否定」。

　　單純的「否定」在黑格爾的體系中沒有積極的意味。因此，黑格爾緊接著說——「以至某物的實有和作為它的內在界限本身

---

[4]　可以聯想前此所提亞里士多德的「此外永有」——「實際上，無限的真正含義很可能和大家說的恰好相反」，無限「不是『此外全無』，而是『此外永有』」（《物理學》，張竹明譯，北京：商務印書館，1982年，第88頁）。雖然亞氏用「此外永有」形容潛無限，但在黑格爾看來，潛無限正是「有限」，此乃後話。

的否定兩者間的對立就是某物的內在之有」。意思是說，「某物的內在之有」是一個「對立」，「對立「的一方是「它的實有」，另一方則是「與它對立的他物的實有」。後者就是「某物」「作為它的內在界限本身的否定」。因為，如上所述，「某物」的「規定」就是後來充當它的「界限」之物，這個「界限」的另一邊則是「他物」的「規定」。所以，對這個「內在界限本身的否定」就正好轉向「它的對立面」或「界限的另一邊」，從而得到「與它對立的他物的實有」。這個現象帶來兩點教導：其一是，這種僅由「對立」而構成的「規定」，本身是空洞的，或謂，這種「規定」會死死依賴這種「對立」，沒有「對立」就沒有它的真理；其二是，由於這種「對立」是固定而僵化的，它便不能繼續發展。具體而論，關於其一，正如黑格爾所說──「非有構成它們的規定性，它們的有」。意思是說，這種「規定」是消極的或倒逼出來的，也即「否定地自身相關」。它不可能遺世獨立從而獲得「完滿」，也並非「自為」。它的內容只是「不是什麼」而非「它是什麼」。關於其二，也如黑格爾所言──「這種有的真理就是它們的終結」。這個「終結」並非實無限意義的「完滿」，而只是單純的「消滅」。粗略地看，「消滅」的意思是──「規定」不來自本身，而來自與其相異的他者。但「規定」的目的就是要區別於他者，因此這個「規定」其實算不上「規定」。所以，黑格爾在最後也說「有限的事物的這樣的有，乃是以消滅的種子作為它們的內在之有：它們生時就是它們的死時」。更進一步，他還談到「事物有限性的思想帶來了悲傷」──這種「悲傷」就在於它陷入了「有」和「非有」的「絕對對立」之中，無法解放自身。因此，知性在這裡變得僵化，「有限」也變得「永恆」。

其後，黑格爾又對「消滅」的具體機制做了詳細的說明。此處的說明對應這樣的問題——「認為有限物是可消滅的」這種觀點究竟主張了「要停留在有限性的『有』上而可消滅性仍然長存」（意思是説，可消滅性作為有限物的一個屬性）還是主張了「可消滅性和消滅本身也要被消滅」。黑格爾認為，首先出現的是前者。因為，它把這種「絕對對立」加給「有限物」和「無限物」，使得它們無法「相容」或「聯合」。因此，所謂「消滅」作為它們的屬性，就意指它們的「規定」從本質上來講是「他為」的，或「為他存在」，故自身也歸於「消滅」。而「消滅」「規定」就意謂和「對立面」一起被「敉平」，但「有限物」和「無限物」之間又不可「聯合」。所以，這導致一個「兩難」——如果堅持這個思路，它就是自我推翻的，因為作為前提的「絕對對立」最終也要「消滅」；而如果「有限物」不被「消滅」，即還是「有」，進而——「它的終結被瞭解作無」（意思是説，由於它和「對立物」的「規定」都被「敉平」，因此「有」變為「無」，變為「純有」和「純無」），如此我們就要「重回到那個最初的、抽象的無去了，而這個無本身卻是久已消滅了的」。「兩難」表明真實的情況屬於後者。按照黑格爾的觀點，「無」不是最後的東西，「無」也要「消滅」，而「消滅」本身也要「消滅」。也就是説，「有限物」終將連同它的「規定」而一同瓦解於自身的「矛盾」中。其中只有糾纏，沒有上升；只有同歸於盡，沒有勝負分明。

其次，我們考察黑格爾對「無限」的論述。其實，上面已然提過「無限」，即作為「有限物」對立面的「無限物」。然其並非「真的無限」，而是「壞的無限」，實質還是「有限」。我們同樣先看黑格爾對「無限」的總體論述：

丙、無限

……但是，無限物並不是這樣一來就已經事實上去掉了局限性和有限性；主要的事是把無限的真概念和壞的無限區別開，把理性的無限和知性的無限區別開。後者是有限化了的無限，它之出現，正是由於無限保持純粹，遠離有限，它只是有限化了。

無限物

（1）在單純規定中，是作為有限物之否定那樣的肯定物；

（2）於是它就在與有限物的相互關係之中，並且是抽象片面的無限物；

（3）某這種無限物和有限物的自身揚棄，作為一個過程，——是真的無限物。[5]

　　黑格爾強調，「無限物」並非開始就擺脫了「局限性」和「有限性」，我們應當區分「壞的無限」（「知性的無限」）和「真的無限」（「無限的真概念」，「理性的無限」）。前者只是「有限化了的無限」，黑格爾說——「它之出現，正是由於無限保持純粹，遠離有限」。因而，「壞的無限」確實不同於「真的無限」，它是「在單純的規定中，作為有限物之否定」、「在與有限物的相互關係之中」和「抽象片面的」等等。這些特徵與「有限物」的特性及其「矛盾」類似。因此，對於「壞的無限」的詳細考察需將「有限」內化其中——

5　　黑格爾：《邏輯學》上卷，楊一之譯，北京：商務印書館，1996年，第134-135頁。

　　無限物的否定的本性，被建立為有的否定，從而是最
初的、直接的否定。無限物以這樣的方式，便帶著與有限
物的對立；有限物，作為他物，仍然同樣是被規定的、實
在的實有，儘管它在自己的自在之有中、即無限物小[6]，
被建立為揚棄了的東西；這個被揚棄了的東西，是非－有
限物，──一種在否定規定性中的有。與有限物對立的，
與有的規定性、實在的領域對立的，是無限物、無規定的
空虛、有限物的彼岸，實有是一個被規定的東西，而無限
物的自在之有，卻並不在它的實有那裡。

　　假如無限物在質方面，與有限物是他物的關係而相
互對立，那麼，它便可以叫做壞的無限物，或知性的無限
物，知性把它當作了最高的、絕對的真理。這裡必須使知
性意識到：由於它以為在真理的調和中得到滿足，它便處
於不可調和的、無法解決的、絕對的矛盾之中，當它要應
用並解釋它的這些範疇時，它便在四面八方陷入必然會起
作用的各種矛盾之中。

　　因為，有限物作為實有，仍然與無限物對立，當前變
立刻有了這種矛盾了；這樣便有了兩種規定性，有兩個世
界，一個無限的世界，一個有限的世界，而在它們的關係
中，無限物只是有限物的界限，因此無限物也只是一個被
規定的、自身有限的無限物。[7]

　　根據黑格爾，「無限物的否定本性」就是「最初的」、「直

---

[6]　此處的「即無限物小」是訛誤，應為「即無限物中」。

[7]　黑格爾：《邏輯學》上卷，楊一之譯，北京：商務印書館，1996年，第
　　137-138頁。

接的」和「有的」「否定」，也即「有限物的否定」。因此，事情可以對應「有限」中的「否定落在兩者之外」，或者「若超出了有限的界限，其規定性便不再適用」。不同的是，之前我們是站在「有限物」的角度，把「無限物」當作「他物」，當作「界限」對面的東西；現在則站在「無限物」的角度，把「有限物」當作「他物」。在此，可以看出黑格爾把「壞的無限」稱為「有限化了的無限」的用意，即它和「有限」別無二致，只是在矛盾對立中換了位置或改了視角而已。所以，黑格爾也說「無限物以這樣的方式，便帶著與有限物的對立」──「有限物，作為他物」。另外，「壞的無限」作為改裝了的「有限」，也屬於單純的「否定」。由於它只是「有限物」的「他物」，因此「規定性」就是「非－有限物」。這僅是一個名稱，它是「空洞」的，實質的內容仍是「有限」──「無限物的空虛」和「有限物的彼岸」。結合前此的分析，這種單純的「否定」也同時意味著「在這個對立中沒有真理」和「規定性僵化而不能發展」。如此帶來的後果，在「有限物」那裡體現為其本身的「消滅」，在「無限物」這裡則體現為「永恆的循環」。前者的原因在於，「有限物」本身作為「肯定物」要尋求自身的「規定」，但卻發現它只能是「空洞」的，故連其本身也要「消滅」；後者的原因在於，「無限物」本質上是「有限物」的對立關係，也就是說，沒有獨屬自身的本質，故而自己的「規定」也只能是「空無」，它以對立的方式來尋求自身，既不可能達到「終點」，也不可能「完成」，便淪為「永恆的循環」。因此，黑格爾說，「**它以為在真理的調和中得到滿足，它便處於不可調和的、無法解決的、絕對的矛盾之中**」。

　　總而言之，「壞的無限」是「有限」的對立面。因此，一方

面「有限」的特性可對稱地轉到它的身上，另一方面由於其自身的局限，在本質上也只能作為「有限」來理解。此類格局正如黑格爾最後所言：「這樣便有了兩種規定性，有兩個世界，一個無限的世界，一個有限的世界。」但它們歸根結柢還是同一事物，還只是同一「世界」：在這個「世界」中，「有限」是「無限」的「界限」，「無限」是「有限」的「界限」，因此所謂「無限」只是一個自身「有限」之物。在此意義，前此對「有限」的分析不僅「輔助」，更實際地「作為」我們對「壞的無限」的理解。

　　這個理解中的一部分需要強調。那就是「壞的無限」屬於潛無限，而非實無限——

　　　　由於無限物和有限物之不可分離（或者說，因為站在自己方面的無限物，本身也被限制），便發生了界限；無限物消失了，它的他物、即有限物，出現了。有限物這樣的出現，對於無限物說來，好像是一椿外在的事件，而新的界限，既不是從無限物自身發生的，便像是臨時找到的。這樣便是又回到以前徒然揚棄過的規定去了。但是這個新界限，本身也只是一個有待於揚棄，或者說，有待於超出的東西。於是又發生了空虛、無，在其中也同樣可以遇到那種規定性，即一個新的界限，——如此等等以至無限。

　　　　這裡呈現了有限物和無限物的相互規定。……

　　　　這個既否定自身，又否定其否定的相互規定，出現為到無限中的進展，它在許多形態和應用中，都被認為是最後的東西，再也沒有什麼可以超出它之上，而是一旦到了那個「如此等等以至無限」，思想便也往往走到了盡

頭。……因此，這個進展是未解決的矛盾，而且總是顯示出當前有矛盾。

　　……這個超越自身不曾被超越。當前的是無限物，當然它也要被超過，因為一個新的界限將要建立起來，但這樣恰恰反而是轉回到有限物去。這種壞的無限性，本身就與那長久的應當是同一的東西；它誠然是有限物的否定，但是它不能夠真正從有限物那裡解放自己；有限物又在無限本身那裡出現為無限的他物，因為這個無限物只是在與它的他物，即有限物的關係中。到無限的進展因此只是重複的單調，是有限物與無限物使人厭倦的、老一套的交替。[8]

　　其中，諸如「有限物和無限物的相互規定」和「這個進展是未解決的矛盾」等說法都是舊知識。與之對應，黑格爾也有新提法──「如此等等以至無限」。其指的便是「有限物」與「無限物」對立的「永恆循環」，也即潛無限：這個循環沒有作為終結的「界限」，每一個「新界限」都有待「揚棄」，因而它便不可能完成，只能在「有限」與「無限」之間不停「轉換」。這種「轉換」只是「單純的重複」，用黑格爾的話講──「重複的單調」，故其只是「使人厭倦的、老一套的交替」。它在理論上沒什麼錯誤，只是太無聊了，變得毫無用處。因此，所謂「如此等等以至無限」通常只是說得好聽。實際的情況是，往往只有「如此等等」，而沒能夠「以至無限」。潛無限的序列在原地反復打

---

[8]　黑格爾：《邏輯學》上卷，楊一之譯，北京：商務印書館，1996年，第140-141頁。

轉，貌似已成「無限」，實際仍屬「有限」，故而它是「壞的無限」。黑格爾說：「出現為到無限中的進展，它在許多形態和應用中，都被認為是最後的東西，再也沒有什麼可以超出它之上，而是一旦到了那個『如此等等以至無限』，思想便也往往走到了盡頭。」這些說法作為對恩格斯的批判，一語中的。「無限的進展」停滯了，它並無果實，只是進展且永遠都還在進展。思想到這裡就走到了盡頭，再也想不出新的花樣。[9]

---

[9]　以上論述雖然屬於我們對黑格爾的詮釋，但黑格爾對此也是自覺的。補充《哲學史講演錄》的印證，可使其更完備地展現。在《哲學史講演錄》中，黑格爾曾對芝諾的辯證法展開長篇大論。其中，可為我們所用的只有第一個要點，即黑格爾對芝諾「運動沒有真理性，因為運動者在達到目標以前必須走過空間的一半」這個觀點的評論：

「在這裡我們看見[壞的]無限[或純現象]初次出現了，在它的矛盾裡發展了。……但這樣一來，連續性的限度又沒有建立起來，那一半還是連續性，如此遞進，以至無窮。一提到『進到無窮』，我們就想像著一個『他界』，這是不能企及的，外在於表象，而為表象所達不到。那是一個無窮的向外馳逐，但卻呈現在概念裡——一種向外馳逐，有一個相反的規定到另一相反地規定，由連續性到否定性，由否定性到連續性；兩者皆呈現在我們前面。這種無窮進程的兩個環節中的一個環節，可以被肯定為主要的一面。現在芝諾首先這樣假定了這種連續的無窮進程，以致有限的空間終究是不能達到的，既然有限的空間不能達到，因此就只有連續性了；換句話說，芝諾肯定了有限空間中的無窮進程。」（黑格爾：《哲學史講演錄》第一卷，賀麟、王太慶等譯，北京：商務印書館，1959年，第313-314頁）

黑格爾說，「壞的無限」在芝諾這裡出現了，並在它的「矛盾」裡發展了。芝諾命題大意是，要通過一段空間，只能先通過其一半，要通過這一半，又只能先通過一半的一半——「如此等等，以至無窮」（本書上篇第三章第三節所引《斯賓諾莎書信集》的文本也談及此事）。在此，「以至無窮」就等於「如此等等以至無限」。聯繫上篇的分析，這種無限的「可分」也明顯指向潛無限。黑格爾說芝諾描繪的「進到

無窮」雖總想像一個「他界」，但總無法企及。它是無窮的「向外弛逐」，但這個「向外弛逐」在概念裡總是於「連續」和「否定」中來回打轉——想要「達到」這一段空間，而它又先被「分成」一半；想要「達到」這一半，而這一半又也先被「分成」一半：「達到」和「分成」的循環就永遠這樣重複。重複的未來還是重複——「龍生龍，鳳生鳳，老鼠生兒會打洞」。這種「對立」只是「單純」的——「兩者皆呈現在我們前面。這種無窮進程的兩個環節中的一個環節，可以被肯定為主要的一面」，聯繫對黑格爾的分析，「主要的一面」同時是「非主要的一面」，「非主要的一面」也同時是「主要的一面」。因此，這段話是黑格爾對芝諾命題的複述，它指出芝諾主張了有限空間的無窮進程，也表明了這個進程由於陷入了永恆循環，而「終究是不能達到的」。

黑格爾對芝諾的論述加上下面這段對「亞里士多德態度」的評論之後，就變為自覺的——

「對芝諾的矛盾，亞里士多德的一般解答是：空間與時間並不是無窮分割了的，而只是可以分割的。但是既然時空是（潛在地，不是實在地）分割的，似乎他們也就應該是實際上無窮分割了的；因為若不然，它們就不能被分割至無窮；——這是表象的看法[於反駁亞里士多德的解答時]的一般的答覆。因此貝爾（Bayle）說亞里士多德的解答是『可憐的』：『承認這個學說是正確的實無異於對世界開玩笑；因為如果物質是可以無限分割的，則它必包含有無線數目的部分。那麼它就不是一種潛在的無限，而是一種實在地、實際地存在的無限。……我相信亞里士多德不會否認：如果在一寸長的物質上畫了無數條線，也就是作出了一種分割，把那種照他所說只是潛在的無限變成實際的無限。』這個『如果』真好！」（黑格爾：《哲學史講演錄》第一卷，賀麟、王太慶等譯，北京：商務印書館，1959年，第314-315頁）

黑格爾在此直接使用了亞氏「潛在」和「實在」（「現實」）的術語，清楚地把「可以分割」的無限歸類到潛無限，把已經「無窮分割了的」無限確定為實無限。進而認為，亞氏在芝諾問題上存在雙重主張，即時間和空間既是潛無限又是實無限——這是悖謬。黑格爾借助貝爾之口表明該解答是「可憐的」。相反，黑格爾認為潛無限和實無限之間存在根本歧異、無法調和——「如果物質是可以無限分割的，則它必包含有

　　而「真的無限」屬於實無限，它不可能通過潛無限的單純重複進而達成。也就是説，它不可能與「壞的無限」等同，而是將其「否定」：

　　　　由於有限物和無限物兩者自身都是進展的環節，它們便同是有限物；由於它們同在進展中和結果中被否定，所以這個結果是兩者的有限性的否定，真正可以叫做無限物。……正如無限物事實上是當前現有的，它也同樣是過程，在過程中，無限物把自己降低為只是自己的規定之一，與有限物對立，從而本身也只是有限物之一，並且又

無限數目的部分。那麼它就不是一種潛在的無限，而是一種實在地、實際地存在的無限」。最後，黑格爾總結説：「我相信亞里士多德不會否認：如果在一寸長的物質上畫了無數條線，也就是作出了一種分割，把那種照他所説只是潛在的無限變成實際的無限。」對企圖「通過潛無限達到實無限」的做法，黑格爾也給出了評論──「這個『如果』真好！」意思是説，這個願望不可能實現。
綜上所述，我們可得三點結論：第一，黑格爾把芝諾意義的「無限」理解為潛無限，認為它的遞進不可能完成；第二，黑格爾自覺了「壞的無限」就是潛無限；第三，黑格爾自覺了潛無限和實無限的差異，認為前者不可能靠單純的重複而達到後者。
最後，回到對「無限一般」的界説，黑格爾後面的話能作為恰當的結束語：「從哲學看來，單純的概念、普遍，乃是無限性的或純粹現象的單純本質，──無限性就是純概念的運動。可分性、可能性[即潛在性]是普遍；它既是連續性也是否定性，『點』在這裡面被假定了，但只是作為其中的環節，而不是作為自在有為的存在。我能對物質作無限分割，但也只是『我能』罷了；我並不實際地對物質作無限分割。正因為無限者的性質是這樣，所以它的環節沒有一個是具有實在性的。」（黑格爾：《哲學史講演錄》第一卷，賀麟、王太慶等譯，北京：商務印書館，1959年，第314-315頁）

　　　將與它自己的這種區別自行揚棄而達到肯定，由於這種中
介便成了真的無限物。[10]

　　這一段話中，「有限物和無限物兩者都是進展的環節，
它們便同是有限物」一句所論的「無限物」顯然指「壞的無
限」，也即「無限的進展」。黑格爾認為，它們在進展中被一
同「否定」，就成為「真的無限」。這裡的「否定」不是「單
純的否定」，而是「揚棄」。也就是說，「真的無限」以「揚
棄」「有限物」與「無限物」的對立關係為前提，是在它們彼此
「否定」之基礎上的又一「否定」，或謂「否定」了它們的互相
「否定」。也就是說，構成「否定之否定」。在此意義，潛無限
（「無限的進展」）本身，也要作為「環節」——

　　　　這種無限物，作為轉回到自身的有，作為自身關係，
　　　是有，但不是無規定的，抽象的有，因為它被建立為否
　　　定，正在進行否定；所以它也是實有，因為它包含了一般
　　　否定，也就包含了規定性。它有，並且實有，現在有，當
　　　前有。壞的無限物只是彼岸，因為它只是作為實在地建立
　　　起來的有限物之否定，所以它是抽象的，第一次的否定；

---

[10] 黑格爾：《邏輯學》上卷，楊一之譯，北京：商務印書館，1996年，第
148頁。另外，其中省略的部分能夠作為前此論述的總結：「所以它們的
區別是兩者都具有雙重意義。有限物的雙重意義是：第一，有限物僅僅
就與它對立的無限物而言，是有限物，第二，它既是有限物，同時又是
與它對立的無限物。無限物也有雙重意義，一是無限物為那兩個環節的
一個，——這樣就是壞的無限物，——再就是這樣的無限物，在其中無
限物自身和它的他物兩者都只是環節。」

他只是被否定地規定了，其中沒有實有的肯定；它被固定
為只是否定物，甚至就不應當實有，──而應當是不可能
達到的。不可能達到，不是它的高超之處，而是缺憾。這
種缺憾的最後依據在於固執有限物本身是有的。不可能達
到的東西便是不真；必須懂得這樣的無限物是不真的。到
無限的進展，其形象是一條直線，在直線的兩端只是無限
物，而且永遠是在直線──直線是一個實有──所不在的
地方，直線超越了，到了它的非實有，即是到了不被規定
的東西之中；至於返回到自身的真的無限，其形象是一個
圓，它是一條達到了自身的線，是封閉的，完全現在的，
沒有起點和終點。

　　所以真無限，一般說來，作為實有，作為與抽象否定
對立的肯定實有，比以前單純規定的實在，是較高意義的
實在；這裡它包含著具體的內容。[11]

　「真的無限」是「回轉到自身的有」。說它「有」，表明
它已然回復了初始關於「有限」的論述──「有」是辯證法的第
一環節；說它「回轉到自身」，則表明這個「有」並非「直接」
的，而是經「揚棄」了的，把「有限物」和「無限物」一同當作
「環節」而「否定」了的「有」。這構成「回環」。如此，「真
的無限」獲得了自身的「規定」，這個「規定」不會重演先前的
命運，既不空洞也不抽象。它不是作為「壞的無限」，從而只是
「彼岸」──「壞的無限」看似也有自己的「規定」，實際只是

---

[11]　黑格爾：《邏輯學》上卷，楊一之譯，北京：商務印書館，1996年，第
　　149頁。

消極的和倒逼的。黑格爾說，此乃它的缺憾——「固執有限物本身是有的」。所謂「固執」，意謂永久遊蕩在循環中而不能自拔，無法達至「邊界」與「終點」——「不可能達到的東西便是不真」。在此意義，黑格爾稱之為「假的無限」，也即「有限」。「無限的進展」彷彿直線，兩端都是「無限物」（無限延伸），但「無限」並不真「在」直線上——這是幻想，不是「實有」。[12]相反，直線本身倒是「實有」，是一個「有限」。其中，每一點都「同質」地「有限」。在連綿不斷的序列中，哪怕再多的前後相繼，無數的綜合，都不能達到「真的無限」。正如，無限多個西瓜排隊，也是西瓜，不可能變為「異質」的哈密瓜——這說明西瓜自身是「有限」的。[13]

---

[12] 可參黑格爾：「它只是在繼續展開中或在展開一個多項式中重複而已，所以它通過增多了的項對於普遍性絲毫沒有贏得什麼。已經談到過壞的無限及其幻影；概念的普遍性是達到了的彼岸；但那個無限當它始終是單純無限進展時，它就始終帶著一個達不到的彼岸。假如在普遍性那裡，心目中只浮現著全，這種普遍性又應該窮盡於作為個別物那樣的個別物之中，那就是倒退到那個壞的無限裡去了；或者說，那只是把多當作了全了。」（黑格爾：《邏輯學》下卷，楊一之譯，北京：商務印書館，1976年，第321頁）

[13] 可參黑格爾：「所以可能性是無對比的、不規定的、總包一切的儲藏者。——就這種形式的可能性意義上說，一切不自相矛盾的東西，都是可能的；可能性的王國因此是無邊無際、花樣繁多的。但每一個多樣性的東西都是在自身中和對其他多樣的東西而被規定的，並且在自身中具有否定；總之，漠不相關的差異過渡為對立；但對立就是矛盾。因此，一切事物都同樣是一個矛盾的東西，因此也都是不可能的東西。——這句關於某物的純形式的話，——它是可能的，——因此也和矛盾命題和在這命題中所容納的任何內容，同樣膚淺而空洞。……什麼也沒有說出。」（《邏輯學》下卷，楊一之譯，北京：商務印書館，1976年，第195頁）

　　更進一步，「壞的無限」只是「有限」的第一層「否定」，是它的「彼岸」和「對立」；「真的無限」則是「否定之否定」和「回環」。黑格爾也說：「返回到自身的真的無限，其形象是一個圓，它是一條達到了自身的線，是封閉的，完全現在的，沒有起點和終點。」其實，與其說它無始無終，不如說它亦始亦終——其作為「封閉」的「回環」（「圓」），是比單純「規定」更高意義的存在。這種通過返回自身從而在內涵上變得豐富的做法，就是尋回了本己該有的「規定」，明確了自己的「界限」。我們發現，黑格爾在此改變了「無限」的含義，它不再是漫無邊界地擴張，而是對自身「界限」持有自覺——如此，便不會主動「越界」，從而「碰壁」，故而也是「自由無界」的。這個道理，以孔子所言「從心所欲，不逾矩」[14]來形容，最為貼切。因此，「真的無限」並非能夠獨自完成無窮的神奇力量，只是對自身「規定」的真正自覺。[15]這種自覺，在「自為」的意義

---

[14]　《論語・為政》，載於程樹德：《論語集釋》，程俊英、蔣見元點校，北京：中華書局，1990年，第76頁。

[15]　可參黑格爾：「當我以一個思想作為思考的對象時，我便是在我自己的本身內。因此，我、思維，是無限的。因為，當我思維時，我便與一個對象發生關係，而對象就是我自己本身。一般將來，對象就是我的對方，我的否定者。但當思維思維它自己本身時，則思維的對象同時已不是對象了。換言之，此對象的客觀外在性已變成被揚棄了的、觀念性的東西了。因此，純粹思維本身是沒有限制的。思維是有限的，只有當它停留在有限的規定裡，並且認這些有限規定為究竟至極的東西。反之，無限的或思辨的思維，一方面同樣是有規定的，但另一方面即在規定和限制過程中就揚棄了規定和限制的缺陷。所以無限並不似通常所想像的那樣，被看成一種抽象的往外伸張和無窮的往外伸張，而是即如上面所說的那樣簡單的方式。」（《小邏輯》，賀麟譯，北京：商務印書館，1980年，第97頁）

上稱作「無限」——它不受外物的限制，其內容源自自身；它是自身「規定」自身，而非簡單將「他物」的「規定」加以反轉，來充當自身的「規定」。[16]因此，與「假的無限」不同，此

這段話出自《小邏輯》，主要的論述對象是思維的無限性。據以亞氏的教導，只有包含了「目的」的活動才是「現實」，否則就只是「運動」。具體而言，後者包括「減肥」、「學習」、「行走」和「造屋」等，它們不含有自身的「目的」，也不「完滿」——「減肥」並不同時減完，「學習」並不同時學會，「行走」並不同時走到，「造屋」也並不同時造好；前者的例子則是「思想」——「思想」和「已經想過了」是同一回事，故而它包含自身的「目的」也是「圓滿」和「現實」的實無限。黑格爾在此提到——「當我以一個思想作為思考的對象時，我便是在我自己的本身內」，意思正與亞氏相似。黑格爾認為，正是思維的此類特性，使得「我、思維，是無限的」。因為，「我」思維時，「我」就與思維對象發生關係，而對象又同時是「我」本身（與笛卡爾的「我思」是同構的）。這便形成一個「回環」或「圓圈」，並且同時——「對象的客觀外在性已變成揚棄了的、觀念性的東西了」，意思是說，思維「自身設限」，也自身含括「目的」與「終結」。此類實無限正是黑格爾所謂「真的無限」——「純粹思維本身是沒有限制的」。它一方面有「規定」，另一方面又揚棄「規定」和「限制」，不再「為他」、「消極」、「空洞」且「倒逼」。最後，黑格爾也說，「無限並不似通常所想像的那樣，被看成一種抽象的往外伸張和無窮的往外伸張」（正是亞氏「此外永有」的講法）。其中，「抽象的和無窮的往外伸張」顯然指「壞的無限」或潛無限。黑格爾否認並批判這種「無限」，認為它走了歧路，沒有揭示「無限」真正的應有之義。

[16] 對此，伽達默爾曾說到：「人們整個地直至一切方面都從事其職業活動。但這也包括人們克服那種對他們作為人的特殊性來說是生疏的東西。因此熱衷於職業普遍性的活動同時『就知道限制自身，這就是說，使其職業完全地成為他自己的事情。這樣一來，職業對他來說就不是一種限制』。在黑格爾對實踐性教化的這種描述中，我們已經認識到歷史性精神的基本規定，即自己與自己本身和解，在他物中認識自己本身。」（《真理與方法》，洪漢鼎譯，北京：商務印書館，2010年，第25頁）

乃「積極」而非「消極」的。在此意義，「真的無限」就是辯證法的「第三環節」，是「合題」或「否定之否定」，這是對「第一環節」的上升和發展。「有限」的「規定」是「直接」的，而「真的無限」的「規定」則是「圓滿」的——它是「終結」與「完成」，從而自為地劃出自身之「界限」。也就是說，它是實無限。

　　綜上所述，以上對「有限」、「壞的無限」和「真的無限」的界說表明：黑格爾認為潛無限是「壞的無限」，它處於辯證法的「第二階段」即「反題」的階段，對之應持批判態度；實無限則是「真的無限」，它是辯證法的「第三階段」即「合題」的階段，也是「揚棄」和「否定之否定」，是事物對自身「規定」的自覺。並且，正如潛無限和實無限之間存在不可逾越的鴻溝，黑格爾亦認為「壞的無限」不可能經由連綿而變為「真的無限」，前者的本質是「有限」，除了永恆「重複」之外，什麼也得不到。

第二節
質量變

　　有過第一節的鋪墊，此處的任務就輕鬆了許多。本節的使命在於，闡明黑格爾把「量變」看作「量的無限進展」，進而屬於「壞的無限」，也即潛無限；而把「質變」看作「真的無限」，也即實無限。正如「壞的無限」只是單純重複，「量的無限進展」本身也不可能通達「質變」——「質變」需要以「比例」為中介，而這屬於實無限，與潛無限無關。

　　首先，請看黑格爾對「量的無限進展」的論述：

　　　　量的有限物，在自身那裡與自身的關係，卻是在它的

無限物那裡；它在無限物那裡，有它的絕對規定性。它的這種關係，首先表現了量的無限進展。

2.量的無限進展

無限進展，一般說來，是矛盾的表現，而這裡則是量的有限物或一般定量所含矛盾的表現。這種進展是有限物和無限物在質的範圍內曾經考察過的相互規定；……

不過，無限進展只是這種矛盾的表現，不是這種矛盾的解決；但是由於從一個規定性連續到另一規定性的緣故，無限進展以這樣兩個規定性的聯合，導致了一個似是而非的解決。正如無限進展首先被建立起來那樣，它只是無限物的課題，並不是無限物的達成；它是無限物的不斷產生，而沒有超出定量本身，並且這個無限物也不會變成肯定的、當前現在的東西。

……

這種無限性，作為有限物的彼岸而被牢固地規定了，它應該被稱為壞的量的無限性。它和質的壞的無限性一樣，從長在的矛盾的一環到另一環，從界限到界限的非有，又從這個非有回到同樣的東西——即又回到界限，這樣不斷地往返交替。在量的進展中，那個向著這種進展而前進的東西，固然不是一般的抽象的他物，而是不同的，建立起來定量；但是它卻以同樣的方式，與它的否定對立。因此，進展也同樣不是什麼前進和進展，而是建立、揚棄、在建立、再揚棄的循環往復，是否定物的軟弱無力；它所揚棄的東西，由於它的揚棄，又作為連續的東西回來了。兩件事物是這樣連接起來的，即它們絕對彼此逃

避開，並且因為彼此逃避開而不能分離，卻在彼此逃避開之中聯結起來了。[17]

在「量的無限進展」這個標題前面，黑格爾談到「量的有限物」——與前此的「有限物」一樣，「量的有限物」「在自身那裡與自身的關係」，也同樣「在它的無限物那裡」。意思是說，「量的有限物」之「規定」同樣也是消極的、從其對立面而來的。並且，正如「有限物」和「無限物」的關係最終表現為「無限的進展」，「量的有限物」和「量的無限物」之間的關係，也表現為「量的無限進展」。進而，黑格爾說，在這裡「量的無限進展」也是「矛盾」的表現，「是有限物和無限物在質的範圍內曾經考察過的相互規定」。更進一步，黑格爾說這種「量的無限進展……只是這種矛盾的表現，不是這種矛盾的解決」。也就是說，「量的無限進展」和「壞的無限」一樣，只是似是而非的解決，從未真正達至「無限」，而還停留在「有限」——「它只是無限物的課題，並不是無限物的達成；它是無限物的不斷產生，而沒有超出定量本身。並且這個無限物也不會變成肯定的、當前現在的東西」。因此，「量的無限進展」本質就是潛無限的無聊重複，其中的一切只是「同質」地積累或疊加，而沒有任何「方向」、「結構」或「價值」的進步。正如黑格爾說，「進展也同樣不是什麼前進和進展，而是建立、揚棄、在建立、再揚棄的循環往復，是否定物的軟弱無力」。這種「軟弱無力」不可能導致質變，只能陷入對立的糾纏之中。[18]

---

[17] 黑格爾：《邏輯學》上卷，楊一之譯，北京：商務印書館，1996年，第243-245頁。

[18] 可參黑格爾：「這意思是說，真的無限性不可視為一種純粹在有限事物

綜上所述，「量的無限進展」就是「壞的無限」。後者所有的性質——不論是「相繼」、「重複」、「無聊」還是「循環」，前者都同樣擁有。它們皆屬辯證法的「第二階段」，即第一次「否定」的階段，而絕非「否定之否定」的第三階段。[19]

因而，從「量的無限進展」跨越到「質變」必須經由別樣的中介。黑格爾在《小邏輯》中的話能作為過渡的提示——「無限的量的進展正是同一個矛盾之無意義的重複，這種矛盾就是一般的定量，在定量的規定性發揮出來時就是程度」[20]。「程度」是《小邏輯》概述「質量變原理」所獨有的概念。[21]根據上篇的論述，「程度」與潛無限是格格不入的，它屬於實無限。同樣，《邏輯學》的「質變」也只能經由「比例（比率）」來達到，它是實無限——

> 　　定量這樣在它的外在性中作為漠不相關的界限而與自身相關，於是便在質的方面被建立起來，這就是量的比率。——在比率中，定量是外在於自身的，與自己不同的；它的這種外在性是一個定量對另一定量的關係，每一

彼岸的東西，我們想獲得對於真的無限的意識，就必須放棄那種無限進展。」（《小邏輯》，賀麟譯，北京：商務印書館，1980年，第230頁）

[19] 可參黑格爾：「量的東西固然是揚棄了的直接規定性，但卻是不完全的，才是第一次的否定，不是無限的否定，不是否定之否定。」（《邏輯學》上卷，楊一之譯，北京：商務印書館，1996年，第243-245頁）

[20] 黑格爾：《小邏輯》，賀麟譯，北京：商務印書館，1980年，第228頁。

[21] 參見黑格爾：「限度與定量本身的全體的同一的。限度自身作為多重的，是外延的量[或廣量]，但限度自身作為簡單的規定性，是內涵之量[或深量]或程度。」（《小邏輯》，賀麟譯，北京：商務印書館，1980年，第225頁）

定量都只是在與它的他物的關係中才有價值；這種關係構
成定量的規定性，定量就是這樣的統一體。定量在那裡所
具有的，不是漠不相關的規定，而是質的規定，它在它的
這種外在性中回復到自身，在這種外在性中，定量就是它
之所以是定量的東西。[22]

根據黑格爾，「定量」倘若從「外在性」方面來考察，它就
「作為漠不相關的界限而與自身相關」。如果從「質的方面」看，
它就建立起了「量的比率」。因為，雖然「定量」在「比率」中仍
外在於自身，但這種「外在性」的本質是一個「定量」對另一個
「定量」的（「比率」）關係，故每個「定量」的「規定」只有融
入到這個（「比率」的）「統一體」中才能獲得價值。如此一來，
「定量」所具有的「規定」就不再漠不相關，它變為「質的規
定」。並且，黑格爾說如此定量就「在它的這種外在性中回復到
自身」。意思是說，這種「量的比率」就作為「回環」而處於辯
證法的「第三階段」，也就意味著「否定之否定」或者「自為」
——「在這種外在性中，定量就是它之所以是定量的東西」。

更進一步，關於「量的比率」的機制說明，則展現在這段文
本中：

> 無限系列中現實當前的那種不精密，在真的數學無限
> 裡卻只是表面現象。這兩類數學的無限，和兩類哲學的無
> 限意義，絕不可以混淆。

---

[22] 黑格爾：《邏輯學》上卷，楊一之譯，北京：商務印書館，1996年，第
260頁。

　　……

　　這兩者的區別所在，較確切地說，就是：在無限系
列中，否定物是在它的各項之外的，這些項僅僅由於被當
作數目的部分而當前現在。與此相反，有限的表現形式
是一個比率，否定物在這個形式中，作為比率兩端的互相
規定，是內在的，這個規定回歸到自己，是自身相關的統
一，是否定之否定（比率兩端都是環節），於是，在自身
中也就有了無限性的規定。——這樣，尋常所謂總和，如
2/7或1/1-a，事實上就是一個比率，而這個所謂有限的表
現形式就是真的無限的表現形式。[23]

　　黑格爾以數學中的「無限」為例，談到「在無限系列中，
否定物是在它的各項之外的」。正如在「有限」那裡「否定落在
兩者之外」一樣，無限系列的各項被當作「數目」來理解，構成
「加法」的模式——這個序列的延展方式是不斷補充新的個體，
不斷在其後一個接一個地相加，而被加的諸項之間則彼此外在。
但在「量的比率」中，情況卻不是這樣——「否定物在這個形式
中，作為比率兩端的互相規定，是內在的，這個規定回歸到自
己，是自身相關的統一，是否定之否定（比率兩端都是環節），
於是，在自身中也就有了無限性的規定」。這是「除法」的模
式。它不再是無窮延長，而是彷彿繞著中心運動。根據黑格爾，
這個中心的兩端都是相互規定並彼此內在的環節，它們共同指向
中心，這是自己「回歸到自己」、「自身相關的統一」和「否定

---

[23]　黑格爾：《邏輯學》上卷，楊一之譯，北京：商務印書館，1996年，第
　　　268-269頁。

之否定」。如此，它在自身之中就有了「無限」的「規定」。這
種「無限」的「規定」並非潛無限的「多」，而是「一」，是向
中心匯聚的「一」。它是有「邊界」的，因而似乎「有限」。
但事實上，「這個所謂有限的表現形式就是真的無限的表現形
式」。「量的比率」和「真的無限」一樣，是對「有限」的「揚
棄」和「否定之否定」，從而以「邊界」的形態囊括了「無限」
的「規定」。因此，「量的比率」是實無限，「它被建立為現實
地無限的」[24]。

　　以上是對「量的比率」的宏觀考察。除此之外，它也可以變
得微觀——黑格爾不僅舉出諸如2/7或1/1-a的實例來輔助理解，
也曾通過2：4等例子來說明問題。[25]具體而言，這個「比例」
（「比率」）雖然包含2和4這兩個數字，但是它們直接的值並非
此處的主題。真正的主題是它們彼此間的聯繫，即這個「比例」
本身。「比例」本身與2和4無關，它可以被替換為3：6，4：8，
和5：10等等，如此以至無限。就「比例」的兩項而言，各有一
個潛無限的序列，即一個在數字上無窮延展的「多」。但它們也

---

[24] 參見黑格爾：「在這個無限概念中，定量真的成了一個質的實有；它被
　　建立為現實地無限的。」（《邏輯學》上卷，楊一之譯，北京：商務印
　　書館，1996年，第275頁）

[25] 參見黑格爾：「譬如以2：4為例，這裡我們便有兩個數，我們所尋求的
　　不是它們的直接的值，而只是這兩個數彼此間相互的聯繫。但這兩項的
　　聯繫（比例的指數）本身就是一數，這數與比例的兩項區別，在於此數
　　（指數）一變，則兩項的比例即隨之而變，反之，兩項雖變，其比例卻
　　不受影響，而且只要指數不變，則兩項的比例不變。因此，我們可以用
　　3：6代替2：4，而不改變兩者的比例，因為在兩個例子中，指數2仍然
　　是一樣的。」（《小邏輯》，賀麟譯，北京：商務印書館，1980年，第
　　232-233頁）

是「一」，因為，不論兩項如何變化，或無窮列舉，「比例」的「值」（「指數」）都不會改變，不論是4：8還是5：10，「值」都是不變的2。它是內在的，而兩項是外在的。如果它自身改變了，那麼「質的規定」就要發生改變。例如，「比例」的「指數」不再是2，而變為3，那麼4：8就不能再作為它的兩項，而必須替換為諸如3：9和6：18等等。也即黑格爾所言──「這兩項的聯繫（比例的指數）本身就是一數，這數與比例的兩項區別，在於此數（指數）一變，則兩項的比例即隨之而變，反之，兩項雖變，其比例卻不受影響，而且只要指數不變，則兩項的比例不變」。在此意義，作為「比例」的「值」的自身「規定」，就是「真的無限」或「質的變化」，它顯然是實無限。在此，「量變引起質變」的謎底也已揭開──「質變」並非由於「量的無限進展」才得以可能，它不會從潛無限中神祕地誕生，而必須經過「比例」。「比例」的兩項雖是無窮列舉的，但「比例」的主題不在於此。它的主題是本有的（從一開始便是實無限），而不是後來經由別物變成的。因為，哪怕只舉「比例」的一個兩項，例如3：6，也能明白它的「值」就是2。也就是說，已得實現之物的自身規定（「質」）既然是本有的，便是當下已「完成」的。它並非憑空的創造，而是一個揭示、演歷和展現的過程。因此，這種實無限不可能如恩格斯所預設的那般存在於「未來」，而只屬於「過去」。這好比採礦，礦石是本來已「完成」和存在於地下的，人們將其挖出，儘管此前並未看到，甚至並不知道此處有礦，但這並不表明採礦是一個從無到有的過程，也即不能說礦石是挖掘者的創造，彷彿其本來沒有一樣──這是「發現」，而非「發明」。這就是當下的、已「完成」的實無限。而存在于未來的實無限，無法從這個原理中合理地推導。

綜上所述，「質量變原理」的核心是「比例」。[26]其中，

---

[26] 同樣的道理可有許多表現形式，除了直言比例的表達，也有枚舉實例的說法。在此茲舉兩例。

其一：「反之，量的性質便與存在相外在，量之多少並不影響到存在。譬如，一所房子，仍然是一所房子，無論大一點或小一點。同樣，紅色仍然是紅色，不論深一點或淺一點。……不過這種『不影響』同時也是有限度的。通過更加增多，或更加減少，就會超出這種限度，從而那些事物就會停止其為那些事物。」（黑格爾：《小邏輯》，賀麟譯，北京：商務印書館，1980年，第188頁）

這段話表明「量」的性質就其本身而言是與存在相互「外在」的。也就是說，「比例」的兩項和「比例」本身是相互外在的——不管是10除以5還是8除以4，「比例」的「值」都「是」不變的2。因此，房子就是房子，不論是五十平方米還是一百平方米；森林就是森林，不論是一公頃還是五公頃。但是，此類變化並非漫無邊際，而是有自身的「邊界」。這個「邊界」在恩格斯那裡叫做「極限」，在黑格爾這裡叫做「限度」——「這種『不影響』同時也是有限度的」。根據前此的分析，它指的就是實無限的「邊界」，也同時是自身「規定」的「界限」，或「質的界限」。這種「界限」並非潛無限創造的，而是本有的，它凝固在事物的本質「規定」當中。

其二：「因此一方面定在的量的規定可以改變，而不致影響它的質，但同時另一方面這種不影響質的量之增減也有其限度，一超出其限度，就會引起質的改變。例如：水的溫度最初是不影響水的液體性的。但液體性的水的溫度之增加或減少，就會達到這樣的一個點，在這一點上，這水的聚合狀態就會發生質的變化，這水一方面會變成蒸氣，另一方面會變成冰。」（黑格爾：《小邏輯》，賀麟譯，北京：商務印書館，1980年，第236頁）

這個例子是恩格斯大張旗鼓地使用過的。根據恩格斯，水溫上升是潛無限的過程，進而溫度的積累達到「限度」之後，水的狀態就改變了。但這並非黑格爾的觀點。黑格爾認為，作為水沸騰之「界限」的100°C是已完成的存在，即已蘊藏在水的「規定」中了。即便某時水溫沒有達到100°C，水的特性也是如此。例如死亡是人的本質「規定」——儘管不

「質變」作為「第三環節」，是邏輯在先而時間在後的，這也符合絕對精神的發展規律。它從頭到腳都沾染著黑格爾的色彩，也唯有如此，才能得到合理的解釋。恩格斯把「質變」放入「直線」的模式中[27]，聲稱潛無限創造了實無限，或「**量的無限進**

是所有人都已死了，但是死亡畢竟蘊藏在每個人的命運之中。如此，水溫上升的實質就是「比例」——既然100°C是已完成的「界限」，那麼溫度的上升就是接近「界限」的過程，即構成了逐步接近1的百分數或「比例」。這個「界限」作為「終結」是在可見範圍內的，而並非預設在未知的將來。在恩格斯，由於不承認100°C作為已完成的「界限」在後面「等著」，只單純保證溫度逐刻度地增加，故這種增加除了帶來遙遙無期的盼望之外，就是無窮無盡的重複。而實際的情況則是，100°C已然在先了，溫度的每一步上升都是接近100°C的整體。〔對此，黑格爾的如下論述同樣帶來啟發意義：「關於數目，還必須仔細看看構成數目的多個的一，在界限中是怎樣的；說數目由多而成，這種關於數目的說法是對的，因為諸一在數目中並未被揚棄，而只是在數目之內，和排他的界限一同被建立起來，諸一對這個界限是漠不相關的。但是界限對諸一卻不是漠不相關的。……比如對量中的一百這樣一個數，可以設想唯有第一百的一才成了多的界限，使其為一百。一方面者是對的，一方面在這一百個一之中，又並無一個有特權，因為它們都是相等的；每一個都同樣可以是第一百個；它們全部屬於所以為一百之數的界限；這個數為了它的規定性，任何一個也不能缺少；從而與第一百個一相對立的其他諸一，並不構成界限以外的實有，或僅僅在界限之內而又與界限不同的實有。因此，數目對進行統括和進行劃界的那個一來說，並不是多，而是自身構成了為一個規定了的定量的界限；多構成一個數，如一個二，一個十，一個一百等等。」（黑格爾：《邏輯學》上卷，楊一之譯，北京：商務印書館，1996年，第216頁）〕。

綜上所述，這些例子背後的根基都是「比例」。不論是顏色的加深、房子面積的擴大還是水溫的升高，都屬於圓圈的模式。在這種模式下，能夠成「質變」的「量的變化」就是向本質的「規定」復歸的過程。

[27] 恩格斯的發展學說屬於直線模式，這是筆者的論斷。恩格斯自己有不一樣的聲明，如「螺旋式地上升」；本文之前也有不同的表述，如「迴

展」導致了「質的變化」，這是不對路的。他們的視野存在根本差異——恩格斯以兩種無限雜糅的角度看問題，黑格爾則一貫地站在實無限的立場上。這個差異最終體現為發展觀的歧異，也構成了我們考察的歸宿。

第三節
發展觀和差異的總結

構成「發展」的元素有「無限性」和「質量變」，它們在恩格斯和黑格爾那裡的遭遇前此已經說明了。更進一步，黑格爾在《哲學史講演錄》導言中還直言「發展」，並對其進行了專門的闡述：

（一）發展的概念

發展是一個熟知的觀念。但哲學的特點，就在於研究一般人平時所自以為很熟悉的東西。一般人在日常生活

環」。撇開詮釋學的細節和觀點的不同，就一般而言，把它界定為直線模式是恰當的。因為，歷史進步的線性模式始終是其最重要的根基，儘管它可能並非一貫的。至少，它不是黑格爾意義的圓圈模式，這是恩格斯無法接受的——「無論在18世紀的法國人那裡，還是在黑格爾那裡，占統治地位的自然觀都認為，自然界是一個沿著狹小的圓圈迴環運動的、永遠不變的整體，牛頓所說的永恆的天體和林耐所說的不變的有機物種也包含在其中。同這種自然觀相反，現代唯物主義概括了自然科學的新近的進步，從這些進步來看，自然界同樣也有自己的時間上的歷史，天體和在適宜條件下生存在天體上的有機物種都是有生有滅的；至於迴環，即使能夠存在，其規模也要大得無比。」（〈反杜林論〉，載於《馬克思恩格斯全集》第二版第26卷，北京：人民出版社，2014年，第28頁）

中，不知不覺間曾經運用並應用來幫助他生活的東西，恰好就是他所不真知的，如果他沒有哲學的修養的話。[28]

「熟知並非真知」，黑格爾的這句名言我們很早就提過。「發展」是一個熟知的概念，但是未必每個人對它的思慮都是清楚的──

> 為了理解發展的意義，我們必須分別開兩種不同的情況。第一，就是大家所知道的潛能、能力或我所謂的「潛在」。發展的第二個意義，就是「自為自在」，亦即真在或「實在」。我們說：人是有理性的，人的本性具有理性；是指人之理性，只是在潛能，在胚胎裡。在這個意義下，人一生下來，甚至在娘胎中，就具有理性、理智、想像、意志。小孩也是一個人，但是他只有理性的能力，只有理性的真實的可能性；他有理性簡直和無理性幾乎沒有什麼差別，理性還沒有存在在他裡面，因為他還不能夠作理性的事情，也還沒有理性的意識。首先由於人是由自在（即潛在──譯者）而成為自為（即實在──譯者），因此，也就成為自為的理性。所以人如果從任何一方面看來具有實在性，就是說，他真實地具有理性，這樣他就是為理性而存在。[29]

[28]　黑格爾：《哲學史講演錄》第一卷，賀麟、王太慶等譯，北京：商務印書館，1959年，第25-26頁。

[29]　黑格爾：《哲學史講演錄》第一卷，賀麟、王太慶等譯，北京：商務印書館，1959年，第25-26頁。

在此，黑格爾列舉了兩種情況來描述「**發展**」的含義——「**潛能**」和「**自為自在**」。首先，關於「**潛能**」，黑格爾和亞氏的理解是一致的——小孩並非不應該具備理性，倘若如此，他就不能被稱為一個人了；相反，他只是暫時還未具備理性，因而這是他的「**潛能**」。在胚胎或有機體的模式中，把邏輯上在先的東西實現出來，這就是「**發展**」。其次，關於「**自為自在**」，說的是「**發展**」乃自身回復自身的過程。在這方面，黑格爾與亞氏也是一致的——「**潛能**」步入「**現實**」，就是達到了「自為」的「目的」，就是「**發展**」。例如，種子本身只是「自在」的，並非「自為」的，因為它沒有「完成」自身的「規定」。也就是說，它的「規定」還是「**潛在**」。長成植物是它的「目的」，它朝向這個「目的」而「**發展**」，進而成熟複又結實，這就是對自身的「回復」。[30]這種「回復」是「辯證的否定」，而非單純的循環。它本身就是實無限。

---

[30] 參見黑格爾：「潛在變成存在，是一個變化的過程，在這變化的過程裡，它仍保持為同一物。它的潛在性支配著全部過程。譬如，植物並不消失其自身於單純無規範的變化裡。植物的種子也是如此。在種子裡，最初什麼也看不出來。種子有發展它自身的衝力，它不能忍受只處於自在的情況。這衝力就是這樣的矛盾：即它只是自在的而又不應只是自在的。這衝力發揮其自身為存在。它可以產生出許多東西，但是這一切都早已潛伏在種子裡，——當然尚未發展出來，而只是含蘊著並在抽象觀念中。在完成這種發展過程之中，它趨向著一個目的。它的最高的外在化（即實現——譯者）和先在的目的，就是果實，——這就是說，種子的長成或回復到最初的狀況。種子要發展它自身，回復到它自身。它裡面所含蘊的將要發揮出來，再回復到它所從出發的統一體。」（《哲學史講演錄》第一卷，賀麟、王太慶等譯，北京：商務印書館，1959年，第27頁）

　　因此，「發展」的結果乃邏輯上在先而時間上在後的，前者因為，「發展」的「目的」作為「潛能」或本質「規定」是已有的；後者因為，「發展」的過程是逐步實現和自我「回復」的過程。黑格爾強調，他所謂的發展絕非直線般的延伸，而是圓圈般的「回環」。[31]我們知道——恩格斯的看法卻不是這樣，或者完全相反。在恩格斯看來，「發展」首先正是直線模式的潛無限，其次也拒絕把發展的果實邏輯地設定在過去。這些主張都可以在恩格斯對黑格爾的批判中找到。

　　話已至此，應該提及第五章中恩格斯對黑格爾的評論。恩格斯認為黑格爾沒有解決他自己提出的任務，原因有二。除了已然被分析的「他不是任何個人所能解決的任務」這個理由之外，還有在前文中被省略的「黑格爾本人的限制」——

　　　　雖然黑格爾和聖西門一樣是當時最博學的人，但是他畢竟受到了限制，首先是他自己的必然有限的知識的限制，其次是他那個時代的在廣度和深度方面都同樣有限的知識和見解的限制。但是，除此以外還有第三種限制。黑格爾是唯心主義者，就是說，在他看來，他頭腦中的思想不是現實的事物和過程的或多或少抽象的反映，相反，在他看來，事物及其發展只是在世界出現以前已經在某個地

---

[31] 參見黑格爾：「發展的果實，那第三者，乃是運動的一個結果。就它只是一個階段的結果而言，它是這個階段的最後者，但同時它又是另一發展階段的出發點和最先者。……這種具體的運動，乃是一系列的發展，並非像一條直線抽象地向著無窮發展，必須認作像一個圓圈那樣，乃是回復到自身的發展。」（《哲學史講演錄》第一卷，賀麟、王太慶等譯，北京：商務印書館，1959年，第31-32頁）

方存在著的「觀念」的現實化的反映。這樣，一切都被頭足倒置了，世界的現實聯繫完全被顛倒了。所以，不論黑格爾如何正確地和天才地把握了一些個別的聯繫，但由於上述原因，就是在細節上也有許多東西不能不是牽強的、造作的、虛構的，一句話，被歪曲的。[32]

　　在此，「個人知識的限制」和「時代的限制」是不重要的，它們都能在恩格斯的發展觀中借助「連綿」而解決！最重要的限制是——「黑格爾是唯心主義者」，從而，黑格爾不認為思想是現實事物的反映，而正相反，認為事物及其發展是先於世界的某個「觀念」的「現實化反映」。言下之意是，恩格斯反對發展的果實應觀念地在先。但是，恩格斯也並非如其所夢想的那般「唯物」——他把實無限的終結設定在未來。換句話說，恩格斯認為黑格爾的做法讓真理「顛倒」了，因此是值得批判的。但他的批判也未見得成功。黑格爾對「無限性」、「質量變」和「發展觀」的理解皆基於實無限的模式——它們作為其中元素，有機統一，進而形成一套相互配合並總體完備的系統。也就是說，在恩格斯發展觀和黑格爾辯證法之間是沒有通路的。在此意義，前者對後者的批判——「一方面把人類歷史看做是不能結束的發展過程，而另一方面又硬說自己就是絕對真理的化身」是講不通的。因為，黑格爾並不認為發展不能結束，相反，它已結束，且時時刻刻都在結束。他充其量只滿足後半句，即把自己當作絕對真理

---

[32]　恩格斯：〈反杜林論〉，載於《馬克思恩格斯全集》第二版第26卷，北京：人民出版社，2014年，第26-28頁。原文參見 Engels: *Herrn Eugen Dührings Umwälzung Der Wissenschaft (Anti-Dühring)*, in *MEGA²*, I/27, Berlin: Dietz Verlag, 1988, S.234-235

的化身。但此並非失誤，而是理論的必然。而恩格斯的批判反倒更像針對自己，即一方面宣稱「絕對真理」是不存在的，另一方面又時刻暗中需要它。不妨以黑格爾的話來說明這個道理：「同樣，認識的限度或缺陷之所以被規定為限度、缺陷，也只是由於有了一個普遍的理念，一個全體或完整的理念在前面與它相比較。因此，只是由於沒有意識到才會看不到，正是當一件事物被表明為有限或受限制的東西時，它即包含有無限或無限制東西的真實現在的證明。這就是說，只有無限的東西已經在我們的意識裡面時，我們才會有對於限制的知識。」[33]

更進一步，不僅恩格斯對黑格爾的批判站不住腳，並且他通過援引黑格爾的「質量變原理」來解決「矛盾」的做法也是不能成立的。回顧整個第三節和前此的論述能表明這一點。把它們直觀地展現出來，就形成如下四點對恩格斯發展觀和黑格爾辯證法之間差異的總結：

（1）在恩格斯的觀點中，潛無限和實無限都是積極的、受到支持的。而在黑格爾的體系裡，只有實無限是積極的，潛無限則是消極的和受到批判的。

（2）恩格斯觀點中的實無限被設定在「未來」，它是一個有待於實現的目標和願景。黑格爾體系裡的實無限則被放在「過去」，是已完成的、固有的和邏輯上在先的規定性。

（3）在恩格斯的觀點中，潛無限跨越到實無限的方法是通過「量的無限積累」和「漸進」（壞的無限）。在

---

[33] 黑格爾：《小邏輯》，賀麟譯，北京：商務印書館，1980年，第149頁。

黑格爾的體系裡，實無限不是從潛無限那裡來的，而是通過「比例」使事物本身的「規定」得以展現。

（4）在恩格斯的觀點中，「量變引起質變」被理解為直線模式，通過潛無限向前進展來實現實無限。而在黑格爾的體系裡，「量變引起質變」被理解為圓圈模式，是實無限自己「回復」自身，完成自身和實現自身的過程。

綜上所述，恩格斯援引黑格爾的做法之所以行不通，就在於「質量變原理」不能從黑格爾體系中獨自抽象出來而不同時帶著該體系承諾的其他內容。可是，這個「其他內容」畢竟是恩格斯拒絕的，從而，這個「為我所用」也註定了要失敗。也就是說，黑格爾的體系是融貫的，這雖然不代表恩格斯的學說就是不融貫的，但後者在其邏輯最薄弱的一環缺乏獨立的論證，而是借用了前者的形而上學資源。然而，黑格爾的「質量變原理」徹頭徹尾地屬於實無限，其中沒有潛無限的地盤。其下屬的「量的無限進展」與「質的變化」也沒有任何關係。後者既不是也不能經由前者而發生。真實的「質變」是已完成的實無限，它是經由「比例」而引發的內在「規定」的突顯。也就是說，實無限的「恩格斯形態」與其「黑格爾形態」是異質的，前者是一種存在於「未來」的實無限，而這是黑格爾所不承諾的，也無法藉黑格爾體系證成；恩格斯主張由潛無限通達實無限，而單純的潛無限又是黑格爾所批判的。因此，「質量變原理」運用在恩格斯的學說中，是不合適的。恩格斯照搬了黑格爾，但兩者並非同一回事。在此，恩格斯並未對其構建原創的界說，而是任其流於空

洞。[34]在此意義，我們可以說：從黑格爾體系中挪出來的「質量變原理」作為恩格斯學說的中心環節，在其發展學說裡仍然赫然在目。因而，最終的結論是——恩格斯的發展觀瓦解了。

審視它的形而上學構成，我們願以馬克思的話來這樣形容它：

> 政治經濟學在原則上把兩種極不相同的私有制混同起來了。其中一種以生產者自己的勞動為基礎，另一種以剝削他人的勞動為基礎。它忘記了，後者不僅與前者直接對立，而且只是在前者的墳墓上成長起來的。[35]

針對其中有關黑格爾的批評，馬克思的話也同樣適合：

> 同樣的利益，在宗主國使資本的獻媚者政治經濟學家從理論上把資本主義生產方式和它自身的對立面說成是同一的，在殖民地卻使他「公開揭露事實」，大聲宣布這兩種生產方式是對立的。[36]

---

[34] 這種「流於空洞」的危險性，阿爾都塞在〈矛盾與多元決定〉中也談到：「如果不把多元決定在馬克思主義歷史理論的概念中；確立下來，這個範疇仍然會『落空』；因為這個範疇即使為政治實踐證實是正確的，它至此也只是修飾性和暫時性的範疇，因而任何一種哲學都可以支配它。」（載於《保衛馬克思》，顧良譯，北京：商務印書館，2010年）

[35] 馬克思：《資本論》第一卷，北京：人民出版社，2004年，第876頁。

[36] 馬克思：《資本論》第一卷，北京：人民出版社，2004年，第877頁。

下篇小結

　　下篇的使命是經典哲學的，即它在做形而上學分析。簡要地看，使命的完成分了三步：

　　第四章考察了恩格斯發展學說中的兩種無限，進而對其給出了不相融貫的總體判斷。這個考察的視角是第三方的，但是根據恩格斯自己的講法，兩種無限的衝突似乎並不帶來特別的危害。因此，第五章深入考察了恩格斯對悖謬的「自覺」及其所給「解決方案」，發現其中尚有諸多有待解決的疑難問題。而要想進一步地評價這個方案或給它定性，則須進入黑格爾的體系。第六章通過詮釋黑格爾對相關問題的理解，比較了其與恩格斯在體系與觀點方面的諸多差異，並得出了最終的結論，即恩格斯的發展學說不能成立。

　　詳細而論，在第四章「學說的悖謬」中，我們藉以上篇的理論資源，對恩格斯的發展學說展開了自己的考察。

　　首先，第一節經由康德和尼古拉的思想，闡明了恩格斯學說中永恆循環的潛無限思想。同時也參照斯賓諾莎，指出了「永恆」與「無限」的綁定使用。更進一步，後者在本書的體系中具有更加基礎的地位。故而，把永恆問題轉為無限問題加以解決是最為合理的方式。最後，恩格斯對歷史進步和思維發展的嚮往也表明，單純的運動不是發展，須得補加前進與上升的含義。

　　其次，第二節中，我們分以五個要點闡述了恩格斯發展學說中的實無限思想。其中，在「序列中的個體關係」方面，恩格斯諸如「從低級到高級」等提法就「異質」等特性而言，屬於實

無限。在「序列的整體」方面，康德、亞氏和尼古拉的說法可以表明，恩格斯學說中諸如「進步」等提法就「方向」等關鍵詞而言，屬於實無限。恩格斯的著名學說「歷史合力論」是這一方面的典型。更有甚者，就「方向」而言的兩種無限還曾走到台前，匯聚一點，使得衝突達到頂峰。在「序列的必然性」方面，亞氏的有關思想證明了恩格斯的學說承諾了屬於實無限的「必然性」。具體而言，對其的闡明也同時包括對「規律」的論述，而目的論和「潛現說」則是主要的理論資源。在「序列的目的性」方面，我們藉以亞氏的目的論對恩格斯的發展學說進行了專題詮釋，進而認為其預設了處於「未來」、作為「終結」的「對象」，這個「對象」屬於實無限。最後，在「認識序列的要求」方面，康德和笛卡爾的有關思想可以提示出恩格斯發展學說中正如「認識無限」等提法就「統觀」和「普遍」等特性而言，屬於實無限。第一節與第二節相互聯合，便可突顯恩格斯發展學說的內在悖謬。

　　再次，第三節「『挪移』和『雜拌』」一改前此分頭論述的形式，從「合」的角度出發，考察恩格斯學說的整體，論述了此番悖謬在「規律」、「必然」、「絕對」和「永恆」四個概念中的遭遇。它們的機制都可為「挪移」，而「永恆」也同時是「雜拌」。具體而言，「挪移」指同種含義在不同場所間的滑動。以上四個概念按其關係密切程度可分為兩組，它們皆從「作為描述的使用」滑動到了「作為內容的使用」。詳細而論，前者的結構式是「『這是XXX』是規律、必然、絕對和永恆」──其中，「XXX」指的是潛無限，「這是XXX」指的是實無限，「規律」、「必然」、「絕對」和「永恆」四個概念同樣是實無限；後者的結構式是「『XXX』是規律、必然、絕對和永恆」──

其中，「**XXX**」指的是潛無限，「規律」、「必然」、「絕對」和「永恆」四個概念卻是實無限。前者並不妨礙論述對象本身的潛無限特徵，屬於合法的運用；後者則直接與潛無限產生衝突，導致矛盾與悖謬。「雜拌」已在上篇講過，即同時主張同一個詞的不同含義。「永恆」一詞在第一節被當作潛無限而使用，而在上述「挪移」中，又有實無限運用的情況。因此，這個「雜拌」也表明了恩格斯發展學說的不甚融貫。最後，我們以示意圖的方式總結了至此的論證思路：第四章中，我們從「永恆問題」開始，又以「永恆問題」結束，其間又關涉著上篇的理論資源，形成一個思路回環。圖中凡能體現這一回環的箭頭都是雙向的，不論正看或倒看，都可講通。而其他的進程則只是單向的。

　　但是，如此對恩格斯學說的考察並不完備，還遺漏了些許「自覺」。第五章以「詮釋學劃界」的眼光考察了恩格斯對悖謬的「自覺」及其所給「解決方案」。具體而論，恩格斯對此持有兩層「自覺」——其一是，恩格斯認為黑格爾的體系中存在足以使其解體的矛盾，而這正是兩種無限的衝突；其二是，恩格斯認為自己的學說也有同類問題，然而毋需擔心，因為他有「解決方案」——黑格爾的「量變引起質變」原理。恩格斯的上述說法疑點重重、問題不減。例如，他一邊批判黑格爾的體系，又一邊挪用黑格爾的「質量變原理」來解決問題——這是說不通的。要想揭開謎底，還得深入黑格爾的體系，探究其間的差異。

　　第六章依次闡述了黑格爾對「無限性」、「質量變」和「發展觀」的看法，進而能夠突顯其與恩格斯發展學說的根本歧異。其中，第一節「無限性」中共有兩點結論。首先，黑格爾區分了潛無限和實無限，前者是「壞的無限」，持有批判態度；後者則是「真的無限」，持有肯定態度。它們之間存在無法跨越的鴻

溝。其次，在辯證法的三段論中，潛無限處於「第二環節」或「反題」階段，實無限則作為「第三環節」或「合題」出場。此外，具體的論點還包括：第一，黑格爾認為「有限」有同實無限類似的品質，例如「規定」和「界限」等；它們也有不同的要點，前者只是單純的「否定」，無法使得自身完滿，只能歸於消滅──甚至，連這個消滅也要消滅。因此，它是自身瓦解的，而後者卻並非如此。第二，黑格爾認為「壞的無限」由於糾纏在與「有限」的對立關係中，因此它的規定僅是「非－有限物」，這是空洞的，其實質仍是「有限」──它是僵化的真理和和無法發展的循環。第三，「真的無限」是對先前階段的「揚棄」，它並非通過「無限進展」而來，而是本己規定的展現，它自為、自身設限且不受他物所限，是積極的實無限。在此基礎，第二節「質量變」闡明了「量的無限進展」屬於「壞的無限」，即潛無限；「質的變化」則屬於「真的無限」，即實無限。正如「無限進展」不能導致「真的無限」，量變也不能直接引起質變，須得經由「比例」這個環節，而此乃實無限。並且，黑格爾一貫地站在實無限的立場看問題，並非恩格斯那般雜糅。最後，第三節借《哲學史講演錄》中對「發展」的專門闡述強調了黑格爾對發展及其諸「元素」的實無限理解，表明了恩格斯對黑格爾的批判是不能成立的。在黑格爾的體系裡，不存在潛無限與實無限之間的矛盾。他並非「既主張了發展的不能結束，又主張了自己是絕對真理的化身」。而是只滿足後者，但這並非錯誤，而是理論的必然──絕對精神已然結束，現在只是重演。在此意義，恩格斯發展觀和黑格爾辯證法的差異一共包括四點：第一，在恩格斯學說中，潛無限和實無限都是積極的、被支持的；而在黑格爾體系裡，只有實無限是積極的，潛無限是消極的、被批判的。第二，

在恩格斯學說中，實無限被設定在「未來」，是有待實現的目標和願景；而在黑格爾體系裡，實無限被放在「過去」，是已完成的、固有的和邏輯上在先的規定。第三，在恩格斯學說中，潛無限變為實無限的方法是量的無限積累和漸進；而在黑格爾體系裡，潛無限不可能變為實無限，「比例」使得事物的本己規定展現，它本來就是實無限。第四，在恩格斯學說中，「量變引起質變」是直線模式，即由潛無限的向前進展來實現實無限；而在黑格爾體系裡，「量變引起質變」是圓圈模式，即實無限自己回復、完成和實現自身的過程。

　　分析至此，全部的謎底已經揭開：恩格斯的發展觀主張了潛無限和實無限這兩種互相異質、不能融貫的無限性。為了解決此類衝突，恩格斯援引了黑格爾的「質量變原理」，但這是無效的。因為它根植於實無限的固有理解，不能從黑格爾體系中脫身，進而為恩格斯所用。歸根結柢，恩格斯對黑格爾的批判是含混的，在本質上無法成立。[1]

1　對此，馬天俊的話帶來參考意義：「如果歷史是一條從某一點出發而無限延展的路線，那麼涉足歷史就會是一種可怕的毫無成效的經歷，他帶給人的只不過是疲憊、無聊和絕望。正像《莊子・養生主》所說的那樣：『吾生也有涯，而知也無涯。以有涯隨無涯，殆已。已而為知者，殆而以矣。』

當我們這樣討論歷史的『無限性』時，『無限性』似乎是一種現成的東西。毋庸置疑，『無限性』也可以被當成參照著既存事態的缺陋或弊病而謀求改進的過程來看待，也就是把無限性當作一個潛在性。比如，目前糧食產量不足，那就設法增加產量，勞動力不足，那就鼓勵增值人口，等等。只要在可以預見的不太廣闊的範圍和不太長遠的時期之內，某種改進是可靠而有益的，那就可以認為它是進步的。然後，無數世代的人類來積累這樣的進步，最終使歷史的終極完善境界自然而然地展現出來。

　　總而言之，在「形而上學考察」之後，我們能夠在哲學上有底氣地說，恩格斯的發展學說存在悖謬性，它不是一貫的。這就是下篇最重要的理論成果。

如此理解無限性，可以說是一種經驗主義的態度，它似乎有理由不直接考慮歷史總體目的性的問題。但問題並沒解決，而只是被隱藏或拖延了。因為，有限與無限的鴻溝在這裡轉化為某一代或某幾代人與無數時代的人之間的隔閡。換言之，一代人或幾代人的有限成就，與無數代人的無限成就之間，還是存在著難以跨越的距離。而且，試圖把無限拆分成無限個有限，進而靠著無限個有限的積累來達到無限，這種回避問題本質和終極問題的做法，也正是黑格爾以思辨語言所批評的那種『壞的無限』：『某物成為一個別物，而別物自身也是一個某物，因此它也同樣成為一個別物，如此地推，以至無限。這種無限是壞的或否定的無限。因為這種無限不是別的東西，只是有限事物的否定，而有限事物依然重複發生，還是沒有被揚棄。……如論如何，至少這是對的，我們必須放棄這種無窮的進展的思考，但不是因為作這種思考太崇高了，而是因為這種工作太單調無聊了。置身於思考這種無限進展之所以單調無聊，是因為那是同一事情之無窮的重演。人們先立定一個限度，於是超出了這個限度。然後人們又立一限度，從而又一次超出這限度，如此遞進，以至無窮。凡此種種，除了表面上的變換外，沒有別的了。這種變換從來沒有離開有限事物的範圍。假如人們以為踏進這種無限就可以從有限種解放出來，那末，事實上只不過是從逃遁中去求解放。但逃遁的人還不是自由的人。在逃遁中，讓仍然受他所要逃遁之物的限制。』（黑格爾.小邏輯.賀麟譯.北京：商務印書館，1980：206-208——馬天俊）另一方面，從事實的角度來考慮，這樣理解無限性還潛伏著不可測知的危險性。人口爆炸、能源危機和生態災難已經警告人們，只以目前或短期利益作為決策依據和評估標準來行動是極成問題的。」（《從生存的觀點看》，武漢：華中科技大學出版社，2008年，第111-112頁）

結語

　　「無限」是平凡的，「發展」是重要的。平凡之物本屬常人的裝配，重要的事情應該人盡皆知——現實卻不是這樣。現實之事屬於「實踐」的，而「本應怎樣」之事才屬「理論」的。特別地，後者一旦帶有形而上學性質，就屬「哲學」的。

　　本書營造了一個「理論法庭」，開闢了一個「形而上學戰場」。進而，做了一個「哲學考察」。它的對象是恩格斯的發展觀，而其視角則是無限的哲學概念。按概念的本性，後者能依「完成」或「非完成」分野為「潛無限」和「實無限」這兩種樣式。康德的思想幫我們認識它們，哲學史中的碩果幫我們補充它們。恩格斯的學說以不同的方式繼承了二者——或作為默認的前提，或作為核心的論述；或作為價值的支撐，或作為科學的保障。這種繼承是非法的，因為潛無限和實無限之間是互相悖謬、互不融貫的。這種不融貫性既「衝突」又「糾纏」。前者的表現是「在此處潛無限，在彼處實無限」；後者的表現是「挪移」和「雜拌」。恩格斯自己清楚兩種無限概念的差異，但並非用來檢討自己，而是拿來批判黑格爾。前者的理由是自己有「解決方案」——通過潛無限達成實無限。然而，依據卻是黑格爾的「質量變原理」。後者的內容是認為黑格爾既把發展界說為不可完成，又宣稱自己是絕對真理。但是，黑格爾並無潛無限的主張，只有實無限的意願。黑格爾把潛無限理解為「壞的無限」，它是無盡的循環，不可能通達實無限。實無限的誕生不是再造，而是顯現，其中介是「比例」。如此，恩格斯的批判和學說都是不能成立的。

　　把平凡的事情說清楚，在境遇中就顯得不平凡了。但是本書也有實無限那般對自身界限的自覺——一方面，它只為茫茫滄海捐水一滴；另一方面，我們有純粹哲學的興趣，恩格斯未必有。發展學說在學理上的悖謬不代表它在別種領域不能展現更好的作為，而這已然超出了本書所議的範圍。

跋（一）　目的論
——在恩格斯與黑格爾之間

　　「目的論」屬於實無限的元素。因此，本書的結論也可表述為：恩格斯與黑格爾均主張了目的論，但是，前者將其放在「未來」，後者將它安於「過去」——這是「靜態」的。「動態」的說法也可成立——恩格斯把黑格爾的目的論從「過去」挪到了「未來」。我們將此別種形態的表述補充在第一個「跋」裡。

　　「目的論」（Teleology）是一個重要的哲學術語，前此提到，亞氏的學說是其先祖。其中包括「終結」、「必然」、「完滿」、「邏輯在先」和「有機體」等特徵。關於它們在恩格斯和黑格爾那裡的表現，前文也多有涉獵，除了「有機體」——

　　黑格爾本就對「有機體」很感興趣，他在《小邏輯》中說：

　　　　一提到目的，我們必不可立即想到或僅僅想到那單純存在於意識之內的、以[主觀]觀念的形式出現的一種規定。康德提出了內在的目的性之說，他曾經喚醒了人們對於一般的理念，特別是生命的理念的新認識。亞里士多德對於生命的界說也已包含有內在目的的觀念，他因此遠遠超出了近代人所持的只是有限的外在的目的性那種目的論了。[1]

　　更明確的「有機體式」目的論闡述是——

---

[1]　黑格爾：《小邏輯》，賀麟譯，北京：商務印書館，1980年，第390頁。

　　　　嬰兒的目的就在於超出他這抽象的為充分發展的「自
在」或潛在性，而是把最初只是自在的東西，也變為自為
的，做一個自由而有理性的人。同樣，國家自身是尚未充
分發展的家長式的國家，蘊涵在國家這一概念內的各種政
治功能還沒有達到符合它的概念的憲政機構。在同樣意義
下，種子即可認作植物自身[或潛在的植物]。從這些例證
看來，就可以知道，當我們以為事物自身或物自身是我
們的認識所不能達到的某種東西時，我們便陷於錯誤了。
一切事物最初都是在自身[或潛在]的，但那並不是它們的
終極，正如種子是植物自身，只不過植物是種子的自身發
展。所以凡物莫不超出其單純的自身，超出其抽象的自身
反映，進而發展為他物反映。[2]

相應地，恩格斯也有「胎胞理論」：

　　　　一個概念或概念關係（肯定和否定，原因和結果，實
體和偶性）在思維的歷史中發展同它們在個別辨證論者頭
腦中的發展的關係，正像一個有機體在古生物學中的發展
同它在胚胎學中（或者不如說在歷史中和在個別胚胎中）
的發展的關係一樣。這種情形是黑格爾為說明概念而首先
揭示出來的。在歷史的發展中，偶然性發揮著作用，而在
辯證的思維中就像在胚胎中的發展中一樣，這種偶然性融
合在必然性中。[3]

2　黑格爾：《小邏輯》，賀麟譯，北京：商務印書館，1980年，第269頁。
3　恩格斯：〈自然辯證法〉，載於《馬克思恩格斯全集》第二版第26卷，
　　北京：人民出版社，2014年，第559頁。原文參見 Engels: *Dialektik der*

恩格斯和黑格爾兩人的學說，在枚舉意義上具有「目的論」特徵，並不解決所有問題。因為，後者是明示的，但前者不同──恩格斯對「目的論」不僅有支持的表述，更有批判的說法。根據「詮釋學劃界」的眼光，此類「目的論」形式似乎不是恩格斯所「自覺」的。按本書的視野，恩格斯雖然批判「目的論」，並主動要求與黑格爾的「目的論」劃清界限，但是正如「胎胞隱喻」──出於對必然性的需要，他實際導向了與黑格爾相同的「目的論」，並直接挪用了「理性的狡計」。在此意義，恩格斯的學說在詮釋中可被一貫地理解「目的論」。

具體而言，首先，請看他批判「目的論」的表述。

（1──

目的概念幫助杜林先生在概念上轉到有機界。這又是從黑格爾那裡抄來的，黑格爾在《邏輯學》中──在概念論中──借助於目的論或關於目的的學說從化學機理轉到了生命。在杜林先生那裡，無論往哪裡看，總是碰到某種黑格爾的「粗製品」，而他卻毫不難為情地拿它冒充他自己的根底深厚的科學。在這裡去研究目的和手段的觀念運用於有機界究竟會正確和適用到什麼程度，那就走得太遠了。無論如何，甚至運用黑格爾的「內在的目的」──即不是被一個有意識地行動著的第三者（如上帝的智慧）納入自然界，而是存在於事物本身的必然性中的目的，──也經常使得那些缺少哲學素養的人不加思考地把自覺的和有意識的行動歸加給自然界。這位杜林先生在別人表現出

Natur, (1873-1882), in *MEGA*², I/26, Berlin: Dietz Verlag, 1985, S.376

一點點「降神術」傾向的時候表示無比的義憤，可是他本
人卻「明確地」斷言，

　　「本能的感覺主要是為了獲得與它們的活動密不可分
的滿足而被創造出來的」。[4]

　　在此，恩格斯言詞激烈地批判了杜林對於黑格爾的挪用。這
表明他拒絕顯白的「目的論」，抵制明顯的以「上帝眼光」看問
題的做法。黑格爾在此被稱為「粗製品」──他是連同杜林而被
一道批判的。恩格斯在此責難杜林用黑格爾的學說冒充自己的哲
學，然其自身又何嘗不是如此？

　　（2──這也同時是恩格斯對杜林「目的論」的拒絕：

　　　　不僅是降神術的紊亂，而且也是邏輯上的紊亂。我們
已經看到，杜林先生竭盡全力讓目的這一概念在自然界中
起作用：

　　　　「手段和目的之間的關係，決不是以自覺的意圖為前
提的。」

　　　　但是，他如此激烈反對的那種沒有自覺意圖、沒有觀
念中介的適應，如果不是一種不自覺的有目的活動，又是
什麼呢？

　　　　因此，如果雨蛙和食葉昆蟲是綠色的，沙漠中的動
物是沙黃色的，兩極的動物主要是雪白色的，那麼牠們肯

[4]　恩格斯：〈反杜林論〉，載於《馬克思恩格斯全集》第二版第26卷，
　　北京：人民出版社，2014年，第71頁。原文參見 Engels: *Herrn Eugen
　　Dührings Umwälzung Der Wissenschaft (Anti-Dühring)*, in *MEGA*², I/27, Berlin:
　　Dietz Verlag, 1988, S.270

定不是有意識地或按照某種觀念獲得這些顏色的；相反，
這些顏色只能從物理力和化學動因來說明。但是總不能否
認，這些動物正是由於那些顏色才能合目的地適應牠們所
生存的環境，而且正因為如此，牠們才變得不易被自己的
敵人發現。同樣，某些植物用來捕捉和吞噬落在它們身上
的昆蟲的那些器官，對這種活動是適應的，甚至是合目的
地適應的。因此，如果杜林先生堅持說，適應必須通過觀
念的中介，那麼他只是用別的話來說：有目的的活動同樣
必須通過觀念的中介，必須是有意識的、自覺的。於是，
像在現實哲學中通常遇到的情況那樣，我們又來到目的地
活動的造物主那裡，來到上帝那裡了。[5]

（3——這番意思也表現在別處：

　　哥白尼在這一時期之初向神學下了挑戰書；牛頓卻
以神的第一推動這一假設結束了這個時期。這時的自然科
學所達到的最高的普遍的思想，是關於自然界的安排的合
目的性的思想，是淺薄的沃爾弗式的目的論，根據這種理
論，貓被創造出來是為了吃老鼠，老鼠被創造出來是為了
給貓吃，而整個自然界被創造出來是為了證明造物主的智
慧。當時的哲學博得最高榮譽就是：她沒有被同時代的自
然知識的狹隘狀況引入迷途，它——從斯賓諾莎一直到偉

---

[5]　恩格斯：〈反杜林論〉，載於《馬克思恩格斯全集》第二版第26卷，
　　北京：人民出版社，2014年，第76頁。原文參見 Engels: *Herrn Eugen
　　Dührings Umwälzung Der Wissenschaft (Anti-Dühring)*, in *MEGA*[2], I/27, Berlin:
　　Dietz Verlag, 1988, S.274-275

大的法國唯物主義者——堅持從世界本身來說明世界，並把細節的證明留給未來的自然科學。[6]

恩格斯反對「目的論」的氣勢不小，理由也講了一些。其中大意和前此對黑格爾的批判類似，即不夠「唯物」。其實，恩格斯對「目的論」的心態是複雜的，如前所述——既拒絕「上帝視角」，又貪戀「必然好處」。複雜的心態展現在〈自然辯證法〉的手稿中，能作為向支持「目的論」話語的過渡：

（4——

目的：黑格爾，第5卷第205頁：

「由於機械論企圖把自為的自然界看做一個在自己的概念上不需要任何別的東西的整體，所以機械論本身就表現為一種對整體性的追求，而這一整體性不可能存在於目的中以及同目的相聯繫的世界以外的知性中。」

然而，關鍵在於：機械論（18世紀的唯物主義也是如此）擺脫不了抽象的必然性，因而也擺脫不了偶然性。物質從自身中發展出了能思維的人腦，這對機械論來說，是純粹偶然的事件，雖然事情的發生是逐步地必然地決定了的。但是事實上，進一步發展出能思維的生物，是物質的本性，因而凡在具備了條件（這些條件並非在任何地方和任何時候都必然是一樣的）的地方是必然要發生的。

---

[6] 恩格斯：〈自然辯證法〉，載於《馬克思恩格斯全集》第二版第26卷，北京：人民出版社，2014年，第470頁。原文參見 Engels: *Dialektik der Natur*, (1873-1882), in *MEGA*², I/26, Berlin: Dietz Verlag, 1985, S.304 另外，從歷史考證版第二版可見恩格斯在此加了邊注——「Teleologie」（目的論）。

其次，黑格爾，第5卷第206頁：

「因此，和目的論相反，這個＜機械論的＞原理在其和外部必然性的聯繫中提供了無限自由的意識；目的論則把自身內容中的微不足道的和甚至可鄙的東西當作絕對的東西，而較為一般的思想在其中只能無限地受到束縛，甚至令人感到討厭。」

同時還有自然界的物質和運動的巨大浪費。在太陽系中，能夠存在生命和能思維的生物的行星，在今天的條件下也許最多只有三個。而這整個龐雜的機構就是為了它們而存在！

根據黑格爾（第5卷第244頁），機體中的內在目的是通過本能來實現的。這是不太令人信服的。按照這種說法，是本能或多或少地將單個的有生命的東西同它的概念協調起來。由此可以看出，整個內在目的本身是一個不折不扣的意識形態的規定。而這恰恰是拉馬克的立足點。[7]

這一段話並非獨立或自成體系的論述，但是，從中能夠窺探到恩格斯兩個方面的要求。也即，一方面要拒斥純粹機械論帶來到不可挽救的偶然性，不能重蹈十八世紀法國唯物主義的覆轍；另一方面也要當心把學說變為「上帝視角」，以免在唯物主義方面強調得不夠。倘若懸置「這件事情在原則上是否可行」不論，單就其「兼收並蓄，去其糟粕」的動機來說，倒是不違常理。

以此為過渡，再看恩格斯支援目的論的說法：

---

[7] 恩格斯：〈自然辯證法〉，載於《馬克思恩格斯全集》第二版第26卷，北京：人民出版社，2014年，第544-545頁。原文參見 Engels: *Dialektik der Natur*, (1873-1882), in *MEGA*², I/26, Berlin: Dietz Verlag, 1985, S.364

我們已經看到：山羊怎樣阻礙了希臘森林的恢復；在
聖赫勒拿島，第一批揚帆過海者帶到島上來的山羊和豬，
把島上原有的一切植物幾乎全部消滅光，因而為後來的水
手和移民所引進的植物的繁殖準備了土地。但是，如果說
動物對周圍環境發生持久的影響，那麼，這是無意的，而
且對於這些動物本身來說是某種偶然的事情。而人離開
動物越遠，他們對自然界的影響就越帶有經過實現思考
的、有計畫的、以事先知道的一定目的為取向的行為和特
徵。……

此外，不言而喻，我們並不想否認，動物是有能力
採取有計畫的、經過事先考慮的行動方式的。恰恰相反。
哪裡有原生質和活的蛋白質生存著並發生反應，即由於
外界的一定刺激而發生某種哪怕極簡單的運動，那裡就已
經以萌芽的形式存在著這種有計畫的行動方式。這種反映
甚至在還沒有細胞（更不用說神經細胞）的地方，就已經
存在著。食蟲植物捕捉獵獲物的辦法，雖然完全是無意識
的，但從某一方面來看同樣似乎是有計畫的。在動物中，
隨著神經系統的發展，作出有意識有計畫的行動的能力也
相應地發展起來了，而在哺乳動物中則達到了相當高的階
段。在英國的獵狐活動中，每天都可以觀察到：狐懂得怎
樣準確地運用關於地形的豐富知識來逃避追逐者，怎樣出
色地懂得並利用一切有利的地勢來切斷自己的蹤跡。在我
們身邊那些由於和人接觸而獲得較高發展的家禽中間，每
天都可以觀察到一些和小孩的行動同樣機靈的調皮行動。
因為，正如母體內的人的胚胎發展史，僅僅是我們的動物
祖先以蠕蟲為開端的幾百萬年的軀體發展史的一個縮影一

樣，孩童的精神發展則是我們的動物祖先、至少是比較晚
些時候的動物祖先的智力發展的一個縮影，只不過更加壓
縮了。但是一切動物的一切有計畫的行動，都不能在地球
上打下自己的意志的印記。這一點只有人才能做到。

一句話，動物僅僅利用外部自然界，簡單地通過自身
的存在在自然界中引起變化；而人則通過他所作出的改變
來使自然界為自己的目的服務，來支配自然界。[8]

首先，這一段話的舊主題強調了新含義。例如，關於食蟲植
物的目的性與計畫性，在杜林處曾被恩格斯批判過。恩格斯說，
這是「淺薄的目的論」或「上帝視角」，不能接受。而在此處，
同樣的事情卻被恩格斯自己拿來強調「目的論」的重要性。儘
管，措詞還是小心翼翼──「雖然是無意識的，但從某一方面來
看同樣似乎的是有計畫的」。

其次，這段文本亦談及了「胎胞隱喻」──「母體內的人
的胚胎發展史」，這是恩格斯學說的「目的論」色彩或實無限元
素。更進一步，其中也多次提到，在從低級生物到人的發展過程
中，目的性和計畫性是逐步增強的。恩格斯明確地將此過程謂之
「發展」，這是舊知識。但是恩格斯也給出了新說法──把孩童
的精神發展過程當作整個生物發展過程的縮影。這也是「有機
體」隱喻，不過它比單純的「胎胞隱喻」更加隱晦和委婉。另
外，恩格斯在別處對進化論的評價中，也提到這樣一點：

8　恩格斯：〈自然辯證法〉，載於《馬克思恩格斯全集》第二版第26卷，
　北京：人民出版社，2014年，第767-768頁。原文參見 Engels: *Dialektik der
　Natu*, (1873-1882), in *MEGA²*, I/26, Berlin: Dietz Verlag, 1985, S.550

於是發現，有機體的胚胎向成熟的有機體的逐步發育同地球歷史上相繼出現的植物和動物的次序之間有特殊的吻合。正是這種吻合為進化論提供了最可靠的根據。[9]

類似的提法在皮亞傑那裡也出現過——「皮亞傑的一個主要目的，就是以對個體（兒童）思維發展的，也就是人類意識的個體發生的研究替代對人類意識的系統發生的研究，從而瞭解人類用以認識世界的那些基本範疇的心理的或認知的起源。」[10]借助皮亞傑的表述，我們能認識到，恩格斯做法的本質就是：把「有機體的發展過程」當作「不全是有機體的自然界的發展觀過程」的比附。

第三，這段文本給出了人的目的性和計畫性。動物對自然界的影響通常是無意的，然而「人離開動物越遠，他們對自然界的影響就越帶有經過實現思考的、有計畫的、以事先知道的一定目的為取向的行為和特徵」，進而「通過他所作出的改變來使自然界為自己的目的服務，來支配自然界」。從中我們能清楚地看到恩格斯對「目的論」的支持和憐愛。更進一步，他所主張的並非一般「目的論」本身，而是裝扮了的「目的論」形態或對象。這一點，在這段話中體現得更加清楚：

---

[9]　恩格斯：〈反杜林論〉，載於《馬克思恩格斯全集》第二版第26卷，北京：人民出版社，2014年，第79頁。原文參見 Engels: *Herrn Eugen Dührings Umwälzung Der Wissenschaft (Anti-Dühring)*, in *MEGA*[2], I/27, Berlin: Dietz Verlag, 1988, S.277

[10]　錢捷：《超絕發生學原理》第二卷上冊，北京：中國社會科學出版社，2017年，第4頁。

舊的目的論被拋棄了，但這時有一種信念牢固地確立了：物質在其永恆的循環中是按照規律運動的，這些規律在一定的階段上———時而在這裡，時而在那裡———必然在有機體中產生出思維著的精神。[11]

「新的信念」取代了舊的「目的論」，但前者又何嘗不是一種「目的論」呢？這段文本中的「規律」和「必然」已被證明為「挪移」，在此處也不過是想以「非目的論」的面貌呈現一種「目的論」，或者說，想用「目的論」去包裝「非目的」的自然或物理的原理。然而，相關的話題卻又往往關涉著人類整體的歷史行動。如他自己所言的「終極目的」———

這個矛盾只有在無限的前進過程中，在至少對我們來說實際上是無止境的人類世代更迭中才能得到解決。從這個意義來說，人的思維是至上的，同樣又是不至上的，它的認識能力是無限的，同樣又是有限的。按它的本性、使命、可能和歷史的終極目的來說，是至上的和無限的；按它的個別實現情況和每次的現實來說，又是不至上的和有限的。[12]

[11]　恩格斯：〈自然辯證法〉，載於《馬克思恩格斯全集》第二版第26卷，北京：人民出版社，2014年，第463-464頁。原文參見 Engels: *Dialektik der Natur*, (1873-1882), in *MEGA²*, I/26, Berlin: Dietz Verlag, 1985, S.297

[12]　恩格斯：〈反杜林論〉，載於《馬克思恩格斯全集》第二版第26卷，北京：人民出版社，2014年，第92頁。原文參見 Engels: *Herrn Eugen Dührings Umwälzung Der Wissenschaft (Anti-Dühring)*, in *MEGA²*, I/27, Berlin: Dietz Verlag, 1988, S.288

關於「終極目的」的詳細結構，恩格斯也有諸多論述。它們是解開「目的論」謎團的最終「鑰匙」。走在前面的是這段文本：

> 隨同人，我們進入了歷史。動物也有一部歷史，即動物的起源和逐漸發展到今天這樣的狀態的歷史。但是這部歷史對它們來說是被創造出來的，如果說他們自己也參與了創造，那也是不自覺和不自願的。相反，人離開狹義的動物越遠，就越是有意識地自己創造自己的歷史，未能預見的作用、未能控制的力量對這一歷史的影響就越小，歷史的結果和預定的目的就越加符合。但是，如果從這個尺度來衡量人類的歷史，甚至衡量現代最發達的民族的歷史，我們就會發現：在這裡，預定的目的和達到的結果之間還總是存在者極大的出入。未能預見的作用占據優勢，未能控制的力量比有計畫運用的力量強大的多。只要人的最重要的歷史活動，這種使人從動物界上升到人類並構成人的其他一切活動的物質基礎的歷史活動，即人的生活必需品的生產，也就是今天的社會生產，還被未能控制的力量的意外的作用所左右，而人所期望的目的只是作為例外才能實現，而且往往適得其反，那麼情況就不能不是這樣。[13]

其中，開頭的話與前此分析的上一段話大意相近，而「用意」卻大不相同。這裡的表述起到了重要的迷惑作用。恩格斯似乎架空了人的目的性，即它總是和歷史本身有所出入。故歷史不

---

[13] 恩格斯：〈自然辯證法〉，載於《馬克思恩格斯全集》第二版第26卷，北京：人民出版社，2014年，第479頁。原文參見 Engels: *Dialektik der Natur*, (1873-1882), in *MEGA*², I/26, Berlin: Dietz Verlag, 1985, S.311-312

能按「目的論」來理解，而是自然的和必然的規律。而實際上，此處的「規律」仍是「挪移」。恩格斯在辯解自己未把個人目的當作歷史發展主線的同時，又把更大的目的交給了人類整體的歷史發展本身：

> 這樣，自然界也被承認為歷史發展過程了。而適用於自然界的，同樣適用於社會歷史的一切部門和研究人類的（和神的）事物的一切科學。在這裡，歷史哲學、法哲學、宗教哲學等等也都是以哲學家頭腦中臆造的聯繫來代替應當在事變中去證實的現實的聯繫，把全部歷史及其各個部分都看作觀念的逐漸實現，而且當然始終只是哲學家本人所喜愛的那些觀念的逐漸實現。這樣看來，歷史是不自覺地，但必然是為了實現某種預定的理想目的而努力，例如在黑格爾那裡，是為了實現他的絕對觀念而努力，而力求達到這個絕對觀念的堅定不移的意向就構成了歷史事變中的內在聯繫。這樣，人們就用一種新的——不自覺的或逐漸自覺的——神祕的天意來代替現實的、尚未知道的聯繫。因此，在這裡也完全像在自然領域裡一樣，應該通過發現現實的聯繫來清除這種臆造的人為的聯繫；這一任務，歸根到底，就是要發現那些作為支配規律在人類社會的歷史上起作用的一般運動規律。
>
> 但是，社會發展史卻有一點是和自然發展史根本不相同的。在自然界中（如果我們把人對自然界的反作用撇開不談）全是沒有意識的、盲目的動力，這些動力彼此發生作用，而一般規律就表現在這些動力的相互作用中。在所發生的任何事情中，無論在外表上看得出的無數表面

的偶然性中，或者在可以證實這些偶然性內部的規律性的最終結果中，都沒有任何事情是作為預期的自覺的目的發生的。相反，在社會歷史領域內進行活動的，是具有意識的、經過思慮或憑激情行動的、追求某種目的的人；任何事情的發生都不是沒有自覺的意圖，沒有預期的目的的。但是，不管這個差別對歷史研究，尤其是對各個時代和各個事變的歷史研究如何重要，它絲毫不能改變這樣一個事實：歷史進程是受內在的一般規律支配的。因為在這一領域內，儘管各個人都有自覺預期的目的，總的說來在表面上好像也是偶然性在支配著。人們所預期的東西很少如願以償，許多預期的目的在大多數場合都互相干擾，彼此衝突，或者是這些目的本身一開始就是實現不了的，或者是缺乏實現的手段的。這樣，無數的單個願望和單個行動的衝突，在歷史領域內造成了一種同沒有意識的自然界中占統治地位的狀況完全相似的狀況。行動的目的是預期的，但是行動實際產生的結果並不是預期的，或者這種結果起初似乎還和預期的目的相符合，而到了最後卻完全不是預期的結果。這樣，歷史事件似乎總的說來同樣是由偶然性支配著的。但是，在表面上是偶然性在起作用的地方，這種偶然性始終是受內部的隱蔽著的規律支配的，而問題只是在於發現這些規律。

　　無論歷史的結局如何，人們總是通過每一個人追求他自己的、自覺預期的目的來創造他們的歷史，而這許多按不同方向活動的願望及其對外部世界的各種各樣作用的合力，就是歷史。因此，問題也在於，這許多單個的人所預期的是什麼。願望是由激情或思慮來決定的。而直接

決定激情或思慮的槓桿是各式各樣的。有的可能是外界的事物，有的可能是精神方面的動機，如功名心、「對真理和正義的熱忱」、個人的憎惡，或者甚至是各種純粹個人的怪想。但是，一方面，我們已經看到，在歷史上活動的許多單個願望在大多數場合下所得到的完全不是預期的結果，往往是恰恰相反的結果，因而它們的動機對全部結果來說同樣地只有從屬的意義。另一方面，又產生了一個新的問題：在這些動機背後隱藏著的又是什麼樣的動力？在行動者的頭腦中以這些動機的形式出現的歷史原因又是什麼？

舊唯物主義從來沒有給自己提出過這樣的問題。因此，它的歷史觀──如果它有某種歷史觀的話，──本質上也是實用主義的，它按照行動的動機來判斷一切，把歷史人物分為君子和小人，並且照例認為君子是受騙者，而小人是得勝者。舊唯物主義由此得出的結論是，在歷史的研究中不能得到很多有教益的東西；而我們由此得出的結論是，舊唯物主義在歷史領域內自己背叛了自己，因為它認為在歷史領域中起作用的精神的動力是最終原因，而不去研究隱藏在這些動力後面的是什麼，這些動力的動力是什麼。不徹底的地方並不在於承認精神的動力，而在於不從這些動力進一步追溯到它的動因。相反，歷史哲學，特別是黑格爾所代表的歷史哲學，認為歷史人物的表面動機和真實動機都決不是歷史事變的最終原因，認為這些動機後面還有應當加以探究的別的動力；但是它不在歷史本身中尋找這種動力，反而從外面，從哲學的意識形態把這種動力輸入歷史。例如黑格爾，他不從古希臘歷史本身的

內在聯繫去說明古希臘的歷史，而只是簡單地斷言，古希臘的歷史無非是「美好的個性形式」的制定，是「藝術作品」本身的實現。在這裡，黑格爾關於古希臘人作了許多精彩而深刻的論述，但是這並不妨礙我們今天對那些純屬空談的說明表示不滿。

　　因此，如果要去探究那些隱藏在——自覺地或不自覺地，而且往往是不自覺地——歷史人物的冬季背後並且構成歷史的真正的最後動力的動力，那麼問題涉及的，與其說是個別人物、即使是非常傑出的人物的動機，不如說是使廣大群眾、使整個整個的民族，並且在每一民族中間又是使整個整個階級行動起來的動機；而且也不是短暫的爆發和轉瞬即逝的火光，而是持久的、引起重大歷史變遷的行動。探討那些作為自覺的動機明顯地或不明顯地，直接地或以意識形態的形式、甚至以被神聖化的形式反映在行動著的群眾及其領袖即所謂偉大人物的頭腦中的動因，——這是能夠引導我們去探索那些在整個歷史中以及個別時期和個別國家的歷史中起支配作用的規律的唯一途徑。使人們行動起來的一切，都必然要經過他們的頭腦；但是這一切在人們的頭腦中採取什麼形式，這在很大程度上是由各種情況決定的。[14]

　　在這漫長的論述之中，有許多提法能夠印證我們之前的看法。例如——首先，對「歷史合力論」的理論表述：「**無論歷史**

---

[14]　恩格斯：〈路德維希・費爾巴哈和德國古典哲學的終結〉，載於《馬克思恩格斯全集》第二版第28卷，北京：人民出版社，2018年，第355-358頁。

的結局如何，人們總是通過每一個人追求他自己的、自覺預期的
目的來創造他們的歷史，而這許多按不同方向活動的願望及其對
外部世界的各種各樣作用的合力，就是歷史。」其次，對代表必
然的「規律」的強調：「但是，在表面上是偶然性在起作用的地
方，這種偶然性始終是受內部的隱蔽著的規律支配的，而問題只
是在於發現這些規律。」以及，對所謂舊唯物主義和黑格爾的，
但實際上不如說是對他自己的，某種批判：「舊唯物主義從來沒
有給自己提出過這樣的問題。因此，它的歷史觀——如果它有某
種歷史觀的話，——本質上也是實用主義的，它按照行動的動機
來判斷一切」和「歷史哲學，特別是黑格爾所代表的歷史哲學，
認為歷史人物的表面動機和真實動機都決不是歷史事變的最終原
因，認為這些動機後面還有應當加以探究的別的動力；但是它不
在歷史本身中尋找這種動力，反而從外面，從哲學的意識形態把
這種動力輸入歷史。」以上的印證還是次要的，主要的問題是，
恩格斯在這段話中明示了「歷史目的論」——即使個人擁有目
的，這個目的也通常不直接就是歷史發展的總目的，而單個目的
是在共同作用之中走向歷史的合題，產生總體發展的趨勢和方
向。因而，其中每個人的目的本身雖然充滿了偶然性，但是歷史
必然性也在此意義嵌入了其中。

可惜，這套説法並非恩格斯自己的發明，而原原本本地屬於
黑格爾「理性的狡計」。在這個「狡計」裡，黑格爾也同樣首先
對「舊目的論」、「拙劣的目的論」或所謂「一般目的論」進行
了批判——

　　目的論的看法常基於一種善意的興趣，想要揭示出上
帝的智慧特別啟示於自然中。但必須指出，即這種尋求目

的的方式，將事物作為達到目的的工具的看法，不能使我
們超出有限界，而且容易先於貧乏瑣碎的反思。譬如，我
們僅從葡萄樹對於人們熟知的用處的觀點來研究葡萄樹，
而且又去考察一種其皮可製軟木塞的橡樹，並研究這種樹
皮如何可以剝下來作為木塞以封酒瓶。過去曾有不少的書
是根據這樣的作風寫成的。很容易看出，這種辦法既不能
增進宗教的真正興趣，也不能增進科學的真正興趣。外在
的目的性直接站在理念的門前，但僅站在門前或閘外總是
很不夠的。[15]

其次，再經由中介的方式把「目的論」實現出來——

　　目的的貫徹，即是在中介方式下實現目的。
　　……這樣，那作為支配機械和化學過程的力量的主
觀目的，在這些過程裡讓客觀事物彼此互相消耗，互相揚
棄，而它卻超脫其自身於它們之外，但同時又保存其自身
於它們之內。這就是理性的機巧（die List der Vernunft）。
　　附釋：理性是有機巧的，同時也是有威力的。理性的
機巧，一般講來，表現在一種利用工具的活動力。這種理
性的活動一方面讓事物按照它們自己的本性，彼此互相影
響，互相削弱，而它自己並不直接干預其過程，但同時卻
正好實現了它自己的目的。在這意義下，天意對於世界和
世界過程可以說是具有絕對的機巧。上帝放任人們縱其特
殊情欲，謀其個別利益，但所達到的結果，不是完成他們

---

[15]　黑格爾：《小邏輯》，賀麟譯，北京：商務印書館，2016年，392-393頁。

的意圖，而是完成他的目的，而他[上帝]的目的與他所利用的人們原來想努力追尋的目的，是大不相同的。[16]

因此，恩格斯在此處對黑格爾的批評照樣不能成立。他的學說本質上同黑格爾一樣是「目的論」的。不同的是，黑格爾已經明言了目的的終結，並說它其實不斷地在終結中（重演），也即把終結設定在「過去」；恩格斯則把它安排在了「未來」。在此意義，後者的學說也可看作前後一貫的目的論體系。講到這裡，也許會催生這樣一個問題。即倘若恩格斯的學說在目的論方面是融貫的，那其中悖謬是否還在？答案是仍然在。由於黑格爾把終結設定在「過去」，因此他可胸有成竹地使用「例證」。也就是說，既然絕對精神已經完成，而現在的哲學就是黃昏中起飛的貓頭鷹，那重述已完成的事情，就理所當然地可以使用舉例的方式。因為普遍原理已然在先了，那麼如要將其展示或重述，就可使用「全稱例示」，這是由「普遍」到「特殊」，從「一般」到「個別」。這番道理在黑格爾關於歷史的言論中更為明顯，「過去」本身就是「歷史」，他在《世界史哲學講演錄》中不僅大談「終極目的」、「真正的神正論」[17]和「理性的狡計」等，並在最後也直接說到：

---

[16] 黑格爾：《小邏輯》，賀麟譯，北京：商務印書館，2016年，395-396頁。

[17] 或叫「辯神論」，參見黑格爾：《歷史哲學》，王造時譯，上海：世紀出版集團，2001年，第451頁。在最新的《世界史哲學講演錄》譯本中，改稱為「給精神提供見證的精神」，參見黑格爾：《世界史哲學講演錄（1822-1823）》，劉立群、沈真、張東輝、姚燕譯，張慎、梁志學校，北京：商務印書館，2015年，第449頁。

現在發生和過去發生的事情不僅源自上帝，而且是上帝的作品。[18]

　　然而，事情變到恩格斯這裡，就不那麼幸運了。恩格斯把目的設定在「未來」，帶來了不可解的難題——如何從有限「過渡」到無限？本書下篇的論證表明，恩格斯並未完成這個任務，也未解決其中疑難。前此講到，這個問題其實代表了一類難題，即歸納難題或休謨問題。具體而言，就是如何經由一個「單稱」或「特稱」實例，層層高攀到「普遍」的原理？然而，恩格斯的文本中也常見例子——從自然界到人類社會，從人類社會到人的思維，處處都有恩格斯為論證而寫出的實例。這些例子當然不能概攬世界，從中也得不出「世界是永恆發展的」這個「全稱」命題。其實，這個難題與本書所言悖謬息息相關，或者是其變形——如何用「個體」承諾「全體」？如何用「過去」擔保「未來」？如何以潛無限允諾實無限？以及，如何用「多」保證「全」？

　　歸根結柢，恩格斯的發展學說在哲學上絕非對這些問題的回答，而是對其再造，使其再生。

---

[18] 黑格爾：《世界史哲學講演錄（1822-1823）》，劉立群、沈真、張東輝、姚燕譯，張慎、梁志學校，北京：商務印書館，2015年，第449頁。

跋（二） 「值域」非何

　　恩格斯發展學說中的悖謬已被證明。我們基於寬泛意義上「哲學」的最低要求——前後一貫來裁決恩格斯的發展觀，最終發現其並不具備這個條件：其中的「範疇」只能作為日常用法，而不能當作哲學概念——其非完滿而自為的，而是模糊且含混的。在此意義，諸如《反杜林論》等著作也只是「常言錄」，不是「哲學書」。本書第一章第三節中的例句，也完全可從恩格斯的文本中取材，而達到同樣效果。這個結論，也可以這樣表達：本書的功績之一是，在底線意義上明確了何者不是恩格斯發展學說的「值域」——答案是「哲學」。「值域」是一個隱喻，它來自數學的函數概念，我們當作「適用範圍」來講。配套的還有另一概念，即「定義域」。一般數學中，「定義域」和「值域」一一對應：有了前者，再加上函數關係，就能得出後者。這帶來啟迪意義：「值域」不是哲學的情況有兩種，一是以哲學為「定義域」——倘若「值域」沒能是哲學，就是失誤；二是不以哲學為「定義域」——倘若「值域」沒能是哲學，也非責難。對此類情況缺少探究的考察，儘管也可出色地完成考察使命——正如本書前此做的那樣，但是本身還不能稱作完備。為著這最後的完備期望，我們在此就這一點而接續考察。

　　接續考察的契機有兩個。其中之一前此已經提過：

　　　　黑格爾的思維方式不同於所有其他哲學家的地方，就是他的思維方式有巨大的歷史感作基礎，形式儘管是那麼

　　　　抽象和唯心，他的思想發展卻總是與世界歷史的發展平行
　　　　著，而後者按他的本意只是前者的驗證。[1]

　　這一段話表明，恩格斯對黑格爾的目的論，從而對其倒著的
思維方式，是清楚的。而這番「清楚」或「懂得」，與其對「質
量變原理」的「挪用失敗」和對黑格爾體系的「不當評估」聯繫
在一起，就有「明知故犯」的問題，因而解釋不通。
　　其中之二前次也已提過：

　　　　黑格爾的體系作為體系來說，是一次巨大的流產，但
　　　　也是這類流產中的最後一次。就是說，它還包含著一個無
　　　　法解決的內在矛盾：一方面，它以歷史的觀點作為基本前
　　　　提，即把人類的歷史看做一個發展過程，這個過程按其本性
　　　　來說在認識上是不能由於所謂絕對真理的發現而結束的；
　　　　但是另一方面，它又硬說自己就是這種絕對真理的化身。[2]

　　在此，恩格斯批判黑格爾把自己宣布為絕對真理的化身，
從而終結了發展進程，使得後人無事可做。對此，黑格爾的「回
應」如何？他《小邏輯》中曾說：「一切不滿足的追求都是會消
逝，只要我們認識到，這世界的最後目的已經完成，並且正不斷

---

[1]　恩格斯：〈卡爾‧馬克思《政治經濟學批判。第一分冊》〉，載於《馬
　　　克思恩格斯選集》第2卷，北京：人民出版社，1995年，第42頁。

[2]　恩格斯：〈反杜林論〉，載於《馬克思恩格斯全集》第二版第26卷，
　　　北京：人民出版社，2014年，第26-28頁。原文參見 Engels: *Herrn Eugen
　　　Dührings Umwälzung Der Wissenschaft (Anti-Dühring)*, in *MEGA²*, I/27, Berlin:
　　　Dietz Verlag, 1988, S.234-235

地在完成中。」[3]而更加系統的説法是下面這樣：

> 一說到絕對理念，我們總會以為，現在我們總算達到
> 至當不移的全部真理了。當然對於絕對理念我們可以信口説
> 一大堆很高很遠毫無內容的空話。但理念的真正能內容不是
> 別的，只是我們前此曾經研究過的整個體系……意義在於全
> 部運動。……同樣，絕對理念的內容就是我們迄今所有的全
> 部生活經歷（decursus vitae）。那最後達到的見解就是：構
> 成理念的內容和意義的，乃是整個展開的過程。我們甚至可
> 以進一步説，真正哲學的識見即在於見到：任何事物，一孤
> 立起來看，便顯得狹隘而有局限，其所取得的意義與價值
> 由於它是從屬於全體的，並且是理念的一個有機的環節。[4]

這一段話在第一章的「過渡」中已經提過，意在表明，絕
對真理應該作為「整體」或「過程」來理解。在這方面，黑格爾
實際上絕非聲稱絕對精神是「絕對真理」，或是運動的終結。相
反，他否認絕對精神「達到至當不移的全部真理」，認為事實是
——「正不斷地在完成中」。撇開全文，單此而言，也能説明恩
格斯對黑格爾的批判並不合適。然而，其中原因是否在於恩格斯
「不懂」黑格爾？也並非如此。請看恩格斯的表述——

> 黑格爾，特別是在《邏輯學》中，儘管如此強調這種
> 永恆真理不過是邏輯的或歷史的過程本身，他還是覺得自

---

[3] 黑格爾：《小邏輯》，賀麟譯，北京：商務印書館，1980年，第422頁。

[4] 黑格爾：《小邏輯》，賀麟譯，北京：商務印書館，1980年，第424-425頁。

　　　己不得不給這個過程一個終點，因為他總得在某個地方結
　　束他的體系。[5]

　　這一段話表明，恩格斯對絕對精神的性質是全然知曉的。但
是儘管如此，他仍認為黑格爾「給了這個過程一個終點」，從而
「在某個地方結束他的體系」。問題的本質已經突顯：事情的關
鍵不在恩格斯是否理解黑格爾，而在他們看問題的眼光不同。不
論黑格爾體系多麼娓娓動聽，到了恩格斯這裡便會不得要領。

　　以上兩個契機作為方向，能指引我們不斷深化有關問題的討
論。具體而言，第一契機的問題是「恩格斯是否真懂黑格爾」。
對此的回答關乎事情的定性——恩格斯學説的瓦解究竟是由於水
準不行，從而沒搞明白哲學道理；還是心知肚明而有意為之。合
理的答案可能是後者。除已提到的之外，大量本文能證明恩格斯
不僅泛泛地懂得黑格爾，並且還知曉本書之證明的幾乎每一處細
節！對此，我們在此加以展示——

　　第一，包括但不限於這段文本表明恩格斯懂得兩種無限的矛
盾，也明白它們在康德二律背反中的體現：

　　　又和黑格爾一樣（《全書》第93節），存在被賦予無
　　限性——黑格爾稱之為惡無限性，然後對這種無限性進行
　　研究。

　　　「可以沒有矛盾地加以思考的無限性的最明顯形式，
　　是數在數列中的無限積累……正如我們可以在每一個數後

5　　恩格斯：〈路德維希・費爾巴哈和德國古典哲學的終結〉，載於《馬克
　　思恩格斯全集》第二版第28卷，北京：人民出版社，2018年，第325頁。

面加上另一個個位數而永遠不會使進一步計算的可能性窮盡一樣，存在的每一個狀態也都有另一個狀態與之連接，而無限性就在於這些狀態的層出不窮。因此，這種被確切地加以思考的無限性也只有一個具有唯一方向的唯一基本形式。因為，對我們的思維來說，設想這些狀態向著相反的方向積累，雖無關緊要，但這種向後倒退的無限性正好只是輕率地想像出來的東西。既然這種無限性真的要朝反方向走，那麼它在它的每一個狀態中，都得有一個無限數列留在自己後面。但是這樣就會出現可以計算的無限數列這種不可允許的矛盾，所以假定無限性還有第二個方向，顯然是荒唐的。」

從這種無限性觀念得出的第一個結論是，世界上的因果鏈條應當在某個時候有個開端：

「已經彼此連接起來的原因的無限數，是不可思議的，因為它假定不可計算的數是可以計數的。」

這樣就證明有終極原因。

第二個結論是

「定數律：任何由獨立物組成的現實的類的相同物的積累，只有作為一定的數的構成，才是可以思議的」。不僅天體的現有數目在每一瞬間必然是本來就確定的，而且一切存在於世界上的、物質的最小獨立部分的總數，也必然是這樣。後一種必然性是說明為什麼任何化合物沒有原子都是不可思議的真正理由。一切現實的可分性總是具有而且必然具有有限的規定性，不然就會出現可以計數的數不盡的數這個矛盾。根據同樣的理由，不僅迄今為止地球環繞太陽運行的次數必然是確定的——即使還說不出來，

而且一切週期性的自然過程都必然有某個開端，而自然界相繼發生的一切分化，一切多樣性，都必然淵源於某種自身等同的狀態。這種狀態可以從來就沒有矛盾地存在著，可是，如果時間本身是由各個現實的部分組成的，而不是僅僅由我們的知性借助觀念上對種種可能性的安排來任意劃分的，那麼上述觀念就被排除了。至於現實的自身有區別的時間內容，那情形就不一樣了；在時間中實際地充滿各種可以區分的事實這一點以及這一領域內的各種存在形式，正是由於自身的差別性，才是可以計數的。如果我們設想這樣一種狀態，其中沒有什麼變化，並且由於它的自身等同性而根本沒有前後相繼的差別，那麼比較特殊的時間概念也就變成比較一般的存在觀念。空洞的持續性的積累究竟是什麼意思，根本不可思議。

杜林先生就是這樣說的，而且他因這些發現的重要性而自鳴得意。起初，他希望這些發現「至少不被看做微不足道的真理」；可是後來我們看到：

「大家回想一下我們用來促使無限性概念及其批判具有空前影響的那些極端簡單的說法……由於現代的尖銳化和深化而變得如此簡單的普遍時空觀念的因素。」

我們促使！現代的深化和尖銳化！我們是誰，我們的現代是什麼時候？誰使之深化和尖銳化？

「論題：世界在時間上是有開端的，在空間上也是有界限的。——證明：假定世界在時間上沒有開端，那麼在任何一個既定的瞬間之前就有一種永恆經歷過了，因而彼此相繼的事物狀態的無限序列便在世界上流逝了。但是，序列的無限性正好在於它永遠不能由連續的綜合來完成。

因此，無限的、已經流逝的世界序列是不可能的，可見世界的開端是世界存在的必要條件。這是需要證明的第一點。——關於第二點，我們再假定相反的情形：世界是一個由同時存在的事物所構成的無限的既定的整體。對於不在任何直覺的某種界限內提供的量的大小，我們只有通過各個部分的綜合才可以設想，而對於這種量的總和，我們只有通過完成的綜合或通過單位自身的重複相加才可以設想。由此可見，為了把充滿一切空間的世界設想為一個整體，必須把無限世界的各個部分的連續綜合看做已經完成的，就是說，在對所有同時存在的事物逐一計數時，無限的時間必須被看做已經終止了的，但這是不可能的。由此可見，現實事物的無限聚集不能被看做一個既定的整體，因而也不能被看做同時提供出來的東西。所以，世界就其在空間的廣延來說，不是無限的，而是有自己的界限的。這是〈需要證明的〉第二點。」

這些命題是逐字逐句從一本很著名的書上抄下來的，這本書在1781年第一次出版，書名是《純粹理性批判》，伊曼努爾‧康德著。這些命題每一個人都可以在這部著作的第一部分第二編第二卷第二章第二節《純粹理性的第一個二律背反》中讀到。看來，杜林先生的光榮只在於他給康德所表述的思想安上了一個名稱——定數律，在於發現有一個時候世界雖然已經存在，但是還沒有時間。至於說到其餘的一切，即在杜林先生的分析中還有些意思的一切，那就表明「我們」就是伊曼努爾‧康德，而「現代」只有95年。的確「極端簡單」！好個「空前影響」！

　　可是康德根本沒有說上述命題已經通過他的證明最終確立了。相反，在同頁的對照欄內，他提出並證明了相反的命題：世界在時間上沒有開端，在空間上沒有終點；康德正是在第一個命題像第二個命題一樣可以得到證明這一點上，看出了二律背反，即不能解決的矛盾。「一個叫做康德的人」在這裡發現了不能解決的困難，才智比較平庸的人對此或許會感到有些困惑。我們這位勇敢的、「完全獨特的結論和觀點」的炮製者卻不是這樣：他孜孜不倦地從康德的二律背反中抄下對他有用的東西，而把其餘的東西拋在一邊。

　　問題本身解決得非常簡單。時間上的永恆性、空間上的無限性，本來就是，而且按照簡單的字義也是：沒有一個方向是有終點的，不論是向前或向後，向上或向下，向左或向右。這種無限性和無限序列的無限性完全不同，因為後一種無限性起初總是從一，從序列的第一項開始的。這種序列觀念不能應用於我們的對象，這在我們把它應用於空間的時候就立刻顯示出來了。無限序列一移到空間，就是從某一點起按一定方向延伸到無限的線。這樣，空間的無限性是不是就被表達出來了，即使表達得很不貼切。剛剛相反，為要得出空間的維的概念，只需要從一點上按三個相反的方向延伸出六條線，這樣一來，我們就會得到空間的六維。康德很懂得這一點，所以他只是間接地、轉彎抹角地把他的數列移到世界的空間性上來。杜林先生卻相反，他強迫我們接受空間中的六維，隨後又對那位不願以空間的通常的三度為滿足的高斯的數學神祕主義表示難以言喻的憤慨。

　　向兩個方向延伸的無限的線或無限的單位序列在運用於時間的時候，具有某種比喻的意義。但是，如果我們把時間想像為一種從一數起的序列或從某一點延伸出去的線，那麼，我們就是事先說時間是有開端的，我們把我們正好要證明的東西當作前提。我們賦予時間的無限性一種單向的、半截的性質；可是單向的、半截的無限性也是自身中的矛盾，即「沒有矛盾地加以思考的無限性」的直接對立物。為了避免這一矛盾，我們只能假定，我們在對序列進行計數時所由開始的一、我們在量度線時所由出發的點，是序列中的任何一個一、線上的任何一個點，而我們把一或點放在哪裡，這對線或序列來說是無所謂的。

　　但是「可以計數的無限數列」的矛盾呢？只要杜林先生向我們施展出絕招，數出這種無限序列，我們就能夠比較詳細地來研究這個矛盾。等他完成了從-∞（負無限）到0的計算時，再來見我們吧。可是顯然，不論他從哪裡開始計數，總有一個無限序列留在他後面，同這一起的還有他應當解決的課題。就讓他把自己的無限序列1＋2＋3＋4……倒過來，並且試試從無限的終點再數到一；顯而易見，這是完全不懂事的人的嘗試。不僅如此。如果杜林先生斷言，已經消逝的時間的無限序列已經數出來了，那麼他就是斷言，時間是有開端的；因為否則他就根本不能開始「計數」。因此，他又把他應當證明的東西當作前提塞進來了。因此，可以計數的無限序列的觀念，換句話說，杜林的囊括世界的定數律，是一個形容語的矛盾[contradictio in adjecto]，它本身就包含著矛盾，而且是荒唐的矛盾。

很清楚，有終點而無開端的無限性，和有開端而無終點的無限性相比，都同樣是無限的。杜林先生只要一點點辯證的洞察力就一定會知道，開端和終點正象北極和南極一樣必然是互相聯繫的，如果略去終點，開端就正好成為終點，即序列所具有的一個終點，反過來也是一樣。如果沒有數學上運用無限序列的習慣，全部錯覺都不可能有了。因為在數學上，為了達到不確定的、無限的東西，必須從確定的、有限的東西出發，所以一切數學的序列，正的或負的，都必須從一開始，否則就無從計算。但是，數學家的觀念上的需要，對現實世界來說決不是強制性法律。

此外，杜林先生永遠做不到沒有矛盾地思考現實的無限性。無限性是一個矛盾，而且充滿種種矛盾。無限純粹是由有限組成的，這已經是矛盾，可是事情就是這樣。物質世界的有限性所引起的矛盾，並不比它的無限性所引起的矛盾少，正像我們已經看到的，任何消除這些矛盾的嘗試都會引起新的更糟糕的矛盾。正因為無限性是矛盾，所以它是無限的、在時間上和空間上無止境地展開的過程。如果矛盾消除了，那無限性就終結了。黑格爾已經完全正確地看到了這一點，所以他以應有的輕蔑態度來對待那些對這種矛盾苦思冥想的先生們。[6]

---

[6]　恩格斯：〈反杜林論〉，載於《馬克思恩格斯全集》第二版第26卷，北京：人民出版社，2014年，第50-56頁。原文參見 Engels: *Herrn Eugen Dührings Umwälzung Der Wissenschaft (Anti-Dühring)*, in *MEGA²*, I/27, Berlin: Dietz Verlag, 1988, S.253

　　第二，包括但不限於這段文本表明恩格斯懂得兩種無限之間沒有相通的橋樑，「多」也不能導致「全」：

　　　　有三個錯誤的拙劣的論調：

　　　　第一，證實我們所熟悉的存在鏈條上的任何最小的環節向後一個環節的轉變是同樣困難的。——杜林先生似乎把他的讀者看成吃奶的孩子。證實存在鏈條上的最小環節的各個轉變和聯繫，正是自然科學的內容。如果在這方面的有些地方還有障礙，那麼誰也沒有想到，即使杜林先生也沒有想到，對發生的運動要從虛無來說明。而在這裡像他所承認的，問題在於：讓運動從不動中，也就是從虛無中產生。

　　　　第二，我們有「連續性的橋」。的確，純粹從概念上講，它無助於我們擺脫困難，可是我們有權把它用作不動和運動之間的中介。可惜，不動的連續性就是不運動；所以如何借助它來產生運動，這就比以前更神祕了。無論杜林先生把他的從運動的虛無到普遍運動的轉變分成多少無限小的部分，無論他給這種轉變以多長的持續時間，我們還是沒有從原地前進萬分之一毫米。沒有造物主的行動，我們無論如何不能從虛無到某物，即使這個某物小得象數學上的微分一樣。因此，連續性的橋還不是驢橋，它只是供杜林先生通過的橋。

　　　　第三，在現代力學適用的範圍內——按照杜林先生的意見，現代力學是形成思維的最重要的槓桿之一——它完全不能說明怎樣從不動轉到運動。可是力學的熱理論告訴我們，物體運動在一定條件下轉化為分子運動（雖然在這

裡運動也是從另一種運動中產生的，而決不是從不動中產生的）；杜林先生膽怯地暗示說，這或許可以在嚴格的靜（平衡）到動（運動）之間架起一座橋。可是這些過程「稍稍陷入黑暗中」。杜林先生就讓我們留在這樣的黑暗中。[7]

第三，包括但不限於這段文本表明恩格斯懂得「窮盡認識對象」等於「實現」潛無限，即導致實無限：

永恆真理的情況也是一樣。如果人類在某個時候達到了只運用永恆真理，只運用具有至上意義和無條件真理權的思維成果的地步，那麼人類後續就到達了這樣的一點，在那裡，知識世界的無限性就現實和可能性而言都窮盡了，從而就實現了數清無限數這一著名的奇蹟。[8]

第四，包括但不限於這段文本表明恩格斯贊同黑格爾把潛無限叫做「壞的無限」：

固定的範疇在這裡消融了，數學達到這樣一種境地，在這裡即使很簡單的關係，如純粹抽象的量之間的關係、

---

[7] 恩格斯：〈反杜林論〉，載於《馬克思恩格斯全集》第二版第26卷，北京：人民出版社，2014年，第59-60頁。原文參見 Engels: *Herrn Eugen Dührings Umwälzung Der Wissenschaft (Anti-Dühring)*, in *MEGA²*, I/27, Berlin: Dietz Verlag, 1988, S.260-261.

[8] 恩格斯：〈反杜林論〉，載於《馬克思恩格斯全集》第二版第26卷，北京：人民出版社，2014年，第92頁。原文參見 Engels: *Herrn Eugen Dührings Umwälzung Der Wissenschaft (Anti-Dühring)*, in *MEGA²*, I/27, Berlin: Dietz Verlag, 1988, S.288

惡無限性，都採取了完全辯證的形態，迫使數學家們既不資源又不自覺地成為辯證的數學家。

……物理學的抽象的可分性——惡無限性。

……黑格爾——他對自然科學的百科全書式的概括和合理的分類是超過一切唯物主義胡說的偉大成就。[9]

第五，包括但不限於這段文本表明恩格斯懂得「量的單純積累」是「壞的無限」，它只能原地打轉，因而非常無聊：

> 我們早已知道，量度這種毫無內容的持續性將一無所得，就像在虛無縹緲的空間中毫無目的和目標地量度也將一無所得一樣；正因為這種做法很無聊，黑格爾才把這種無限性稱為惡無限性。[10]

第六，包括但不限於這段文本表明恩格斯懂得「質變」要靠數學上的「比例」：

> 蒸汽的情形也是一樣，如果一杯水的最上面的一層分子蒸發了，那麼水層的高度x就減少了dx，這樣一層分

---

[9]　恩格斯：〈自然辯證法〉，載於《馬克思恩格斯全集》第二版第26卷，北京：人民出版社，2014年，第521-522頁。原文參見 Engels: *Dialektik der Natur*, (1873-1882), in *MEGA²*, I/26, Berlin: Dietz Verlag, 1985, S.346-347

[10]　恩格斯：〈反杜林論〉，載於《馬克思恩格斯全集》第二版第26卷，北京：人民出版社，2014年，第56頁。原文參見 Engels: *Herrn Eugen Dührings Umwälzung Der Wissenschaft (Anti-Dühring)*, in *MEGA²*, I/27, Berlin: Dietz Verlag, 1988, S.258.

子又一層分子地蒸發下去，事實上就是一個連續的微分。
如果熱的水蒸氣在一個容器中由於壓力和冷卻又凝結成
水，而且分子一層又一層地累積起來（在這裡，我們必
須把那些使過程變得不純粹的次要情況撇開不談），直
到容器滿了為止，那麼這裡就不折不扣地發生了一種積
分，這種積分和數學上的積分不同的地方只在於：一種是
由人的頭腦有意識地完成的，另一種是由自然界無意識地
完成的。

　　……

　　因此，不論人們對物質構造採取什麼樣的觀點，下面
這一點是十分肯定的：物質按質量的相對的大小分成一系
列大的、界限分明的組，每一組的各個成員在質量上各有
一定的、有限的比值，但相對於鄰近的組的各個成員則具
有數學意義上的無限大或無限小的比值。……這些中間成
員只是證明：自然界中沒有飛躍，正是因為自然界全是由
飛躍組成的

　　數學計算的只要是實數，它就也要毫不猶豫地採用這
個觀點。對地球上的力學說來，地球的質量已經被看做無
限大，而在天文學中，地球上的物體及與之相當的流星卻
被看做無限小，同樣，對於天文學來說，只要超出最鄰近
的行星的範圍來研究我們這一恆星系的構造，太陽系諸行
星的距離和質量就會趨近於零。[11]

---

[11]　恩格斯：〈自然辯證法〉，載於《馬克思恩格斯全集》第二版第26卷，
　　北京：人民出版社，2014年，第642-643頁。原文參見 Engels: *Dialektik der
　　Natur*, (1873-1882), in *MEGA*[2], I/26, Berlin: Dietz Verlag, 1985, S.447

　　第七，包括但不限於這段文本表明恩格斯懂得「否定之否定」不是潛無限終其一生的積累，不是簡單、機械和無聊地相加，相反，它是數學的機制（冪或微分）：

　　　　在數學上也是一樣。我們試去任何一個代數值，例如
　　a，如果我們否定它，我們就得到-a（負a），如果我們否
　　定這一否定，以-a乘-a，那麼我們就得到+a^2，就是說，得
　　出了原來的正值，但是已經處在更高的階段，即二次冪階
　　段。……在高等分析中，即在杜林先生自己稱為數學的最高
　　運算而在普通人的語言中稱為微積分的「求無限小之和的運
　　算」中，否定的否定表現得更明顯。這些計算方式是怎樣實
　　現的呢？例如，我在某一課題中有兩個變量x和y，兩者之中
　　有一個變化，另一個也按照條件所規定的關係同時變化。我
　　把x和y加以微分，……所以，dy/dx，即x和y的兩個微分之
　　間的關係=0/0，可是這0/0是y/x的表現。……雖然是服從某
　　些特殊規律的數，並且在某一點上我否定了否定，就是說，
　　我把微分式加以積分，於是又重新得到實數x和y來代替dx
　　和dy，這樣，我並不是又回到出發點，而是由此解決了普
　　通的幾何學和代數學也許費盡心思也無法解決的課題。[12]

　　第八，包括但不限於這段文本表明恩格斯懂得數學機制的「質量變原理」需要實無限充當「比例」的分母，構成「界限」：

<hr>

[12]　恩格斯：〈反杜林論〉，《馬克思恩格斯全集》第二版第26卷，北
　　京：人民出版社，2014年，第145-146頁。原文參見 Engels: *Herrn Eugen
　　Dührings Umwälzung Der Wissenschaft (Anti-Dühring)*, in *MEGA*², I/27, Berlin:
　　Dietz Verlag, 1988, S.332-333

數學一談到無限大和無限小，它就導入一個質的差異，這個差異甚至表現為不可克服的質的對立：量之間的差異太大了，以至它們之間不再有任何合理的關係，無法進行比較，它們變成在量上不可通約的了。

……

溫度表上的零點是一個溫度段的十分確定的下限，這個溫度段可以任意分成若干度數，從而既可以用做這一溫度段內個溫度等級的量度，也可以用做更高溫度或更低溫度的量度。因此，零點在這裡也是一個極其重要的點。甚至溫度表上的絕對零點也決不代表純粹的、抽象的否定，而是代表物質的十分確定的狀態，即一個界限，一旦達到這個界限，分子獨立運動的最後痕跡便消失了，而物質只是作為質量起著作用。[13]

以上八處文本可以表明恩格斯對黑格爾的理解是精準而到位的。在此意義，應當說其學說的「錯誤」並非在於「不懂」，恐是有意為之。然而，此番結論並不終止問題，而是拓展了它——既然懂，為何還要對黑格爾做出不對路的批判？既然懂潛無限和實無限的歧異，為何還要主張通過前者達成後者？既然懂單純的「量變」不能導致「質變」，為何還要援引「質量變原理」來充當辯護？

這些未竟的問題帶來第二契機所引起的討論——恩格斯為何未對黑格爾「照章執行」。此番探討最終將揭示恩格斯學說的

---

[13] 恩格斯：〈自然辯證法〉，載於《馬克思恩格斯全集》第二版第26卷，北京：人民出版社，2014年，第646-649頁。原文參見 Engels: *Dialektik der Natur*, (1873-1882), in *MEGA*[2], I/26, Berlin: Dietz Verlag, 1985, S.450-452

「定義域」並非「哲學」，從而其「值域」也當然不是哲學。首先，我們以〈自然辯證法〉的文本作為切入：

[151]

關於耐格里。無限的東西的不可理解性。當我們說，物質和運動既不能創造也不能消滅的時候，我們是說：宇宙是作為無限的進展過程而存在著，即以惡無限性的形式存在著，而且這樣一來，我們就對這個過程理解了所必須理解的一切。最多還有這樣的問題：這個過程是同一個東西——在大循環中——的某種永恆的重複呢，還是這個循環有向下的和向上的分支

[23]

惡無限性。真無限性已經被黑格爾正確地設置在了充實了的空間和時間中，設置在自然過程和歷史中。現在整個自然界也融解在歷史中了，而歷史和自然史所以不同，僅僅在於前者是有自我意識的機體的發展過程。自然界和歷史的這種無限的多樣性，在自身中包含了時間和空間的無限性——惡無限性，但只是作為被揚棄了的、雖然是本質的但卻不是主導的因素。我們的自然科學的極限，直到今天仍然是我們的宇宙，而在我們的宇宙以外的無限多的宇宙，是我們認識自然界所用不著的。的確，幾百萬個太陽中只有一個太陽和這個太陽系，才是我們天文學研究的根本立足點。就地球上的力學、物理學和化學來說，我們是或多或少地局限於這個小小的地球，而就有機體科學來說，則完全局限於這個地球。但是，這對於現象的實際

上無限的多樣性和對於認識自然來說，並沒有實質性的損害，正如對於歷史來說，同樣地並且在更大的程度上局限於比較短促的時間和地球上的一小部分地區，也沒有什麼實質性損害。

[111]

1. 無限多進展過程在黑格爾那裡是一個空曠的荒野，因為它只表現為同一個東西的永恆的重複：1+1+1……

2. 然而在現實中，這個無限的進展過程並不是重複，而是發展，前進或後退，因而成為必然的運動形式。撇開這個過程不是無限的這一點不說，因為現在已經可以預見到地球生存時期的終結。但地球也並不就是整個宇宙。在黑格爾的體系中，自然界的時間上的歷史是排除任何發展的，否則自然界就不是精神的自我外在了。但是在人類歷史中，黑格爾承認無限多進展過程是「精神」的唯一真實的存在形式，只不過他以幻想的方式設想這個發展有一個終點──這個終點就是黑格爾哲學的確立。

3. 還有無限的認識：事物在進展中所沒有的無限，在循環中確有了（量，第259頁，天文學）。這樣，運動形式變換的規律便是無限的、自我閉合的規律。但是這樣的無限性又被有限性所糾纏，只是一段段地出現的。$1/r^2$也是如此。[14]

---

[14]　恩格斯：〈自然辯證法〉，載於《馬克思恩格斯全集》第二版第26卷，北京：人民出版社，2014年，第575-577頁。原文參見 Engels: *Dialektik der Natur*, (1873-1882), in *MEGA*², I/26, Berlin: Dietz Verlag, 1985, S.387-388

　　這段箚記雖然不成獨立的系統，但是至少蘊含了兩個關鍵要點。首先，恩格斯擺明了懂得黑格爾，但不按其方式來做。例如，他在第111號箚記下面寫的第一條——「無限多進展過程在黑格爾那裡是一個空曠的荒野，因為它只表現為同一個東西的永恆的重複：1+1+1……」，這是黑格爾的結論，恩格斯曾表示贊同。緊接著，第二條又說——「然而在現實中，這個無限的進展過程並不是重複，而是發展，前進或後退，因而成為必然的運動形式」，這是恩格斯自己的觀點，不是黑格爾的主張。隨後而來的則是「經典批判」——黑格爾主張發展有個終結。

　　這個細節表明：恩格斯有意在黑格爾外殼下推行異於黑格爾的主張，當屬黑格爾流派的「修正主義者」。下面的文本構成印證：

　　　　舉個例子來說吧。不論哪一個哲學命題都沒有像黑格爾的一個著名命題那樣引起近視的政府的感激和同樣近視的自由派的憤怒，這個命題就是：「凡是現實的都是合乎理性的，凡是合乎理性的都是現實的。」這顯然是把現存的一切神聖化，是在哲學上替專制制度、警察國家、專斷司法、書報檢查制度祝福。弗里德里希－威廉三世是這樣認為的，他的臣民也是這樣認為的。但是，在黑格爾看來，決不是一切現存的都無條件地也是現實的。在他看來，現實性這種屬性僅僅屬於那同時是必然的東西……羅馬共和國是現實的，但是把它排斥掉的羅馬帝國也是現實的。法國的君主制在 1789 年已經變得如此不現實，即如此喪失了任何必然性，如此不合理性，以致必須由大革命（黑格爾總是極其熱情地談論這次大革命）來把它消滅。

所以，在這裡，君主制是不現實的，革命是現實的。這樣，在發展進程中，以前一切現實的東西都會成為不現實的，都會喪失自己的必然性、自己存在的權利、自己的合理性；一種新的、富有生命力的現實的東西就會代替正在衰亡的現實的東西，……按照黑格爾的思維方法的一切規則，凡是現實的都是合乎理性的這個命題，就變為另一個命題：凡是現存的，都一定要滅亡。[15]

「凡是現實的就是合理的，凡是合理的就是現實的」（「現實即合理」），這是黑格爾的名言。前此也說過，倘若將其做通俗的理解，就是一句胡話。恩格斯在此強調，並非所有的「現存之物」對黑格爾來說都是「現實」的，唯有「必然」的和「合理」的才是「現實」的。而所謂合「理」就是合乎絕對精神，凡是合乎絕對精神的，沒有不「現實」的。在此意義，恩格斯對黑格爾的用意十分瞭解。不僅如此，他對自己的意圖也很自覺。解釋了名言之後，又說：例如在法國那裡，君主制不滿足必然性，因此不現實，要被革命推翻，而革命是「現實」的。恩格斯論斷，凡是「現實」的都會變成不「現實」的，都會被推翻；新的更合理、更必然的事物總要代替先者；革命總是最「現實」的；凡是「現實」的，有朝一日必都滅亡。仔細地斟酌這一番話，就能發現，其背後醞釀的絕不僅是黑格爾的思想。黑格爾恐怕不會主張「現實即合理，合理即現實」等於「凡現實，都必滅亡」。恩格斯看似順從黑格爾，實際卻暗中醞釀著修辭的「挪移」，以

---

[15] 恩格斯：〈路德維希‧費爾巴哈和德國古典哲學的終結〉，載於《馬克思恩格斯全集》第二版第28卷，北京：人民出版社，2018年，第322-323頁。

便「摻雜」自己的思想──把「過去」的歷史敘説導向「未來」預測，以激起革命的「行動」。

黑格爾誠然也要揚棄每一環節，但此乃為了絕對精神。在此意義，它總是完成的。恩格斯把它推向「未來」，以顯示革命的情懷，這是黑格爾拒絕的，因此他顯得「保守」。總之，此處黑格爾是黑格爾，恩格斯是恩格斯。這是第一個關鍵的要點。

回到《自然辯證法》的箚記，恩格斯的要求乃「生存」之要求，而非「體系」的需要。後者的「定義域」是哲學，而前者則不是。在第23號箚記下面，恩格斯提到黑格爾意義的「惡無限性」和「真無限性」。其大意是：即便清楚這兩種不同的無限，並把它們「雜拌」起來當成真理，也不會影響生活本身。因為，一方面宇宙的「終結」是用不著的──評價耐格里的話表明只「需要」潛無限即可；另一方面──「這對於現象的實際上無限的多樣性和對於認識自然來說，並沒有實質性的損害，正如對於歷史來說，同樣地並且在更大的程度上局限於比較短促的時間和地球上的一小部分地區，也沒有什麼實質性損害」。這彰顯了恩格斯強烈的「實用主義」傾向──不論道理怎樣，「捉住老鼠就是好貓」[16]。

更進一步，區分「生存」與「體系」兩種要求也是恩格斯「自覺」的強調。下面的文本可做代表：

> 但是這裡確實必須指出一點：黑格爾並沒有這樣清楚地作出如上闡述。這是他的方法必然要得出的結論，但是

---

[16] 鄧小平：〈怎樣恢復農業生產〉，載於《鄧小平文選》第一卷，北京：人民出版社，1989年，第322頁。

他本人從來沒有這樣明確地作出這個結論。原因很簡單，因為他不得不去建立一個體系，而按照傳統的要求，哲學體系一定是要以某種絕對真理來完成的。所以，黑格爾，特別是在《邏輯學》中，儘管如此強調這種永恆真理不過是邏輯的或歷史的過程本身，他還是覺得自己不得不給這個過程一個終點，因為他總得在某個地方結束他的體系。在《邏輯學》中，他可以再把這個終點作為起點，因為在這裡，終點即絕對觀念——它所以是絕對的，只是因為他關於這個觀念絕對說不出什麼來——「外化」也就是轉化為自然界，然後在精神中，即在思維中和在歷史中，再返回到自身。但是，要在全部哲學的終點上這樣返回到起點，只有一條路可走。這就是把歷史的終點設想成人類達到對這個絕對觀念的認識，並宣布對絕對觀念的這種認識已經在黑格爾的哲學中達到了。但是這樣一來，黑格爾體系的全部教條內容就被宣布為絕對真理，這同他那消除一切教條東西的辯證方法是矛盾的；這樣一來，革命的方面就被過分茂密的保守的方面所窒息。在哲學的認識上是這樣，在歷史的實踐上也是這樣。[17]

其中說到：「黑格爾並沒有這樣清楚地作出如上闡述。這是他的方法必然要得出的結論，但是他本人從來沒有明確地作出這個結論。」但是，這個結論不該是黑格爾的，而是恩格斯的。黑格爾當然不必得此結論，但恩格斯看來，這是黑格爾方法的必然

---

[17] 恩格斯：〈路德維希·費爾巴哈和德國古典哲學的終結〉，載於《馬克思恩格斯全集》第二版第28卷，北京：人民出版社，2018年，第325頁。

結局。究其原因，恩格斯的答案不同於我們的「詮釋學劃界」，而是——「原因很簡單，因為他不得不去建立一個體系，而按照傳統的要求，哲學體系是一定要以某種絕對真理來完成的」。由於黑格爾要建立「體系」，就必須以絕對真理收場，如此「體系」才是閉合與完滿的。從而，一切哲學只要建立「體系」，就都會承諾絕對真理。這可以稱為恩格斯的第三層「自覺」。[18]同時，它也是揭開全部謎底的「鑰匙」——這把「鑰匙」就誕生於對文本的分析。

繼續，對於「體系」要求的後果，恩格斯說——「這樣一來，黑格爾體系的全部教條內容就被宣布為絕對真理，這同他那消除一切教條東西的辨證方法是矛盾的；這樣一來，革命的方面就被過分茂密的保守的方面所窒息。在哲學的認識上是這樣，在歷史的實踐上也是這樣」。這話只說對了一半，即「在哲學的認識上是這樣」。至於「在歷史的實踐上也是這樣」，則缺乏根據。也構不成對黑格爾的批判，因為黑格爾根本沒想在實踐上「怎樣」。黑格爾哲學的工作只是「反思」，只是事後發力，只是運行已完成的現實，只是思索已結束的實踐，只是黃昏中起飛的貓頭鷹——總是來得太晚。

黑格爾不關心「革命」行動是否有開拓真理的功能，相反，絕對精神早已形成。我們的工作只是展開它，這單屬於「體系的要求」。恩格斯認為這顯得「保守」。他與黑格爾相反，甚至比任何一般「哲學家」都更在乎革命力量，更關心實踐成敗。在此意義，他便明確地反對構造「體系」的做法。也唯有理解了這一點，才能明白恩格斯為何「懂得」黑格爾卻又顯得「不懂」黑格

---

[18] 前面兩層「自覺」在第五章中已經談過。

爾。「答案」已經昭然若揭——恩格斯的「定義域」不是哲學。
請看他的「自白」：
（1——

　　其次，既然哲學本身已不再需要，那末任何體系，
甚至哲學的自然體系也就不再需要了。關於自然界的所有
過程都處於一種系統聯繫中這一認識，推動科學到處從個
別部分和整體去證明這種系統聯繫。但是，對這種聯繫作
恰如原狀的、毫無遺漏的、科學的陳述，對我們所處的世
界體系形成確切的思想映象，這無論對我們還是對所有時
代來說都是不可能的。如果在人類發展的某一時期，這種
包括世界所有聯繫——無論是物質的或者是精神的和歷史
的——的最終完成的體系建立起來了，那末，人的認識的
領域就從此完結，而且從社會按照這一體系來安排的時候
起，未來的歷史進展就中斷了——這是荒唐的想法，是純
粹的胡說。這樣人們就處於矛盾之中：一方面，要毫無遺
漏地從所有的聯繫中去認識世界體系；另一方面，無論是
從人們的本性或世界體系的本性來說，這個任務都是永遠不
能完全解決的。但是，這種矛盾不僅存在於世界和人這兩個
因素的本性中，而且還是所有智力進步的主要槓桿，它在
人類的無限的前進發展中每天地、不斷地得到解決，這正
象某些數學課題在無窮級數或連分數中得到解答一樣。[19]

---

[19] 恩格斯：〈反杜林論〉，載於《馬克思恩格斯全集》第一版第20卷，北
京：人民出版社，1971年，第40頁。開頭一句話，《馬克思恩格斯全
集》第二版第26卷的翻譯為：「其次，既然這樣的哲學已不再需要，
那麼任何體系，甚至哲學的自然體系也就不再需要了」。（北京：人

　　開頭一句話的語氣，顯得慷慨激昂。其大意是：在我的發展學說之下，「哲學」本身，從而任何「體系」都不再需要了——這種總攬一切的「體系」，就其「統括世上所有聯繫」、「達成自為」和「自我奠基」的要求來說，對我們甚或對所有時代都是不可能的。在此意義，恩格斯的學說反對「體系」，反對「哲學」，反對「總體」。因此，其也不能以這些標準來進行評價，也不屑於求得它們認同。也就是說，恩格斯已然揚棄了「哲學」。

　　（2——

　　　在一切哲學家那裡，正是「體系」是暫時性的東西，這恰恰因為「體系」產生於人類精神的永恆的需要，即克服一切矛盾的需要。但是，假定一切矛盾都一下子永遠消除了，那麼我們就達到了所謂絕對真理，世界歷史就完結了，而世界歷史雖然已經無事可做，卻一定要繼續發展下去——因而這是一個新的、不可解決的矛盾。一旦我們認識到（就獲得這種認識來說，歸根到柢沒有一個人比黑格爾本人對我們的幫助更大），這樣給哲學提出的任務，無非就是要求一個哲學家完成那只有全人類在其前進的發展中才能完成的事情，那麼以往那種意義上的全部哲學也就完結了。我們把沿著這個途徑達不到而且任何單個人都無法達到的「絕對真理」撇在一邊，而沿著實證科學和利用辯證思維對這些科學成果進行概括的途徑去追求可以達到

民出版社，2014年，第40頁）歷史考證版第二版為："Ferner: wenn keine philosophie als solche mehr nöthig, dann auch kein system,selbst kein antüerliches system der philosophie mehr."（Engels: *Herrn Eugen Dührings Umwälzung Der Wissenschaft (Anti-Dühring)*, in *MEGA*^{2}, I/27, Berlin: Dietz Verlag, 1988, S.244）

的相對真理。總之，哲學在黑格爾那裡完成了，一方面，
因為他在自己的體系中以宏偉的方式概括了哲學的全部發
展；另一方面，因為他（雖然是不自覺地）給我們指出了
一條走出這些體系的迷宮而達到真正地切實地認識世界的
道路。[20]

　　「在一切哲學家那裡」的言下之意是：我不是哲學家。「正
是『體系』是暫時性的東西」──恩格斯認為此類現象產生於人
類精神的自我需要。這種表述已然接近馬克思主義對「宗教」的
描述，即言下之意是，它有朝一日會不再需要。在此，恩格斯說
黑格爾是「模範」，他的「優秀」不止終結了自身，也終結了
「哲學」──黑格爾的體系顯示了其辯證而積極的一面，但又要
求「哲學家」完成只有全人類才能完成的事情。這是揚棄「哲
學」而胸懷「實踐」的人無法接受的。歸根結柢，恩格斯自覺到
他不同於黑格爾，他關心「實踐」，心繫「革命」，關注人類的
「現世生活」和「未來命運」，擔憂社會發展的「前途」和「方
向」──「理論」需要建樹，「實踐」更要作為。至此為止，
問題已經全部清除。恩格斯因有此類目的，故不免有時批判黑
格爾，有時讚揚黑格爾；在此主張潛無限，在彼主張實無限。
也因此種理論定位（「定義域」），他不關心是否真正繼承了
黑格爾，是否真正反駁了黑格爾，以及，他的學說是否前後一貫
──這些要求都是屬於「純粹哲學」的，從而也是次一等的、
將被揚棄的。[21]總而言之，「定義域」決定「值域」的道理，或

[20]　恩格斯：〈路德維希・費爾巴哈和德國古典哲學的終結〉，載於《馬克思
　　恩格斯全集》第二版第28卷，北京：人民出版社，2018年，第326-327頁。
[21]　關於恩格斯的「哲學終結論」，甚或馬克思的「哲學終結論」或馬克思

「生存」和「體系」兩種劃界要求，解答了全部遺留的問題。不同的目的可以催生不同的做法，前此也說，故而目的也是評價行動合法的唯一標準。照此原則，倘若黑格爾的目的就是建立「體系」，我們評價他，就看他的體系是否前後一貫足矣。如若恩格斯的目的是「實踐」作為，我們評價他，則看其是否幹出一番成就，有沒有帶來實踐或生活上的災難即可。在此意義，「劃界」的要求不僅使得恩格斯對黑格爾的批判「文不對題」，也使我們對恩格斯的責難「文不對題」。

　　然而，從另外的角度看，本書也是「對題」的——我們從未宣稱要從恩格斯的立場看問題。我們有「哲學」的興趣，而恩格斯未必有：

　　（3——

　　　　現代唯物主義，否定的否定，不是單純地恢復舊唯物主義，而是把2000年來哲學和自然科學發展的全部思想內容以及這2000年的歷史本身的全部思想內容加到舊唯物主義的持久性的基礎上。這已經根本不再是哲學，而只是世界觀，這種世界觀不應當在某種特殊的科學的科學中，而應當在各種現實的科學中得到證實和表現出來。因此，哲學在這裡被「揚棄」了，就是說，「既被克服又被保存」；按其形式來說是被克服了，按其現實的內容來說是被保存了。[22]

主義對此問題的看法，可參見徐長福：〈論恩格斯關於哲學終結的思想〉，載於《馬克思主義研究的學術化探索》，北京：社會科學文獻出版社，2010年，第107-127頁以及馬天俊：〈馬克思與哲學〉，載於《江海學刊》，2011年第1期。

[22]　恩格斯：〈反杜林論〉，載於《馬克思恩格斯全集》第二版第26卷，北

（4——以及：

> 所以，一切社會變遷和政治變革的終極原因，不應當
> 到人們的頭腦中，到人們對永恆真理和正義的日益增進的
> 認識中去尋找，而應當到生產方式和交換方式的變更中去
> 尋找；不應當到有關時代的哲學中去尋找，而應當到有關
> 時代的經濟中去尋找。[23]

　　本書限定在「純粹哲學」的範圍內行事，這是我們對自己的
「交代」，也是對自身的「劃界」。只有意識到自身的「限度」，
擁有類似恩格斯的「自覺」，才能達到「真的無限」。此乃最為高
貴的尊嚴與謙遜。它的最後表現是──我們滿足自身「哲學」興趣
的同時，不該忘記恩格斯在〈終結〉末尾講的那些滿懷激情的話：

> 德國人的理論興趣，只是在工人階級中還沒有衰退，
> 繼續存在著。在這裡，它是根除不了的。在這裡，對職
> 位、年利，對上司的恩典，沒有任何考慮。相反，科學越
> 是毫無顧忌和大公無私，它就越符合工人的利益和願望。
> 在勞動發展史中找到了理解全部社會史的鎖鑰的新派別，

京：人民出版社，2014年，第146-147頁。原文參見 Engels: *Herrn Eugen Dührings Umwälzung Der Wissenschaft (Anti-Dühring)*, in *MEGA*², I/27, Berlin: Dietz Verlag, 1988, S.334

[23] 恩格斯：〈反杜林論〉，載於《馬克思恩格斯全集》第二版第26卷，北京：人民出版社，2014年，第284頁。原文參見 Engels: *Herrn Eugen Dührings Umwälzung Der Wissenschaft (Anti-Dühring)*, in *MEGA*², I/27, Berlin: Dietz Verlag, 1988, S.435

一開始就主要是面向工人階級的，並且從工人階級那裡得到了同情，這種同情，它在官方科學那裡是既沒有尋找也沒有期望過的。德國的工人運動是德國古典哲學的繼承者。[24]

「德國的工人運動是德國古典哲學的繼承者」——此話說的已經很明白了。可是，它的作者還嫌不夠，又在附錄中抄了他的理論合作者馬克思的「十一條提綱」。其中，最具有代表性的、後來流傳得也最廣的便是那「第十一條」。更進一步，請別忘了，恩格斯抄的比馬克思寫的，在語氣上來得更重——

恩格斯抄的是：

> 哲學家們只是用不同的方式解釋世界，而問題在於改變世界。[25]

馬克思寫的是：

> 哲學家們只是用不同的方式解釋世界，問題在於改變世界。[26]

話雖清楚，我們的路程卻不能繼續。因為，本書沒有實踐的興趣。

---

[24] 恩格斯：〈路德維希·費爾巴哈和德國古典哲學的終結〉，載於《馬克思恩格斯全集》第二版第28卷，北京：人民出版社，2018年，第367頁。

[25] 馬克思：〈馬克思論費爾巴哈〉，附於恩格斯：〈路德維希·費爾巴哈和德國古典哲學的終結〉，北京：人民出版社，1997年，第57頁。

[26] 馬克思：〈關於費爾巴哈的提綱〉，附於恩格斯：〈路德維希·費爾巴哈和德國古典哲學的終結〉，北京：人民出版社，1997年，第55頁。

參考文獻

一、馬克思和恩格斯的著作

馬克思：〈青年在選擇職業時的考慮〉，《馬克思恩格斯全集》（第二版第1卷），北京：人民出版社，1995年。

——〈《黑格爾法哲學批判》導言〉，《馬克思恩格斯全集》（第二版第3卷），北京：人民出版社，2002年。

——〈馬克思論費爾巴哈〉，《路德維希·費爾巴哈和德國古典哲學的終結》，北京：人民出版社，1997年。

——〈關於費爾巴哈的提綱〉，《路德維希·費爾巴哈和德國古典哲學的終結》，北京：人民出版社，1997年。

——〈《1857-1858年經濟學手稿》導言〉，《馬克思恩格斯全集》第二版第30卷，北京：人民出版社，1995年。

——〈馬克思致斐·拉薩爾（1858年5月31日）〉，《馬克思恩格斯全集》（第一版第29卷），北京：人民出版社，1972年。

——《資本論》（第一卷），北京：人民出版社，2004年。

恩格斯：〈湊巧講出的實話〉，《馬克思恩格斯全集》（第二版第2卷），北京：人民出版社，2005年。

——〈英國狀況·十八世紀〉，《馬克思恩格斯全集》（第二版第3卷），北京：人民出版社，2002年。

——〈致約翰·菲力浦·貝克爾（1884年10月15日）〉，《馬克思恩格斯全集》（第一版第36卷），北京：人民出版社，1975年。

——〈恩格斯致約瑟夫‧布洛赫（1890年9月21-22日）〉，《馬克思恩格斯文集》（第10卷），北京：人民出版社，2009年。

——〈路德維希‧費爾巴哈和德國古典哲學的終結〉，《馬克思恩格斯全集》（第二版第28卷），北京：人民出版社，2018年。

——〈卡爾‧馬克思《政治經濟學批判。第一分冊》〉，《馬克思恩格斯選集》（第2卷），北京：人民出版社，1995年。

——〈家庭、私有制和國家的起源〉，《馬克思恩格斯全集》（第二版第28卷），北京：人民出版社，2018年。

——〈反杜林論〉，《馬克思恩格斯全集》（第二版第26卷），北京：人民出版社，2014年。

——〈反杜林論〉，《馬克思恩格斯全集》（第一版第20卷），北京：人民出版社，1971年。

——〈自然辯證法〉，《馬克思恩格斯全集》（第二版第26卷），北京：人民出版社，2014年。

Engels. *Dialektik der Natur (1873-1882)*, in *MEGA2*, I/26, Berlin: Dietz Verlag, 1985.

—— *Herrn Eugen Dührings Umwälzung Der Wissenschaft (Anti-Dühring)*, in *MEGA2*, I/27, Berlin: Dietz Verlag, 1988.

二、章節冠名哲學家的著作

康德：《純粹理性批判》，王玖興主譯，北京：商務印書館，2018年。

——《純粹理性批判》，鄧曉芒譯、楊祖陶校，北京：人民出版社，2004年。

——《實踐理性批判》，鄧曉芒譯、楊祖陶校，北京：人民出版

社，2003年。

——《道德形而上學原理》，苗力田譯，上海：上海人民出版
社，2012年。

——《道德底形上學之基礎》，李明輝譯，台北：聯經出版事業
股份有限公司，1990年。

——《邏輯學講義》，許景行譯、楊一之校，北京：商務印書
館，2010年。

亞里士多德：《形而上學》，苗力田譯，北京：中國人民大學出
版社，2003年。

——《形而上學》，吳壽彭譯，北京：商務印書館，1959年。

——〈物理學〉，徐開來譯，《亞里士多德全集》（第二卷），
苗力田主編，北京：中國人民大學出版社，1991年。

——《物理學》，張竹明譯，北京：商務印書館，1982年。

——〈論動物的生成〉，崔延強譯，《亞里士多德全集》（第五
卷），苗力田主編，中國人民大學出版社，1997年。

黑格爾：《精神現象學》（上卷），賀麟、王玖興譯，北京：商
務印書館，1962年。

——《邏輯學》（上卷），楊一之譯，北京：商務印書館，
1996年。

——《邏輯學》（下卷），楊一之譯，北京：商務印書館，
1976年。

——《小邏輯》，賀麟譯，北京：商務印書館，1980年。

——《自然哲學》，梁志學、薛華、錢廣華、沈真譯，北京：商
務印書館，1980年。

——《法哲學原理》，范揚、張企泰譯，北京：商務印書館，
1961年。

——《歷史哲學》，王造時譯，上海：世紀出版集團，2001年。

——《世界史哲學講演錄（1822-1823）》，劉立群、沈真、張東輝、姚燕譯，張慎、梁志學校，北京：商務印書館，2015年。

——《耶拿時期著作（1801-1807）》，朱更生譯，北京：人民出版社，2017年。

——《哲學史講演錄》（第一卷），賀麟、王太慶等譯，北京：商務印書館，1959年。

——《哲學史講演錄》（第四卷），賀麟、王太慶等譯，北京：商務印書館，1978年。

笛卡爾：《第一哲學沉思集》，龐景仁譯，北京：商務印書館，1986年。

——《談談方法》，王太慶譯，北京：商務印書館，2000年。

——《哲學原理》，關文運譯，北京：商務印書館，1958年。

庫薩的尼古拉：《論有學識的無知》，尹大貽、朱新民譯，北京：商務印書館，1988年。

——《論隱祕的上帝》，李秋零譯，北京：商務印書館，2012年。

斯賓諾莎：《知性改進論》，賀麟譯，北京：商務印書館，1960年。

——《倫理學》，賀麟譯，北京：商務印書館，1983年。

——《簡論上帝、人及其心靈健康》，顧壽觀譯，北京：商務印書館，2010年。

——〈形而上學思想〉，《笛卡爾哲學原理》，王蔭庭、洪漢鼎譯，北京：商務印書館，1980年。

——〈斯賓諾莎致博學而精煉的哲學和醫學博士路德維希‧梅耶爾閣下（論無限的本性）〉，《斯賓諾莎書信集》，洪漢鼎

譯，北京：商務印書館，1993年。

——〈斯賓諾莎致高貴而博學的亨利・奧爾登堡閣下〉，《斯賓
　　諾莎書信集》，洪漢鼎譯，北京：商務印書館，1993年。

萊布尼茨：《人類理智新論》，陳修齋譯，北京：商務印書館，
　　1982年。

——《新系統及其說明》，陳修齋譯，北京：商務印書館，
　　1999年。

——《神正論》，段德智譯，北京：商務印書館，2018年。

——〈論萬物的終極根源〉，《萊布尼茨早期形而上學文集》，
　　段德智編，段德智、陳修齋、桑靖宇譯，北京：商務印書
　　館，2017年。

——〈單子論〉，《萊布尼茨後期形而上學文集》，段德智編，
　　段德智、陳修齋譯，北京：商務印書館，2019年。

——〈理由原則的形而上學推論〉，《萊布尼茨後期形而上學文
　　集》，段德智編，段德智、陳修齋譯，北京：商務印書館，
　　2019年。

——〈論兩個自然主義者派別〉，《萊布尼茨自然哲學文集》，
　　段德智編譯，北京：商務印書館，2018年。

三、期刊與學位論文

戴晴：〈《中華英烈》與一九八六〉，《讀書》，1987年第4期。

馬天俊：〈哲學家的生存〉，《開放時代》，2001年第3期。

——〈從凡俗生活躍起：哲學的使命〉，《長春市委黨校學
　　報》，2002年第1期。

——〈哲學範式的隱喻差異——道和相的比照〉，《長春市委黨
　　校學報》，2010年第5期。

──〈從「道」的隱喻看「相」的隱喻──論「實踐『哲學』」之難〉,《現代哲學》,2010年第4期。

──〈馬克思與哲學〉,《江海學刊》,2011年第1期。

吳根友:〈即哲學史講哲學──關於哲學與哲學史研究方法的再思考〉,《哲學研究》,2019年第1期。

殷海光:〈言論自由的認識及其基本條件〉,《自由中國》,1951年第5卷第7期。

龍霞:《實踐與法的合理性──一種建設性維度的馬克思法哲學研究》,中山大學博士學位論文,2006年。

四、其他引用文獻

阿爾都塞:〈矛盾與多元決定〉,《保衛馬克思》,顧良譯,北京:商務印書館,2010年。

安若瀾:《亞里士多德的《形而上學》》,曾怡譯,上海:華東師範大學出版社,2015年。

奧斯汀:《感覺與可感物》,陳嘉映譯,北京:商務印書館,2016年。

北京大學哲學系外國哲學史教研室:《西方哲學原著選讀》(上卷),北京:商務印書館,1981年。

本雅明:《啟迪:本雅明文選》,阿倫特編,張旭東、王斑譯,北京:生活‧讀書‧新知三聯書店,2014年。

柏格森:《思想和運動》,楊文敏譯,北京:北京時代華文書局,2018年。

柏拉圖:《理想國》,郭斌和、張竹明譯,北京:商務印書館,1986年。

──《柏拉圖理想國》,侯健譯,台北:聯經出版事業股份有限

公司，2014年。

——《巴曼尼德斯篇》，陳康譯注，北京：商務印書館，1982年。

陳嘉映：《感覺與可感物》（中文版導言），北京：商務印書館，2016年。

陳嘉映等譯：《西方大觀念》，北京：華夏出版社，2008年。

戴晴：《梁漱溟王實味儲安平》，南京：江蘇文藝出版社，1989年。

——《長江長江——三峽工程論爭》，貴陽：貴州人民出版社，1989年。

——《在如來佛掌中——張東蓀和他的時代》，香港：香港中文大學出版社，2009年。

鄧小平：〈改革是中國發展的必由之路〉，《鄧小平文選》（第三卷），北京：人民出版社，1993年。

——〈怎樣恢復農業生產〉，《鄧小平文選》（第一卷），北京：人民出版社，1989年。

第歐根尼·拉爾修：《古希臘哲學的故事》，王曉麗譯，北京：時事出版社，2019年。

——《名哲言行錄》（下卷），馬永翔、趙玉蘭、祝和軍、張志華譯，吉林：吉林人民出版社，2003年。

費爾巴哈：《對萊布尼茨哲學的敘述、分析和批判》，塗紀亮譯，北京：商務印書館，1979年。

費希特：《論學者的使命 人的使命》，梁志學、沈真譯，北京：商務印書館，1984年。

高清海：《哲學與主體自我意識》，吉林：吉林大學出版社，1988年。

海德格爾：《存在與時間》（中文修訂第二版），陳嘉映、王慶

節譯，熊偉校，陳嘉映修訂，北京：商務印書館，2015年。

侯世達、桑德爾：《表象與本質：類比，思考之源和思維之火》，劉健、胡海、陳祺譯，杭州：浙江人民出版社，2018年。

胡大平：《回到恩格斯——文本、理論和解讀政治學》，南京：江蘇人民出版社，2011年。

霍爾特等：《新實在論：哲學研究合作論文集緒論》，伍仁益譯，鄭之驤校，北京：商務印書館，2013年。

霍克海默和阿道爾諾：《啟蒙辯證法：哲學斷片》，渠敬東、曹衛東譯，上海：上海譯文出版社，2006年。

伽達默爾：《真理與方法》，洪漢鼎譯，北京：商務印書館，2010年。

柯瓦雷：《從封閉世界到無限宇宙》，張卜天譯，北京：商務印書館，2016年。

柯亨：《卡爾・馬克思的歷史理論：一個辯護》，岳長齡譯，重慶：重慶出版社，1989年。

萊文：《不同的路徑：馬克思和恩格斯主義中的黑格爾》，臧峰宇譯，北京：北京師範大學出版社，2009年。

萊謝克・科拉科夫斯基：《馬克思主義主要流派：興起、發展與崩解》（第一卷），馬元德譯，台北：聯經出版事業股份有限公司，2017年。

萊澤克・科拉科夫斯基：《馬克思主義的主要流派》（第一卷），唐少傑、顧維艱、寧向東、李正栓譯，蘇國勳、唐少傑、魏志軍校，哈爾濱：黑龍江大學出版社，2015年。

萊考夫、約翰遜：《我們賴以生存的隱喻》，何文忠譯，杭州：浙江大學出版社，2015年。

雷可夫、詹森：《我們賴以生存的譬喻》，台北：聯經出版事業
　　股份有限公司，2006年。

盧卡奇：《歷史與階級意識》，杜章智、任立、燕宏遠譯，北
　　京：商務印書館，1999年。

〈論語‧為政〉，程樹德：《論語集釋》，程俊英、蔣見元點
　　校，北京：中華書局，1990年。

羅素：《對萊布尼茨哲學的批評性解釋》，段德智、張傳有、陳
　　家琪譯，陳修齋、段德智校，北京：商務印書館，2010年。

洛克：《論人類的認識》，胡景釗譯，上海：上海人民出版社，
　　2017年。

林蔚：《林蔚文抗戰遠征日記（1941）》，蘇聖雄主編，台北：
　　民國歷史文化出版社，2019年。

李大釗：〈危險思想與言論自由〉，《李大釗全集》（第二
　　卷），北京：人民出版社，2006年。

馬爾庫塞：《單向度的人──發達工業社會意識形態研究》，劉
　　繼譯，上海：上海譯文出版社，2008年。

馬天俊：《從生存的觀點看》，武漢：華中科技大學出版社，
　　2008年。

──〈論《資本論》中的「化身」問題〉，《當代國外馬克思主
　　義評論》，北京：人民出版社，2015年。

毛澤東：〈愚公移山〉，《毛澤東選集》（第三卷），北京：人
　　民出版社，1991年。

湯瑪斯‧瑞克斯：《邱吉爾與歐威爾》，洪慧芳譯，台北：麥田
　　出版，2019年。

錢捷：〈康德「超絕的」概念的「元」性質──兼談transzendental
　　的漢譯名〉，《頭上的星空──康德的《純粹理性批判》

　　與自然科學的哲學基礎》，合肥：安徽文藝出版社，
　　2013年。

──《超絕發生學原理》（第一卷），北京：中國社會科學出版
　　社，2012年。

──《超絕發生學原理》（第二卷 上冊），北京：中國社會科
　　學出版社，2017年。

薩特：《存在主義是一種人道主義》，周煦良、湯永寬譯，上
　　海：上海譯文出版社，1988年。

塞繆耳・早川、艾倫・早川：《語言學的邀請》，柳之元譯，北
　　京：北京大學出版社，2015年。

尚文華：《希望與絕對：康德宗教哲學研究的思想史意義》，南
　　京：江蘇人民出版社，2018年。

施密特：《馬克思的自然概念》，歐力同、吳仲昉譯，趙鑫珊
　　校，北京：商務印書館，1988年。

孫小禮、張祖貴：《哲學科學家──萊布尼茨：超越時代》，福
　　州：福建教育出版社，1997年。

孫中興：《馬／恩歷史唯物論的歷史與誤論》，新北：群學出版
　　有限公司，2013年。

索爾仁尼琴：《古拉格群島》（第一卷），田大畏、陳漢章譯，
　　田大畏校，北京：群眾出版社，1996年。

特雷爾・卡弗：《馬克思與恩格斯：學術思想關係》，姜海波、
　　王貴賢等譯，北京：中國人民大學出版社，2016年。

王子嵩、范明生、陳村富、姚介厚：《希臘哲學史》（第一卷
　　修訂本），北京：人民出版社，2014年。

──《希臘哲學史》（第二卷 修訂本），北京：人民出版社，
　　2014年。

文德爾班：《哲學史教程》（上卷），羅達仁譯，北京：商務印
　　書館，1987年。

翁貝托・埃科：《康德和鴨嘴獸》，劉華文譯，上海：上海譯文
　　出版社，2019年。

徐長福：《理論思維與工程思維──兩種思維方式的僭越與劃
　　界》，重慶：重慶出版社，2013年。

──《拯救實踐（第一卷 意識與異質性）》，重慶：重慶出版
　　社，2012年。

──〈論恩格斯關於哲學終結的思想〉，《馬克思主義研究的學
　　術化探索》，北京：社會科學文獻出版社，2010年。

楊適：《古希臘哲學探本》，北京：商務印書館，2003年。

葉秀山：〈序「純粹哲學叢書」〉，鳳凰文庫・純粹哲學系列叢
　　書，2001年。

──〈從純粹的學問到真實的事物──「純粹哲學叢書」改版
　　序〉，鳳凰文庫・純粹哲學系列叢書，2007年。

葉加威、曾瑞明：《全球正義與普世價值》，香港：中文大學出
　　版社，2019年。

以賽亞・伯林：《卡爾・馬克思》，李寅譯，南京：譯林出版
　　社，2018年。

伊賽・柏林：《馬克思傳》，趙干城、鮑世奮譯，丘為君校，台
　　北：時報文化出版企業有限公司，1990年。

趙汀陽：《第一哲學的支點》，北京：生活・讀書・新知三聯書
　　店，2017年。

趙越勝：《精神漫遊》，香港：Oxford University Press，2017年。

周濂：《打開：周濂的100堂西方哲學課》，上海：上海三聯書
　　店，2019年。

周婉窈：《臺灣歷史圖説》，台北：聯經出版事業股份有限公司，2016年。

周婉窈：《少年臺灣史：寫給島嶼的新世代和永懷少年心的國人》，台北：玉山社出版事業股份有限公司，2019年。

《莊子注疏》，郭象注、成玄英疏，北京：中華書局，2011年。

章詒和：《往事並不如煙》，台北：時報文化出版企業股份有限公司，2019年。

Peter Godfrey-Smith. *Theory and Reality: An Introduction to the Philosophy of Science*, London: The University of Chicago Press, 2003.

Wilfrid Sellars. *Science and Metaphysics: Variations on Kantian Themes*, Ridgeview Pub Co, 1993.

五、非引用部份（期刊在前）

安啟念：〈如何認識波格丹諾夫對列寧哲學思想的批評〉，《教學與研究》，1997年第7期。

何中華：〈如何看待馬克思和恩格斯的思想差別〉，《現代哲學》，2007年第3期。

魯克儉：〈國外學者論青年馬克思與青年恩格斯的學術關係〉，《教學與研究》，2006年第8期。

──〈馬克思與恩格斯對唯物史觀理解之差異〉，《北京行政學院學報》，2012年第2期。

聶錦芳：〈「馬克思－恩格斯思想關係」再辨析──以「德意志意識形態」為例〉，《社會科學輯刊》，2012年第2期。

魏小萍：〈如何從馬克思和恩格斯的差異中解讀馬克思主義哲學的核心問題──從一個附加標題說起〉，《哲學動態》，2009年第3期。

張新：〈恩格斯自然科學發展規律探析〉，《中國人民大學學報》，2010年第3期。

朱傳棨：〈論恩格斯對唯物史觀的傑出貢獻〉，《馬克思主義與現實》，2010年第6期。

艾思奇主編：《辨證唯物主義歷史唯物主義》，北京：人民出版社，1961年。

波普爾：《開放社會及其敵人》，路衡等譯，北京：中國社會科學出版社，1999年。

常豔：《恩格斯晚年社會發展理論研究》，北京：中央編譯出版社，2010年。

費徹爾：《馬克思與馬克思主義：從經濟學批判到世界觀》，趙玉蘭譯，北京：北京師範大學出版社，2009年。

豐子義、楊學功：《馬克思「世界歷史」理論與全球化》，北京：人民出版社，2002年。

──《發展的回環和回應──哲學視野中的社會發展》，北京：北京師範大學出版社，2009年。

高清海主編：《馬克思主義哲學基礎》（上冊），北京：人民出版社，1985年。

郭湛：〈從主體性到公共性──中國馬克思主義哲學範式的轉換〉，《馬克思主義哲學研究範式：創新與轉換》，何錦華、任平主編，北京：社會科學文獻出版社，2010年。

哈耶克：《通往奴役之路》，王明毅、馮興元等譯，馮興元、毛壽龍、王明毅等統校，北京：中國社會科學出版社，1997年。

海耶克：《通向奴役之路》，藤維藻、朱宗風譯，張楚勇審訂，香港：商務印書館（香港），2017年。

萊文：《辯證法內部對話》，張翼星等譯，昆明：雲南人民出版

社，1997年。

──〈馬克思與恩格斯的比較〉，《馬列著作編譯資料》（第14
輯），中共中央馬克思恩格斯列寧斯大林著作編譯局「馬列
著作編譯資料」編輯部編，北京：人民出版社，1981年。

李秀林主編：《辯證唯物主義新探》，北京：中國人民大學出版
社，1988年。

列・阿・列昂節夫：《恩格斯在馬克思主義政治經濟學形成和發
展方面的作用》，方鋼、志成譯，北京：中國人民大學出版
社，1982年。

列・尼・蘇沃洛夫：《唯物辯證法》，宋一秀、易傑雄譯，尹希
成校，哈爾濱：黑龍江人民出版社，1984年。

列寧：《唯物主義和經驗批判主義》，北京：人民出版社，
2015年。

劉森林：《重思發展──馬克思發展理論的當代價值》，北京：
人民出版社，2003年。

──《歷史唯物主義：現代性的多層反思》，廣州：中山大學出
版社，2016年。

劉賢奇主編：《辯證唯物主義疑難問題探討》，長春：吉林大學
出版社，1987年。

羅定灯、丁葉來編著：《《反杜林論》中的哲學問題》，北京：
中國人民大學出版社，1985年。

洛維特：《世界歷史與救贖歷史》，李秋零、田薇譯，北京：商
務印書館，2016年。

馬鼎彰：《《反杜林論》哲學編新解》，西安：西安交通大學出
版社，1988年。

馬天俊：〈恩格斯在中國馬克思主義哲學中的地位〉，《實踐哲

學評論》（第三輯），徐長福主編，廣州：中山大學出版
社，2017年。

「馬克思主義基本原理概論」編寫組：《馬克思主義基本原理概
論》，北京：高等教育出版社，2010年。

彭澤農、林圃：《波浪式發展規律研究──兼論唯物辯證法規律
體系》，上海：上海人民出版社，1987年。

斯大林：〈論辯證唯物主義和歷史唯物主義〉，《斯大林選集》
（下卷），北京：人民出版社，1979年。

孫伯鍨、張一兵主編：《走進馬克思》，南京：江蘇人民出版
社，2012年。

吳家華：《理解恩格斯──恩格斯晚年歷史觀研究》，合肥：安
徽大學出版社，2005年。

吳開勝：《現行哲學教材辯證唯物主義原理問題探究》，蘭州：
甘肅人民出版社，1989年。

徐琳：《恩格斯哲學思想研究》，北京：北京出版社，1985年。

楊思基：〈馬克思哲學範式轉換的邏輯基礎考察──從主觀邏輯
的立足點轉到一切從客觀邏輯出發〉，《馬克思主義哲學研
究範式：創新與轉換》，何錦華、任平主編，北京：社會科
學文獻出版社，2010年。

余其銓：《恩格斯哲學思想新探》，北京：北京大學出版社，
1992年。

俞吾金：《被遮蔽的馬克思》，北京：人民出版社，2012年。

臧峰宇：《晚年恩格斯哲學經典文本的內在邏輯研究》，北京：
中國人民大學出版社，2015年。

張敏：《超越人本主義：馬克思與費爾巴哈關係新論》，北京：
人民出版社，2011年。

趙光武主編：《辯證唯物主義原理》，北京：北京大學出版社，1989年。

鄭守林：《恩格斯哲學基本問題命題論》，北京：中國社會科學出版社，2011年。

朱傳棨：《恩格斯哲學思想研究論稿》，北京：人民出版社，2012年。

朱傳棨、楊作華、黃卓炎等編著：《馬克思主義哲學名著學習提要》，北京：中國青年出版社，1985年。

Eric Michael Dale. *Hegel, the End of History, and the Future*, Cambridge: Cambridge University Press, 2014.

Jolyon Agar. *Rethinking Marxism: From Kant and Hegel to Marx and Engels*, Oxon: Routledge, 2006.

Norman Levine. *Divergent Paths: Hegel in Marxism and Engelsism*, Lanham: Lexington Books, 2006.

Terrell Carver. Friedrich Engels: His Life and Thought, New York: Palgrave Macmillan, 1990.

Terrell Carver. Engels: *A Very Short Introduction (Very Short Introductions)*, New York: Oxford University Press, 2003.

索引

二劃

人類　005, 013, 015, 031, 060,
　　080, 094, 100, 102, 103, 104,
　　115, 123, 140, 141, 150, 151,
　　155, 167, 168, 169, 170, 171,
　　172, 173, 174, 215, 223, 236,
　　237, 238, 239, 246, 248, 258,
　　264, 268, 270, 271, 272, 280,
　　284, 302, 314, 322

三劃

上帝　056, 058, 060, 061, 094,
　　095, 100, 101, 102, 104, 105,
　　106, 107, 108, 109, 111, 112,
　　113, 114, 116, 117, 122, 124,
　　125, 126, 129, 133, 229, 230,
　　231, 232, 233, 235, 243, 244,
　　246, 280, 318, 319, 331

四劃

方向　049, 055, 073, 079, 090,
　　091, 093, 099, 109, 120, 129,
　　130, 141, 144, 146, 147, 148,
　　152, 159, 203, 220, 240, 243,
　　250, 251, 254, 255, 272, 308,
　　329, 336

比例　100, 109, 130, 144, 176,
　　178, 201, 204, 207, 209, 210,
　　217, 222, 225, 259, 261, 324

比率　204, 205, 206, 207

五劃

四邊形　145, 146

必然　014, 019, 023, 030, 045,
　　047, 049, 052, 056, 071, 075,
　　079, 084, 088, 089, 093, 096,
　　098, 104, 105, 107, 108, 110,
　　112, 116, 118, 124, 125, 130,
　　134, 135, 137, 147, 148, 149,
　　150, 151, 152, 155, 156, 157,
　　158, 159, 161, 162, 164, 171,
　　189, 214, 216, 220, 222, 227,
　　228, 229, 232, 233, 237, 239,
　　242, 243, 251, 256, 264, 265,
　　266, 267, 268

永恆　014, 037, 051, 057, 058,
　　059, 060, 061, 063, 064, 065,
　　066, 069, 070, 089, 095, 098,
　　099, 101, 106, 110, 111, 113,
　　115, 116, 117, 118, 119, 120,
　　127, 129, 131, 137, 138, 139,
　　141, 147, 148, 150, 151, 153,
　　154, 155, 157, 158, 159, 160,
　　161, 162, 163, 164, 183, 185,
　　186, 190, 192, 194, 201, 211,
　　219, 220, 237, 246, 249, 252,

254, 258, 263, 264, 265, 268,
271, 274, 322

目的　015, 018, 023, 027, 040, 043,
048, 082, 085, 088, 090, 091,
093, 103, 104, 124, 130, 134,
152, 153, 154, 156, 172, 175,
179, 186, 194, 195, 200, 206,
210, 213, 214, 220, 224, 227,
228, 229, 230, 231, 232, 233,
234, 235, 236, 237, 238, 239,
240, 243, 244, 245, 246, 248,
259, 272, 303, 318, 331, 333

六劃

休謨　042, 050, 056, 108, 246
同質　073, 074, 076, 090, 099,
130, 142, 176, 198, 203
有限　013, 014, 027, 031, 044,
052, 053, 057, 063, 064, 066,
067, 075, 081, 094, 096, 100,
101, 102, 104, 106, 108, 111,
114, 128, 133, 137, 138, 139,
147, 148, 152, 153, 154, 156,
157, 160, 166, 171, 172, 173,
174, 180, 181, 182, 183, 184,
185, 186, 187, 188, 189, 190,
191, 192, 193, 194, 195, 196,
197, 199, 200, 201, 202, 203,
206, 209, 214, 216, 222, 224,
227, 237, 244, 246, 251, 256,
260, 264, 279, 282, 284, 285,
286, 287, 315, 324, 325, 335
有機　012, 051, 072, 075, 076,
092, 144, 147, 148, 159, 211,

213, 215, 227, 228, 229, 235,
236, 237, 244, 249, 263, 315
自為　061, 083, 093, 109, 121,
130, 134, 186, 199, 205, 212,
213, 222, 228, 232, 247, 271,
303, 306, 310, 315

七劃

均等　076, 103, 130, 142
完成　016, 024, 030, 033, 040, 049,
051, 052, 056, 060, 061, 062,
063, 064, 065, 066, 068, 069,
070, 071, 073, 075, 076, 084,
085, 087, 088, 093, 105, 106,
109, 115, 116, 119, 127, 129,
130, 137, 138, 139, 141, 142,
145, 147, 152, 153, 167, 168,
170, 185, 190, 192, 195, 199,
208, 209, 213, 216, 217, 219,
223, 225, 244, 245, 246, 247,
248, 249, 252, 255, 260, 267,
268, 269, 270, 271, 272, 331
完滿　014, 061, 084, 085, 092,
093, 101, 104, 105, 106, 107,
108, 113, 125, 126, 130, 141,
152, 162, 165, 178, 185, 186,
200, 222, 227, 247, 269, 302
杜林　018, 135, 146, 149, 167,
168, 169, 170, 172, 174, 177,
178, 211, 215, 229, 230, 231,
235, 236, 237, 247, 248, 252,
253, 254, 255, 256, 257, 258,
259, 261, 270, 273, 274, 278,
289, 290

八劃

定義域　247, 263, 267, 270, 272

直觀　025, 049, 063, 065, 069, 070, 076, 077, 108, 130, 134, 155, 161, 163, 177, 216

十劃

值域　021, 247, 263, 272

哲學　005, 006, 007, 013, 014, 015, 016, 017, 018, 019, 020, 021, 022, 023, 024, 025, 026, 027, 028, 029, 030, 033, 035, 037, 038, 039, 041, 042, 043, 044, 045, 046, 047, 048, 050, 051, 052, 053, 055, 061, 077, 078, 079, 080, 082, 084, 089, 093, 097, 103, 104, 105, 106, 107, 108, 110, 111, 112, 115, 116, 117, 118, 119, 121, 122, 123, 124, 125, 128, 129, 130, 134, 135, 140, 141, 150, 157, 160, 163, 166, 167, 168, 172, 179, 183, 193, 194, 195, 205, 211, 212, 213, 214, 218, 219, 222, 224, 225, 226, 227, 229, 230, 231, 239, 241, 242, 243, 245, 246, 247, 249, 250, 263, 264, 265, 266, 267, 268, 269, 270, 271, 272, 273, 274, 275, 277, 278, 279, 280, 281, 282, 283, 284, 285, 286, 287, 288, 289, 290, 291, 301, 302, 303, 304, 305, 306, 307, 308, 309, 312, 315, 316, 317, 318, 319, 324, 326, 336, 337

恩格斯　005, 006, 007, 011, 017, 018, 019, 020, 021, 022, 023, 030, 031, 032, 033, 034, 035, 040, 049, 050, 053, 080, 084, 135, 137, 138, 139, 140, 141, 142, 143, 145, 146, 147, 148, 149, 150, 151, 152, 153, 154, 156, 157, 158, 159, 160, 161, 162, 164, 165, 166, 167, 168, 169, 170, 171, 172, 173, 174, 175, 176, 177, 178, 179, 180, 193, 208, 209, 210, 211, 214, 215, 216, 217, 219, 220, 221, 223, 224, 225, 226, 227, 228, 229, 230, 231, 232, 233, 235, 236, 237, 238, 242, 243, 245, 246, 247, 248, 249, 250, 256, 257, 258, 259, 260, 261, 262, 264, 265, 266, 267, 268, 269, 270, 271, 272, 273, 274, 275, 277, 278, 283, 285, 286, 287, 288, 289, 290, 291, 301, 302, 306, 308, 319, 321, 324, 334, 335

挪移　047, 055, 156, 157, 159, 161, 162, 164, 220, 225, 237, 239, 266

馬克思　005, 006, 013, 014, 015, 018, 019, 020, 022, 023, 030, 031, 032, 033, 034, 035, 048, 049, 050, 052, 053, 056, 084, 097, 137, 141, 143, 146, 148, 149, 150, 151, 153, 154, 157,

159, 160, 161, 167, 168, 169,
170, 172, 173, 174, 176, 177,
178, 211, 215, 218, 228, 230,
231, 232, 233, 235, 236, 237,
238, 242, 248, 250, 256, 258,
259, 260, 261, 262, 264, 266,
268, 270, 272, 273, 274, 275,
277, 278, 281, 283, 285, 286,
287, 288, 289, 290, 291, 302,
304, 306, 307, 310, 312, 319,
321, 324, 334, 335, 336
馬克思主義　005, 006, 013, 018,
030, 033, 037, 096, 166, 218,
272, 273, 283, 284, 286, 288,
289, 290, 291, 301, 302, 303,
304, 306, 307, 312, 328, 336

十一劃
康德　011, 012, 014, 015, 016,
017, 024, 026, 028, 029, 038,
042, 043, 045, 046, 047, 048,
050, 052, 055, 056, 062, 063,
064, 065, 066, 067, 068, 069,
070, 071, 073, 074, 076, 077,
078, 080, 097, 109, 118, 121,
126, 128, 129, 133, 138, 142,
144, 155, 157, 163, 164, 165,
166, 182, 184, 219, 220, 225,
227, 250, 253, 254, 278, 285,
286, 309, 319
現實　005, 006, 014, 024, 028,
034, 048, 049, 050, 052, 063,
074, 081, 082, 084, 085, 087,
088, 092, 093, 095, 096, 105,

106, 117, 125, 130, 135, 152,
172, 194, 200, 205, 207, 213,
214, 215, 223, 225, 231, 237,
239, 251, 253, 256, 258, 264,
265, 266, 269, 273, 288, 304,
307, 319, 333
異質　015, 020, 027, 029, 033,
065, 076, 077, 113, 130, 142,
143, 144, 148, 152, 198, 217,
219, 223, 286, 302, 311, 313,
332
笛卡爾　016, 024, 025, 093, 094,
095, 103, 104, 105, 106, 107,
108, 109, 113, 116, 117, 118,
121, 123, 124, 130, 155, 176,
200, 220, 280, 309
終結　019, 021, 022, 023, 034,
054, 064, 071, 075, 076, 082,
083, 085, 089, 090, 092, 093,
129, 130, 135, 140, 141, 144,
145, 150, 152, 153, 155, 160,
161, 172, 178, 183, 184, 185,
186, 187, 192, 200, 201, 210,
215, 220, 227, 240, 242, 245,
248, 249, 250, 256, 264, 265,
266, 267, 268, 272, 274, 275,
277, 278, 286, 302
統觀　076, 089, 090, 109, 130,
155, 161, 169, 172, 177, 220
規律　046, 047, 137, 139, 140,
141, 145, 147, 150, 151, 154,
155, 157, 158, 159, 160, 161,
162, 164, 167, 168, 175, 176,
178, 210, 220, 237, 239, 242,

243, 261, 264, 288, 290, 305,
318, 319
連綿　174, 198, 201, 215

十二劃

循環　058, 060, 061, 129, 137,
138, 139, 141, 147, 148, 151,
152, 157, 159, 190, 192, 194,
198, 202, 203, 204, 213, 219,
222, 225, 237, 263, 264, 335
惡無限性　250, 259, 263, 267
斯賓諾莎　020, 026, 109, 110,
111, 112, 113, 114, 115, 116,
117, 118, 119, 121, 124, 130,
135, 137, 139, 157, 163, 164,
176, 193, 219, 231, 280, 309
普遍　027, 030, 038, 042, 043,
044, 045, 052, 056, 060, 067,
077, 082, 103, 107, 108, 109,
129, 131, 133, 135, 152, 153,
154, 156, 160, 195, 198, 200,
216, 220, 231, 245, 246, 252,
257, 331
發展　007, 011, 017, 018, 021,
023, 030, 032, 033, 035, 037,
040, 046, 049, 053, 078, 080,
092, 095, 096, 129, 135, 139,
140, 141, 142, 145, 146, 147,
148, 149, 150, 152, 153, 155,
156, 159, 160, 161, 162, 164,
165, 167, 168, 169, 170, 171,
172, 174, 177, 178, 179, 180,
182, 184, 185, 186, 190, 193,
201, 210, 211, 212, 213, 214,

215, 216, 218, 219, 220, 221,
224, 225, 226, 228, 232, 234,
235, 236, 238, 239, 243, 246,
247, 248, 263, 264, 265, 266,
270, 271, 272, 273, 275, 282,
283, 288, 289, 290, 301, 302,
303, 304, 306, 307, 308, 318,
319, 333, 336
絕對　014, 015, 023, 051, 054,
055, 058, 068, 071, 074, 075,
079, 082, 095, 096, 097, 099,
100, 102, 104, 105, 106, 110,
112, 115, 119, 123, 129, 135,
139, 140, 141, 153, 154, 155,
157, 159, 160, 161, 162, 164,
167, 168, 171, 172, 173, 183,
185, 186, 187, 189, 190, 202,
210, 215, 220, 222, 233, 239,
244, 245, 248, 249, 250, 262,
266, 267, 268, 269, 271, 285,
325
絕對真理　140, 141, 160, 167,
168, 172, 215, 222, 225, 248,
249, 268, 269, 271
萊布尼茨　040, 041, 075, 109,
121, 122, 123, 124, 125, 127,
130, 135, 163, 164, 176, 280,
281, 283, 284, 285
進步　023, 126, 127, 144, 153,
159, 162, 169, 178, 203, 211,
219, 220, 223, 270, 302, 322,
335, 336
黑格爾　016, 018, 019, 021, 023,
032, 037, 038, 039, 040, 042,

048, 050, 051, 052, 053, 054,
055, 056, 062, 078, 079, 080,
084, 096, 100, 116, 118, 121,
129, 167, 168, 169, 170, 175,
177, 178, 179, 180, 181, 182,
184, 185, 187, 188, 189, 191,
192, 193, 194, 195, 196, 197,
198, 199, 200, 201, 203, 204,
205, 206, 207, 209, 210, 211,
212, 213, 214, 215, 216, 217,
218, 219, 221, 223, 224, 225,
227, 228, 229, 230, 232, 233,
239, 241, 243, 244, 245, 246,
247, 248, 249, 250, 256, 258,
259, 262, 263, 264, 265, 266,
267, 268, 269, 271, 272, 277,
279, 283, 301, 305, 306, 307,
309, 315, 323

十三劃

意義空格　110, 120, 131, 162
概念　015, 016, 024, 029, 032,
037, 040, 042, 043, 044, 045,
047, 050, 051, 052, 053, 054,
055, 056, 061, 065, 066, 067,
069, 070, 072, 076, 079, 084,
085, 088, 091, 093, 097, 100,
103, 108, 109, 111, 115, 127,
128, 129, 130, 134, 135, 138,
141, 142, 150, 155, 156, 163,
164, 167, 178, 179, 182, 188,
193, 194, 195, 198, 204, 207,
211, 212, 218, 220, 225, 228,
229, 230, 232, 233, 247, 252,

254, 257, 285, 315, 318
詮釋學劃界　018, 019, 024, 033,
035, 119, 120, 165, 221, 229,
269
運動　030, 049, 050, 051, 054,
079, 083, 085, 090, 137, 138,
139, 140, 141, 145, 146, 147,
148, 150, 151, 152, 157, 158,
159, 160, 162, 167, 168, 174,
175, 176, 193, 195, 200, 206,
211, 214, 219, 233, 234, 237,
239, 249, 257, 262, 263, 264,
265, 275, 282, 307

十四劃

實現　016, 021, 023, 084, 085,
087, 088, 092, 093, 096, 097,
098, 099, 130, 133, 141, 145,
150, 154, 155, 165, 171, 172,
173, 195, 208, 213, 214, 216,
217, 223, 233, 234, 236, 237,
238, 239, 240, 242, 244, 258,
261, 309, 322

十五劃

潛能　048, 081, 082, 085, 087,
088, 091, 152, 212, 213, 214
範疇　050, 054, 055, 067, 069,
076, 100, 130, 155, 189, 218,
236, 247, 258

十六劃

整體　013, 049, 060, 063, 064,
065, 066, 068, 069, 070, 071,

072, 074, 076, 082, 089, 094,
119, 126, 129, 130, 144, 145,
155, 156, 170, 177, 210, 211,
220, 232, 237, 239, 249, 253,
270, 336
歷史　005, 006, 015, 021, 028,
031, 032, 033, 034, 049, 051,
052, 053, 074, 078, 096, 129,
140, 141, 145, 146, 149, 150,
151, 159, 167, 168, 170, 172,
174, 200, 211, 215, 218, 219,
220, 223, 224, 228, 232, 236,
237, 238, 239, 240, 241, 242,
245, 247, 248, 249, 263, 264,
267, 268, 269, 270, 271, 273,
279, 284, 285, 287, 288, 289,
290, 303, 306, 307, 308, 309,
312, 313, 315, 318, 322, 326,
329, 331, 332, 335, 336

十七劃
總和　049, 070, 076, 130, 206,
253

十八劃
歸納　026, 044, 045, 053, 056,
108, 128, 246
雜拌　121, 125, 127, 156, 157,
161, 162, 164, 220, 225, 267

十九劃
壞的無限　180, 181, 187, 188,
189, 190, 191, 192, 193, 195,
196, 197, 198, 199, 200, 201,

202, 203, 204, 216, 221, 224,
225, 258, 259

二十一劃
辯證法　030, 033, 042, 046, 047,
055, 062, 124, 135, 137, 140,
141, 143, 147, 148, 151, 152,
153, 154, 157, 159, 161, 173,
176, 179, 180, 193, 197, 201,
204, 205, 215, 216, 222, 228,
232, 233, 235, 237, 238, 259,
260, 262, 263, 264, 267, 278,
283, 289, 290, 302
辯證哲學　140, 141, 160

二十三劃
變化　091, 095, 096, 137, 139,
141, 147, 150, 151, 157, 158,
160, 162, 167, 168, 175, 176,
177, 178, 183, 208, 209, 210,
211, 213, 217, 222, 235, 252,
261, 307, 323, 336
驗前　014, 015, 065, 070, 134

原始後記　在灰色與青色之間

　　寫下這篇後記時，我已是大四學生，不到兩月即畢業。四年時光匆匆，但本文（現應改為「本書」）思慮的時間跨度——在不自覺的意義上，當是七年。在這漫長的時段裡，我曾領受許多教益。這些教益牽扯的人和事，在寫作過程中時常浮現於腦海。比起文中（現應改為「書中」）的具體字句，它早已醞釀多時了。畢竟，前者是灰色的，而它是常青的。

　　在論文（現應改為「本書」）定稿之際，藉此機會，我也想談談這些灰色與青色相互交融的事情，並謹向良師益友們表示感謝。

一

　　關於本文（現應改為「本書」），即灰色的東西。黑格爾有言，當哲學把灰色繪成灰色的時候，生活形態就老了，它不能使生活形態變得年輕，只能作為認識對象。[1]我想，這就理論對象來說是合適的。哲學不應提供展望，首要的工作是「反思」。

　　灰色的東西主要有「內容」。恩格斯的發展觀是一個既舊也新的問題。說它舊，在於自從馬克思主義有教科書後——尤其在中國，儘管歷經演變、穿越新舊時代、階級鬥爭淡化、日趨多元普世，「發展」仍屹立不倒（就原始作家而言，主要的功夫來

---

[1]　此乃筆者轉述。原文參見黑格爾：《法哲學原理》，范揚、張企泰譯，北京：商務印書館，1961年，第14頁。

自恩格斯）；說它新，在於諸多作品中，學術研究的少；學術作品中，純粹哲學的又少———一方面「發展」詮釋困難重重，而學界對此長期失語；另一方面「發展」問題昭然若揭，而形上學考察常常缺席。按我的思路，這是背景，也是現狀，還是意義，引言（**指本書作為學位論文提交時的「引言」，與目前冠於書前的「引言」不同**）已交代得詳細。至於最終的結論———他的學說作為沉寂的對象，是悖謬的。前文已花大力氣耕作於此，不必重複。

格外的強調在於，我雖以恩格斯學說為致思對象，但問題意識已過於此———「進步與完滿」、「滅亡與永續」和「無知與期待」是生存中不可迴避的元素；「大理想與小理想」、「烏托邦與人類解放」和「人類中心主義與全程辯證法」是發展中抹殺不了的話題。把它們納入哲學的世界，趨進形而上學的河流，思緒中的問題與張力就變為根基性的。根基的反思有啟迪意義，沒有統括性質。它是「未來」，或是「命運」；是「開放社會」，或是「共產主義」；是「通往奴役之路」，或是「通向天國之門」———在多元異質的時代，不能獨家地壟斷。恩格斯理論是馬恩思想的一種，馬恩思想是馬克思主義的一種，馬克思主義又是許許多多不甚相同的「主義」的一種。在「無限」面前，人類怕也渺小如此。反思是打碎，打碎不一定是破壞。倘若果真如此———事實如此，命運如此，未來如此，境遇如此，那剩下的只能是建立在打碎基礎之上的謙遜：打碎的結局變為前提，變為要素，變為「美麗新世界」。

這種謙遜是現代的果實，從而顯得高貴；它發生在科學愈加顯示出意識形態性質和馬克思主義愈加顯示出基督教性質的今天，顯得彌足珍貴。在此意義，我不承諾也不相信此乃問題的終結，它在一切可能的新時代中出現的新面貌與新進展，勢必讓

「閒暇者」隨時關注，這仍是「反思」。

　　灰色的東西也有「命運」，這便是青色的。本文最早可「流行」於我高中時期的想法，在大學裡，有了「化身」之後，又因各種機緣「淬煉」至此。它雖歷史悠久，體量也不小，但只是開題報告的三分之一，即總標題「歷史發展之目的論的超絕隱喻」的第一部分──形上學考察。按照計畫，我將在第二部分做修辭學分析，在第三部分做本體論探討。我目前仍覺得這是可行的，但畢竟此乃「願望」。

　　本文早先有一個縮略本，是我大二暑假寫的一篇同名論文。當年我曾和哲學系師弟潘易植申報一項國家級科研項目，我做負責人，他做成員，題目為〈高校思想政治理論課引用馬克思主義經典文本的語境轉化研究〉──主要旨趣在於探討經典文本進入教科書後的詮釋錯位、含義誤用和修辭現象，並勾連幾個重要問題闡發了一點淺見，指導老師是劉森林教授和馬天俊教授。

　　項目開展得如火如荼，編出一部二十萬字的論文集，這是成果之一。對我來說，論文集是純粹「自為」的，不僅在於文章收錄自己做主，也因除學術取向外，不匡附任何外在的要求。十六篇論文中，獨屬我的共九篇，一曾發表，三曾參會。但我最珍惜的還是縮略本與兩篇配套論文組成的系列，當時目錄裡叫「隱喻修辭學專題研究」，目前還沒大白天下。在我心裡，它是最重要、最精彩和最有創見的部分。猶記得，單就此的討論，我和潘易植的聊天紀錄就達幾萬字。論文集的後記中，他曾寫到，雙方和問題構成的拓撲結構讓每篇論文都帶上了「對話」的痕跡。[2]

---

[2]　此乃筆者轉述。原文參見潘易植：「在團隊成員不斷推進的對話中，雙

論討論的深刻，觀點的睿智，見識的寬廣，潘易植是難得的夥伴。包括縮略本在內的幾篇論文最早就經他打磨，寬泛意義上他是這篇灰色作品的第一個讀者。

　　項目後來進展順利，答辯評為最高等級。馬天俊教授的評語我仍記得——

　　　　該項目對馬克思主義經典文本在高校政治理論課中所發揮作用之方式的學術研究，聚焦於其語境轉化方面有關問題的探討，這在當代馬克思主義理論和馬克思主義哲學研究領域，是一個新穎的嘗試。從項目開展過程，尤其是從結項成果來看，這是一個有比較充分的學術準備、有深切的問題意識、有艱苦的科學勞作、有豐富的學術收穫的項目典範。該項目研究的成果在一個方面深化了馬克思主義傳統傳承和發展上的詮釋學機制的理解，這是科學貢獻。同時，項目成果對於改進有關教學實踐，提供了有益的理論鏡鑒，這是現實意義。項目承擔者雖然是在讀大學生，但其學術水準和成績卻不遜於當前專業學者，殊為可嘉。項目已達到預定目標，項目成果是優秀的。同意結項。

　　這些鼓勵的話現在讀起來也振奮。但我作為其中人，深知還有諸多不足。例如，學術的準備是不夠的，我在哲學上起步晚，當時還是低年級，又處在廣東這個忙碌的「改開前沿」，讀書的

方的聲音以及問題三者構成了一種拓撲結構，最終的結果是，我們都更好地梳理了自己的理論，並且吸收了對方的有益建議，進而對問題有了更加透徹的理解。團隊的每一篇論文，都是在這種拓撲結構中誕生出來的，都能找到這種『對話』的痕跡。」

事情現在也還心虛；例如，它是不到一年的速成品，樣貌上還少了點成熟；再例如，本文把其中一段拿來小題大做，生出的問題又是無窮無盡的。在學習上，一般的規律非常適用——越是探究得寬廣，越瞭解自己的無知。

項目開展時曾拿該主題在珠海校區的學術交流會講過，參加的同學提了很多有價值的問題。去年暑假，相關話題又在台灣的中山大學談過，哲學所的陶嘉代老師覺得它是有道理的，並給了很多啟發。

初稿的寫作始於去年十一月一日，止於今年二月二十二日，其間身在外地曾中斷了二十一天。中途幾易其稿，今年四月又從頭寫過。前也說到，學養所限，不甚滿意。黑格爾說柏拉圖的作品改七遍，他的作品要改七十七遍。這是在「現代」意義上說的，如今已然進入「新時代」，豈不應改七百七十七遍。但黑格爾在「現代」已困頓於缺少「閒暇」，「新時代」就更不奢求於此了。[3]

再稿請多人審讀過，哲學系師弟楊浩、任弈帆和何室鼎分別讀了前三章。任弈帆曾就著專業，提了數學方面的建議，數學是哲學的毒藥[4]。林舉鑫讀了後三章，指出了很多紕漏。當然，剩下的錯誤，責任在我。

二

關於境遇，即青色的東西。境遇適合在伽達默爾的意義上

---

[3]　關於黑格爾的部分乃筆者轉述。原文參見黑格爾：《邏輯學》上卷，楊一之譯，北京：商務印書館，1996年，第21頁。

[4]　參見馬天俊：《從生存的觀點看》，武漢：華中科技大學出版社，2008年，第286頁、第213-222頁。

理解——它是青色的，這是就「新本體論」而言的。換到別的意義，倘若變為灰色，就不是亞里士多德或黑格爾的「自為」，就是馬克思的「異化」。

　　境遇能分為大氣候和小氣候。本文屬於馬克思主義哲學的文章，馬克思主義的命運就是大氣候。馬克思和恩格斯的馬克思主義離開歐洲之後，命途多舛，幾經波折，其中有高潮也有低谷。有時排擠了其他學科，如遺傳學；有時又被其他學科排擠。有時從意識形態變為普通學術，如從蘇聯到俄羅斯；有時又在解禁後蓬勃地發展，像東亞。就今而論，在它的故鄉——歐陸，後現代思潮浩浩蕩蕩，法蘭克福學派名聲不減；在它的居所——英國，連帶著大洋彼岸後來的超級大國，分析馬克思主義日趨流行。它的新生兄弟，馬克思學研究，還成為後起之秀。不論怎樣，歷史中能提取出諸多版本的馬克思主義，既可見證某些時代資訊，也帶來歷史應有的教益。本文的緣起與此有關，就這個長河的發源，引言（指本書作為學位論文提交時的「引言」，與目前冠於書前的「引言」不同）還對列寧和斯大林的學說做了評論。這是世界大氣候。

　　馬克思主義哲學在中國的事情也值得關注——

　　　　但是，我們是社會主義國家，它理應是馬克思主義哲學發展的最適宜的溫床。在社會主義社會裡，為什麼我們不能創造一個有利於理論與實踐相結合、理論迅速發展的優越環境，而要人們為發展馬克思主義哲學付出不應有的代價呢？[5]

---

[5]　高清海：《哲學與主體自我意識》，吉林：吉林大學出版社，1988年，

改革開放後，馬克思主義的命運在我所處的共和國發生了翻天覆地的變化。週期性的政治運動已成為歷史，對某條不知從何而來的原理說上千百萬次的研究也不再有吸引力；與外界隔絕、材料匱乏、交往不便的境況已是昨天，照本宣科、自欺欺人的作品正在喪失話語權。在此意義，這是理論創新的時代——幾代學人在學術的意義上批判、推進、深化、改造和發展了馬克思主義，初步形成了一個百家爭鳴的局面。

高清海先生是其中的佼佼者，我雖未見過他，但已聽了很多故事，讀了許多書。美好時代也不是鐵板一塊，就像馬克思主義從來都沒是一塊「整鋼」。上面這話寫下之時，改開已過了整十年。又幾十年過去，倘若那時候的代價現在還有，倘若在二十一世紀的中國，發展馬克思主義哲學還能有什麼不應有的代價，想必不會再是性命之憂——但是，它是什麼呢？……倘若應有的沒有，不應有的卻有，大概就不會是黑格爾的「現實」，而是馬克思的「異化」。這樣，境遇就不可能再是青色的。這是中國大氣候。

文章都有作者，作者的境遇就是小氣候。本文最早的想法能追溯到高中階段，但它離我已遙遠。

2012年，我尚在高中學習，那時我學得最帶勁的科目有兩個，其一是生物學，其二是思想政治。後者據說是多人討厭的（我到大學才徹底厭煩了它），但在別的意義上。我熱愛這兩個科目，原因大概相同，即我對修辭學的敏感與興趣。前者的應用可見遺傳學的部分，例如，基因「指導」蛋白質的合成、染色

體的「聯會」、「信使」RNA、基因「轉錄」、蛋白質的「翻譯」和「修飾」等，顯而易見，它們都是隱喻；後者的表現更不必多說，它若只靠單純的邏輯就成不了自身——前此的項目就專門探討此事。關於恩格斯發展觀的問題也是從該階段開始思考的。直到現在，我仍認為當時的很多想法是有道理的，它們並未完全被推翻。某種程度上，本文算得上是當年思想的實踐。

　　總的來說，那時我已經隱隱感覺到，修辭學絕不僅僅是文學上的裝飾品，它應該有著更特殊的和更重要的作用。並下定決心，如果將來到理科班，就學生物學，如果到文科班，那就學哲學。另一方面，這些思想當時還很模糊，考慮也欠周全，也未形成譜系，更不知道還有一個叫「哲學修辭」的領域。此乃後知後覺，但至少表明，這些想法對我個人來說，不僅僅可以追溯到開題報告，還可以更早；也同時表明，修辭學對我個人來說，絕不僅僅是一個研究對象，也絕不僅僅是一個外在的任務，它是我的生命本身。下半年，我將明確以「哲學修辭研究」為方向開始博士研究生的階段，人的一生倘若能在這樣一件事上從一而終，實為幸事。

　　當然，高中的主要作為是考試。但這並非單純的，當時的我已學會在考試中「做樂」，如自我批卷，修改標準答案和自教自學等。最後一點值得特別說下，猶記得當年全市歷史學科選修的是「改革史」。我認為這是不明智的，獨自選了「民主史」，當自己的老師。諸多模擬考中，我也曾背棄它；但最後高考裡，還是作答了這個真正自選的模組。現在想來，分數的得失已難計較。但倘若一人明白他遲早是要死的，是更願意多得幾分，或更願意不辜負僅此的一生呢？

　　考試的事情在大學也有——哲學專業的學生要考試，這是與

哲學愛好者的差別之一。關於考試，馬天俊教授在四年前的「哲學導論」課上曾說過這樣一番話：

> 　　本門課程的宗旨不在於提供知識，不在於提供哲學知識，而在於增進對哲學領域、哲學活動的見識和興趣，為進一步的有關深造做些準備。當本門課程的講授結束時，有可能實現的應該已經實現了，未能實現的也不可能在考試中實現。考試只是現代體制下不得不做的一個規定動作，孔子的學生不必做，畢達哥拉斯的學生也不必做。各位都曾是考試高手，取得過驕人的考試業績，現在是大學生了，就既定的知識做無止境的演練從而一爭高下，不是大學生真正重要的事情。提升感受性、想像力、理解力，培養自己就有關的重大議題公開運用自己的理智的勇氣和習慣，有效地傳達和傾聽，諸如此類的事情才是大學中真正重要的事情。我並不輕視知識，但我明白有遠比知識重要的事情。上述理解不值得簡單推廣，但確實適用於我所承擔的本門課程。

　　這些見解顯得精闢而重要。倘若一人的經歷全放在外在，隨時局而流轉，用不了多久，歷史就能給他悲哀。真的使命當如笛卡爾所說「讀世界的大書」，如康德所講「公開運用自己的理智」。當然，這是就青色而言的。真實的情況像斯賓諾莎寫書——這裡沒有黑格爾，中國不是德國，本科生涯也不是觀念論——做真正重要的事情之代價，往往是做很多不真正重要的事情；為了「不考試」，通常要考太多的試。

　　大學考試的劇烈程度遠甚與高中。有幸的是，我在其中表

現還不錯。按某種演算法，結果是4.212，能排第一。但除了填表和寫宣傳材料用得上，平時不帶來特別的感受。一方面，四年來，我多次拿到最高獎學金，參與過諸多科研、實踐、文藝和公益方面的活動，連帶的獎項曾讓系統在程式上不可接受，曾使表格要再加上好幾頁。但我想，它們不會永遠有人記得，甚至自己也不會。另一方面，四年中，我曾做成過其他人已經做成的事情，也做成過其他人從來沒有做成的事情，但最有分量的，還是一篇關於修辭學本體論的論文——在我心裡，它有著「既沒，其言立」般的重要性。

藉著由「考試」換來的「不考試」的便利，我曾享受難得的「空暇」。它的結果之一是給本文的寫作留出了時間；我也曾享受難得的「自為」，它使我能有勇氣在三年級後的論文加上修辭的觀點，使我有條件能放棄「勞累」的年度人物推薦資格。生活不是一直是青色的，但單純灰色的生活毫無意義。「天瓜賜福」有言——沒有前者，生活不值得；沒有後者，生活不可能。經由「異化」達到「自為」，它是辯證的，這來自馬克思《資本論》的教導。

另外，我想特別提及本科階段最難忘的兩個社團——中山大學（珠海校區）辯論隊和中山大學第七期校級青馬班。我於前者感受到夥伴們的睿智和敏捷，於後者感受到同伴們的智慧和才情。一次次比賽，一次次出行，回憶都歷歷在目。特別地，得益於前者，我曾多次在廣州和珠海評過比賽，我這個評委當得另類，總是在辯論場上說些別樣的話頭，當感謝大家的包容。

我讀的是中山大學，關於中山大學的最美好印象或停留在珠海校區。它化身為——錄取通知書上許寧生的簽字，白雲機場到唐家灣穿梭的大巴，敏銳熱烈的《中大青年》，果敢的「e先每

日資訊」，自由多元的彩虹社，90週年的校慶，若海濕地飛來飛去的白鷺，隱湖裡種了又拔的荷花，後山的池塘和水壩，泓水湖的幽深，游泳池裡的落葉，風雨球場的單薄，廣播站的〈上癮〉主題曲，潮濕氤氳的回南天，週期性爆發的水蟻，圖書館的海景和大雨，互助書屋的卡片，東門路的坑坑窪窪，荔園北面掉了一地的紫荊花瓣，小白駛過的逸仙大道，田徑場圍欄上一張又一張的海報，南門的食神和北門的東北人家……

　　當然，用《共產黨宣言》的話說，這些都屬於「小市民的傷感」。真正的難得的精神，當屬中山大學的校魂。按徐長福教授的理解，陳寅恪的「獨立之精神，自由之思想」是這個魂的樣式之一，當然它時常因外部衝擊而氣若遊絲，但卻始終不絕如縷。[6]2015年至今，這個魂被衝擊得尤為劇烈。但我要說的，卻是多年前的往事。它見於龍霞老師的一篇文章，後來附在她博士論文的後記中，也朗讀於年年的課堂上。我節選如下——

　　　　寫至此，思及另一中大人自詡的精神：自由。自由的空間下本應呈現多元的態勢，中大卻呈現的是「務實」一統的局面。這一表層的悖論不由令人置疑：我們真的自由嗎？

　　　　端看如何理解自由。散漫可稱之為自由；認識的低俗化也易與自由隨行；而只貫注於物質層面，感受不到精神層面的受限性也可表徵為自由……然而，真正意志的自由與認識達到一定的高度是密不可分的。

---

[6]　此乃筆者轉述。原文參見徐長福：《拯救實踐（第一卷 意識與異質性）》，重慶：重慶出版社，2012年，第405頁。

……

根於此而言，我們缺少的乃是一種精神，一種必要的烏托邦精神。

……

但烏托邦不是一種目標朝向，乃訴求其具體的功能體現。它的針灸對象是：人們局限眼前，醉心功利，遺忘未來，失卻崇高；因不能引入幻想而失卻創造力；因深入客觀實際而目光短淺。

……

當某人發自肺腑地感慨：「中大使人過早喪失理想」；……當有人大聲疾呼：「大學不能被社會同化和淹沒，否則大學就有停辦之虞」，我們回首歷史，發現曾經我們走出了象牙塔，卻同時背棄了象牙塔的精神要義。願早有一日，歷史拋開這一張蜷縮的生存張力網，走向它辯證的合題！[7]

文采斐然的背後是敏銳的思考和執著的信念。當然，情況也並非總是令人憂慮，正如前此提到，中大校魂不絕如縷。中大的主色調就是「綠」，一年四季地長青。

就著這個延綿不絕的靈魂，我想特別地說，中山大學馬克思主義哲學與中國現代化研究所是一個人傑地靈、有自由的學術根基和研究傳統的好地方。這表現為李尚德教授的《20世紀馬克思主義哲學在蘇聯》，表現為劉森林教授的《物與無：物化邏輯與

7　龍霞：《實踐與法的合理性——一種建設性維度的馬克思法哲學研究》，中山大學，2006年，第142頁。

虛無主義》，表現為于幼軍教授的《求索民主政治》，也表現為
徐長福教授的《拯救實踐（第一卷　意識與異質性）》……能在
這個研究所學習，也是一番幸事。我不是廣東人，在北方生活的
十八年也未必以中大為奔頭，但來廣州之後，的確覺得有了一份
難得的收穫。去年我曾在高雄、上海和北京分別待了一週，體會
了一點中山、復旦和人大的風情。撇開異鄉的事情不講，在後兩
者與中大的對比中，我更體會到了「不辭長作嶺南人」的價值所
在，覺得研究生階段再次選擇這裡，應是正確的。

　　灰色和青色總是夾雜的，正如憂思的背後就是「我不相
信」。諸如不相信「象牙塔會停辦」，不相信「歷史無法走向辯
證合題」等等。本文的寫作也當然基於類似的「我不相信」，引
言（指本書作為學位論文提交時的「引言」，與目前冠於書前的
「引言」不同）交代得同樣清楚——學界既往成果沒有做到的、
不想做到的、懶於做到的、未全做到的，都屬於我這個作者所不
相信的範圍。事實上，戴晴比我更喜歡講「我不相信」——

　　　　《中華英烈》得以在一九八六年這樣的時代問世，是
　　因為我與我的同志者始終信守著的是，熱血與正氣從來不
　　曾也永遠不會在中國人身上泯滅。我們不打算只是嘖嘖
　　稱讚索爾茲伯里的《長征》。我們不信，中國的事，包
　　括我們自己父兄的事，只能由或將繼續只由與中國文化
　　如此隔膜、對中國風情如此陌生、甚至連中文都不懂的
　　人來寫。我們不信感動讀者的只有被寫裡的喁喁私話。健
　　全與健康的人一定更為它所激勵——中華民族偉大的歷史
　　進程。

這就是一九八六年出世的《中華英烈》。[8]

長江只有一條。我們已經對她做下不少蠢事，更愚蠢的錯誤不可以再犯。她屬於這個人，屬於「大中國人」屬於全世界。[9]年前，詩人北島寫道：我不相信……

今天，我也要說：我不相信……

我不相信中國人永遠不肯用自己的頭腦思維，

我不相信中國人永遠不敢用自己的筆說話，

我不相信道義會在壓迫下泯滅，

我不相信，當我們的共和國已經面對著一個開放的世界的時候，「言論自由」會是一紙空文。

謹記。[10]

二十多年前，中國詩人北島呼喊「我不相信」；中國歌者崔健嘶叫「我們一無所有」。本書即將付梓，著者也想說我不相信，不相信中國百姓會永遠苟安於欺蒙中。本書即將付梓，曾經一無所有的我們，清楚知道今天之所有，並不能體現完整的人類尊嚴，拚死也要爭回本屬於自己的東西：思想獨立，言論自由。[11]

---

[8]　戴晴：〈《中華英烈》與一九八六〉，載於《讀書》，1987年第4期。

[9]　筆者認為在「屬於『大中國人』」和「屬於全世界」之間應有逗號，原文似訛誤。

[10]　戴晴：《長江長江──三峽工程論爭》，貴陽：貴州人民出版社，1989年，第172頁。

[11]　戴晴：《在如來佛掌中──張東蓀和他的時代》，香港：香港中文大學出版社，2009年，第498頁。

　　灰色和青色夾雜的原因之一，在於前者構成後者的動力。就像，末日審判通常是不宜到來的——憂思之後還該有盼望。「我不相信」的言下之意就是盼望走出一條「康莊大道」，正如周婉窈所言：

> 　　「後殖民時代」在臺灣是遲來的、壓縮的、糾葛的、重層的，是一條泥濘之路。我們的年輕人，成長於自由、民主、人權有基本保障的環境，比我們有機會從多元的角度認識臺灣的過去，也能自然地親近鄉土，共用時空記憶，或許，你們能走出泥沼，走出一條康莊大道，也說不定。不，應該是吧。應該是吧。[12]

　　然而，什麼是「康莊大道」？黑格爾在兩百多年前已經回答了：

> 　　哲學中尋常的康莊大道是，閱讀前言與評論，以獲得對事情的大致概念。
> 　　研習時的終極康莊大道是自行思考。[13]

　　當然，盼望就是盼望。歷史仍可能教導我們，在青色和灰色之間，「自為」與「他為」之間的罅隙生存，是唯一的出路。畢竟，人就是人。畢竟，厭世的哲學家是無恥的，濟世的哲學家是

---

[12] 周婉窈：《臺灣歷史圖說》，台北：聯經出版事業股份有限公司，2016年，第316頁。

[13] 黑格爾：《耶拿時期著作（1801-1807）》，朱更生譯，北京：人民出版社，2017年，第380頁。

卑鄙的。[14]

三

我要感謝中山大學馬哲所暨哲學系……

2018年5月4日

廣州・中山大學・康樂園

---

14 此乃筆者轉述。原文參見馬天俊：《從生存的觀點看》，武漢：華中科技大學出版社，2008年，第74頁。

出版後記　寰宇之內尋正義

　　現在展現在諸位讀者面前的這本著作，原是我在2018年提交給中山大學哲學系的學士學位論文。作為一部本科畢業論文，它有一個非常漫長的篇幅——約二十萬字。如此帶來的影響，實際上也是多方面的。比如，它比較容易增加學術和行政的負擔，但更加有利於打印店的生意。當然，這也使得我能夠在此將其以專著的形式出版，把它呈現給台灣和世界的讀者。

　　時光的腳步一直都在延續，在先前那篇後記落筆之後，也即我把論文提交答辯以後，又發生了許多事情。例如，我被評為中山大學2018屆優秀畢業生，我的論文被評為校級優秀本科畢業論文以及它的致謝（就是後記）拿到「最美致謝」評比的一等獎等等。但是更多地，還有另外的一些事情，使得那篇後記在短短一年半的時間裡已經變得非常不合時宜。所以，我必須在此撰寫一篇全新的後記，以把期間的故事再來講述給讀者們聽，就像戴晴在《梁漱溟王實味儲安平》中所說的「他們有許許多多話要告訴他，他們想讓他知道他離去後的一切」[1]一樣。

一

　　德國觀念論的開創者費希特，在描述「人的使命」之時，講過這樣的一段話：「使一切非理性的東西服從於自己，自由地按

---

[1]　戴晴：《梁漱溟王實味儲安平》，南京：江蘇文藝出版社，1989年，第230頁。

照固有的規律去駕馭一切非理性的東西，這就是人的最終目的：
如果人不停止為人，如果人不變成上帝，那麼這個最終目的是完
全達不到的，而且必定是永遠達不到的。在人的概念裡包含著這
樣一個意思：人的最終目標必定是不能達到的，達到最終目標的
道路必定是無限的。因此，人的使命並不是要達到這個目標。
但是，人能夠並且應該日益接近這個目標；因此，無限地接近
這個目標，就是他作為人的真正使命。……人的生存目的，就
在於道德的日益自我完善，就在於把自己周圍的一切弄得合乎
感性；……還在於把人周圍的一切弄得更合乎道德，從而使得
人本身日益幸福。」[2]在隨後的論述中，費希特也進一步地把
社會意義上的「人的使命」描述為一種「同所有個體完全一致
和同心同德的」──碰巧和那首歌裡唱的一樣──「聯合的過
程」[3]。

　　誠實地說，費希特的時代距離當下已然遙遠，那種屬於德國
古典哲學的宏大氣魄，屬於特定年代的獨特韻味，以及那樣對於
重大的認識論問題乃至由其所衍生的對於一般自然與人文科學和
倫理實踐的關懷，在現當代資本主義的發展所進入的新的時期以
及世界歷史的現代化和與其配套的反思浪潮裡，已經不可避免地
式微了。甚至，這種式微已然經歷了包括兩次世界大戰及冷戰在
內的多重淘洗，或實際上，有關方面乃是在不斷地浮沉──一直
持續到當前。但是，我們今天仍然能夠於其中發現不僅關涉學術
議題，也與實際生活息息相關的諸多線索。也就是說，這些線索

---

[2]　費希特：《論學者的使命 人的使命》，梁志學、沈真譯，北京：商務印
　　書館，1984年，第11-12頁。

[3]　費希特：《論學者的使命 人的使命》，梁志學、沈真譯，北京：商務印
　　書館，1984年，第22-23頁。

一方面承接了本書正文的內容，另一方面則勾連了我們當下的生命本身。

就第一方面來說，費希特的這套說詞，與本書所討論的恩格斯發展觀問題有非常緊密的聯繫。這不僅表現在，「**不停止為人**」與「**變成上帝**」、「**達到目標**」之間的張力，本質上就是「**潛無限**」與「**實無限**」的矛盾；也體現在──以現今的視角看，「以規律之名去駕馭一切非理性的東西」，此乃理論的追求；而「**日益接近這個目標**」，則屬實踐的嚮往：它們具有完全不同的性質，不能同類而語。我們曾經在康德那裡學到，作為實踐倫理學的「生存設定」，在理論的意義上，是沒有道理的。其存在的合法性根本不來自理性，而是來自生存──生存實際上自有其特殊的關切，此乃別樣的法源。也正是因為兩個領域之間至關重要的差別，從而當把它們糅為一體的時候，就尤其需要小心翼翼的限定，而非大張旗鼓的作為。事實上，在靜觀的意義上，我們早已不管後面的事情，連篇累牘地就著理論的方面對恩格斯發展觀中的無限問題做了形而上學分析。這是本書的一個特點，我們在此強調：在這個層面，它是「純」的。實際上，柯亨在《卡爾·馬克思的歷史理論：一個辯護》中也就同樣的議題，做了過類似的事情。[4] 然而，本書相比這種同樣「純」的但實際上是胡說八道的分析哲學，要更「分析哲學」得多。

就第二方面來講，如前所述，其中的主題很快就「自然」地轉到了實踐或生存的領域，此乃德國唯心主義（觀念論）主張「一統」而非「二分」之風格的體現。其實，在現實的機理上，

---

[4]　參見柯亨：《卡爾·馬克思的歷史理論：一個辯護》，岳長齡譯，重慶：重慶出版社，1989年，第145-185頁。

實踐活動不可避免地受到來自方方面面因素的影響——與「前文」不同但與「前年」相同的是，在此篇後記裡，我還是想主要就生存的一方面來展開探討。一般而言，一個常有的生活教訓是，懂得道理的時候是一回事，做的時候往往會變為另外一回事。而如果此類情況發生在從理論出發進而邁向實踐的過程中的時候，前者就往往顯得具有「多重含義」或是「雙刃劍」。在此，費希特勾勒了一個「把周圍的一切弄得合乎感性」、「道德日益完善」、「人們日益幸福」且「所有個體完全一致和同心同德」的美好願景。這番「願景」，聽上去像一番好話。並且，這種「願景」也實際上帶有某種意義的「普世價值」特徵。其實，「普世價值」古來有之，不論在東方文明或是在西方社會。早在〈大同篇〉中，就有「故人不獨親其親，不獨子其子」的想像；據說，古希臘的希比亞斯也揚言：「我把你們都當作我的親友和同胞，這是根據本性來說的。」同時，第歐根尼在回答自身來歷之時，也說：「我是一個世界公民。」[5]而這種並非開天闢地的追求在當下的世界中，尤其值得重視，這就涉及到——其中的「雙刃劍」是指，「普世價值」時常具有走向自身對立面的風險，而這實際上又是由多種不可避免的因素所決定的。當費希特構建「人人和諧」的美好理想並企圖「統治」一切「非理性」之時，他忘記了，「道德」、「幸福」也可能轉化為「極權主義」的枷鎖，埋下「侵犯人權」的陰影——儘管帶著美好的名稱。其實，古往今來，凡是號稱「每一個人都應當怎樣」的理論都不可避免地帶有這種嫌疑，不論搭配著多麼美妙的話術。在此意義，

5　參見葉加威、曾瑞明：《全球正義與普世價值》，香港：中文大學出版社，2019年，第2-3頁。

諸如羅爾斯的《正義論》，也不例外——波普爾早在《開放社會及其敵人》中便已揭示了這個道理。

　　在當前的世界局勢中，「全球化」與「反全球化」，「普世價值」、「全球正義」與「愛國主義」、「民族主義」之間的衝突空前加劇。這不僅體現在，美國在中東地區以捍衛人權的名義實行了許多壓迫人權的措施——從而使我們反思，在國際間實際處於「無政府狀態」的當下，我們究竟有多少把握去談論「全球正義」？或者，我們為何要在一個實際上沒有「國際警察」或「國際法官」的情況下，去期盼以此自居但實際上也考慮自身「國家利益」的美國能夠「永遠」當一個「好皇帝」？我們為何無法輕易地擁有國際間的「法治」？再來，為何國際社會實際總是要停留在「封建社會」的階段甚至弱肉強食的「原始狀態」？以及，我們究竟能在何種程度上相信「美國利益」能永遠同時也是「世界人民的利益」？這也同時體現在，當特朗普打出「美國優先」的口號，以及「民族主義」在一些國家之中再次抬頭的時候，我們又如何去分辨這不是以一個「內部」的因素去掩蓋了一個「國際」的問題——「**我們更往往用愛國的理由，去漠視這個正義框架的建設**」[6]，或者，我們又如何相信，「國家」能永遠代表「所有人的利益」——這早已被馬克思和恩格斯否決了。並且，更進一步，倘若世界第一的美國已然有了如此多的問題，那麼其他國家的情況又是如何？

　　另外一個值得重視的現象是，儘管「愛國主義」和「民族主義」有可能在實踐上給具體的國家和人民帶來一定程度的好處，

---

[6]　葉加威、曾瑞明：《全球正義與普世價值》，香港：中文大學出版社，2019年，第41頁。

但其在道理上通常敵不過「國際主義」、「全球正義」和「普世價值」的力量——這的確是屬於學者和書生的自信。雖然後者聽起來有些「空洞」，但它總能以方方面面潛在的力量切實地影響諸國的決策以及相應人民的生活——我們都希望照顧別人對自己的「觀感」，而不希望「有礙觀瞻」。但是，其中諸多理路的交錯複雜，仍然使得它的前途變得不甚明朗。總的來說，吾人一直在三十年河東與三十年河西之間游移，美好與失落此消彼長。尤其在當前，近代以來所構建的世界永恆進步的美好願景正在逐漸被現實的冰水「又」一次地殘酷打破——這是歷史的「週期律」。[7]而這種打破也意味著，歌曲〈走向共和〉中所唱的「有過長夜，走過坎坷，走進曙色」再次驟然失去了它的感召力——而事實上，在其原本的地域，它還從未實現。「普世價值」最近的興盛也許開始在八十年代。而間隔著再往前，在中華民國三十年林蔚文的日記中，我們也能見到一個具體的人對自己乃至國家「普世價值」的體認——「我與英國在世界戰爭立場上……同為保障人道、世界正義、人類自由而戰。……同為求打倒東西遙遙相對之侵略惡霸。遠東方面更有直接緊密關係，滇緬唇齒相依，滇緬安定則馬印兩地亦自然萬無一之慮矣」[8]。但是不論過去曾經怎樣，至少在當下時代，我們對於關涉「普世價值」和「全球

---

[7] 在我所處的地域，為著提示出何者被我稱為帶有「近代」特色的美好，我在此以「小市民的傷感」援引對一部對十多年前熱播的電視劇的描述以供參考；「『丁凱樂』和他的小夥伴們通過一個個小故事教會了無數95後——要自信但不能自負，要勇敢但不能魯莽，要相信科學但不能依賴科學，要努力學習但不能急功近利。」來源：Vista看天下（ID：vistaweek）

[8] 林蔚：《林蔚文抗戰遠征日記（1941）》，蘇聖雄主編，台北：民國歷史文化出版社，2019年，第19頁。

正義」的問題，也許正面臨著自冷戰以來甚至有史以來最為關鍵而重要的抉擇。目前，我們比曾經或以往的任何時候都更需要「普世價值」。我們迫切地需要切身實際地去思考——思考人類究竟需要維護何種程度的「全球正義」，以及究竟需要守護何種意義的「民主國家」。我們也許又走到了一個無比重要的歷史轉折點。稍有不慎，便有可能重蹈過去和歷史的覆轍——黑格爾有言，歷史的最大教訓就是沒從歷史中獲得教訓。在此意義，既有的文明成就也有可能得而復失，而這實際上與我們每一個人的生活都息息相關，沒有人可以逃離。在此層面，本書作為對一種歷史進步論的徹底解構與反思，與這樣的時代問題沾上邊，倒也來得正是時候。一句話，我們需要清醒。

二

　　其實，在我的母校所經歷的一番巨大變化之中，我也不得不清醒。我自2014年8月來到中山大學讀書，然後11月許寧生校長調走，再來是沒有校長的三個月。當時的我，還不太習慣大學生活。但是後來，我卻把這短短半年多一點的經歷在腦海裡面記了四年。我一直認為，在我所接受的全部大學教育之中，這半年多所給予我的，乃是真正十足重要並且能夠合理稱為「中大特色」的部分。言下之意是，後來，在今昔對比的體會中可以不斷地覺察，中山大學在絕大多數的領域都走了嚴重的下坡路。不得不承認的是，這所學校正在以驚人的速度全面丟棄先前已然培養出的絕倫的民主與自由的風氣，以及由於這種風氣進而激發和引導出的多項成就。其中，一個重要的表徵是，統計意義上，在現在的中大同學身上幾乎看不到「中大精神」。頗具諷刺感的是，我倒時常覺得我很有「中大精神」，而過往的經驗則告訴我，我只不

過是那個年代中大學子中極其普通的一員。另外，每當我有所懷念之時，往往會翻出幾年之前在校園媒體上的新聞，有時也會將它們拿給當下的本科生們看，進而換來他們驚訝的表情——朝菌晦朔，蟪蛄春秋。

　　但是，另外一方面同樣不可避免的是，至少我們這一代「中大學子」，已經成功塑造了自己的「學術涵養」與「學術品格」。儘管當下仍舊留在學校的人數不過是其中的一部分，從而在比例上註定了被「稀釋」。然而同時，也讓我們肩負更多的使命，去盡力維護一份雖然艱苦但崇高的「學術尊嚴」，並進而去發揚且傳承它。自從2018年，我以新的身分留在哲學系和馬哲所之後，我便在每一個可以貢獻一份力量或使用我的話語權之地方，守衛這份「中大精神」與「學術尊嚴」——不是為了「自己」，而是為了「大家」。在此，我願意重複那段來自中學時期的馬克思的話——「……重擔就不能把我們壓倒，因為這是為大家做出的犧牲；那時我們所享受的就不是可憐的、有限的、自私的樂趣，我們的幸福將屬於千百萬人，我們的事業將悄然無息地存在下去，但是它會永遠發揮作用，而面對我們的骨灰，高尚的人們將灑下熱淚」[9]。現時的中大，有一句宣傳語叫「家國情懷」，但馬克思在這裡所展現的，既不是家的情懷，也不是國的情懷，而是全體的情懷，這仍是「普世價值」。正如，我一直由衷地希望，倘若我還的確是有哪怕是一點點並且是好的名聲以及影響力或話語權的話，首先，它不是來自我有什麼強權或地位，而只不過是因為我至少追求著「真理」、「正義」、「責任」和

9　馬克思：〈青年在選擇職業時的考慮〉，載於《馬克思恩格斯全集》第二版第1卷，北京：人民出版社，1995年，第459-460頁。

「擔當」；其次，我定要「公器公用」而非「公器私用」。同時，我也時常因為「成長在過去的時代」而有所慶幸——每當設想如果現在的我，還是需要被認可或自我證成的新生，也許我的求學之路又會徒增許多困難——正如，在中國的某些特定年代，唯有「紅色」工程師才能崛起。當然，這種「小確幸」乃一種單純而幼稚的原始情感，絲毫不具備任何的倫理價值。相反，真正具有倫理價值的則是，以我過去之所得，幫助或扶持比我更加年輕的世代，幫助他們成長，也幫他們守護並傳承真正崇高的價值，這就是「公器公用」。

　　我出生在山東，但我從未在那裡找到自己的主體性——「**宮崎駿的動畫電影《神隱少女》中有個寓言：被剝奪名字的人，找不到回家的路**」[10]。身分認同的問題一度伴隨我許多年，直到現在。而這也是方方面面的因素所綜合決定的。高中之後，我一人來到廣東讀書，一度在這裡尋找到自己所希望堅持的東西。在上篇後記裡，我曾說過，我感受到「『不辭長作嶺南人』的價值所在」。然此也並非絕對的。在過去一年半的時間裡，我曾往返於各地參加學術會議。其中不少的地點處在中國的北方。我還記得，在快要離開石家莊的一個晚上，我走在師大校園裡，逛了幾圈，心生了許多感慨。我曾設想，倘若平行大學可有多個世界，那麼此處註定是與中大全乎不同的模式。也同我曾去過的北京、上海、雲南以及南京的高校迥然不同。這裡有屬於世外桃源的恬淡，有突出的閒暇、品味、單純和質樸，也有並非諷刺意味的北方氣息，讓我不斷地想起兒時的記憶。如果不是陰差陽錯地來到

---

[10]　周婉窈：《少年臺灣史：寫給島嶼的新世代和永懷少年心的國人》，台北：玉山社出版事業股份有限公司，2019年，第271頁。

廣東讀書，也許我現在還會沉浸其中，享受生活，沒有思慮的痛苦。然而，話說回來，我也清楚地知道，命運已然讓我不可復返地告別了那種田園牧歌的沉醉，此生也不會再過那樣的生活。我曾一度把這當作自己的幸運而非不幸來看待。除去「懷鄉病」，這個想法至今未變。我一直認為，離開山東來到廣東是我人生中絕頂意義的「契機」，它讓我告別了一切「單純」的美好──相比之下，它甚至變得「一文不值」，也曾讓我知道──「我要」何處為家。可是，如果有一天我也必須要離開廣東呢？會有下一個「契機」出現嗎？我並不完全知道。

　　過去一年半的時間裡，我有超過三分之一的時間待在台灣。我曾反思，我與台灣的緊密結合，或者說，台灣正式介入到我的生活之中，也許與「他者」和「認同」有著千絲萬縷的聯繫。在這一點上，台灣和我很像。我曾不止一次地，在台大宿舍，在去宜蘭的小火車裡，在往返高雄的高鐵中，在清晨的玉山國家公園裡，在從花蓮出發駛往西太平洋的小船上，反思自己的求學之路。其實，從高考之後選擇專業開始，我在「拓展邊界」的事情上一直很保守。但是不知不覺，它已比最早的模樣已經開闊了許多。單在系所上，我從「哲學系」來到「社會學系」訪問，又在「政治學系」和「歷史學系」上課。其中雖然有很多緣故，但我沒想到，向來不願換血的我，已經走了這麼遠。其中的動力，也是所謂「責任」與「擔當」，也是「公器公用」──這又是「普世價值」。其實，在學術上，我一直很不主流──聽過我做報告、演講、討論的同仁或被我當過助教的同學們都會知道。我對這一點有清楚的自我認識。它也許和我的「個性」密切相關，也和我的成長歷程，和我本科時期所接受的來自中大的教養和培育有關，並且，也和我的導師有關──他一直是我最敬佩的老師，

我非常感謝他能夠完全包容我全部甚至有些過分的「個性」，此外，如果我也還能算得上是有一些「學術勇氣」的話，其中很大的一部分也來自他的言傳身教。但是也許，最根本的原因還是「全球正義」的倫理責任。除此之外，生活或學術的研究就難以有別的意義源頭。有時，我不免覺得這些拓展最後可能匯成耳目一新的情境，或也註定會內化我的學術背景之一部分。但也會覺得，我太另類，另類得可怕。我真是一個絕然的「他者」，也真應當感謝大家的包容。

就像，我一直非常感謝台灣這片土地，感謝它教會我如此多的事情，總是讓我不斷地反思生命的意義，一次又一次地將我從麻木的的忙碌中拎出來，讓我知道——原來世界還有這麼多種可能。2018年的10月，我坐在一輛從桃園機場去火車站的公車上——越南小哥分享著難吃的夾心麵包，日本阿姨打趣著看著他扔在地上的書包，菲律賓大叔很晚才發現坐錯車，以及台灣同學跟我講在廣東會下很大的雪⋯⋯大家手裡攥著或紅或綠的護照，雖然有些語言不通，但還是很能會意。一車子沒差的黑眼睛黑頭髮黃皮膚，但又那麼不同。這是控制變量。司機就像管家，協調著客人。到站下車後，又停在馬路中間大聲問——「喂，這是誰的外套？」無人回答。這時，背後又有幾十輛消防車呼嘯而過——台北又是火災。但是，每個路人臉上還是高興，讓人一點也記不起去年北京的大興區。我也收拾好全部的硬幣，然後轉換成另外一種生活模式，改變一下自己言談所用「話術」，再從容地融入並消失在夜色中。而這種「轉換」，不過是過去一年半裡平凡而經常地發生在我的生活中的「小事」。

其實，除去我的家鄉，我最熟悉的地方不是廣州，也不是珠海，而是台北。這也是我步行走過最多的城市。這是一種奇特

的感覺，每次下過飛機，走入城市，街角轉過，記憶拼接──它那麼近；但我畢竟是異鄉者──又那麼遠。不僅台北，我去過台灣的每一個地方（除了一部分離島），我同時見證著台灣的優點和缺點，見著一個「立體」的台灣。我努力地瞭解台灣的故事，體會島嶼的傷痛，也關心島嶼的未來。有著知識的沉澱之後，走在台灣這塊土地上，每一步都會有別樣的意義──正如「踏上」而非在書裡「讀到」綠島。另外，我也想特別提及──和在學術場地被聆聽不同，2018年，我曾在台北大安森林公園面對社會民眾做過簡短的發言，這是廣場上的演說。那是一場關於「同志公投」的現場討論與對話。藉著難得的機會，我講了我所關注的酷兒馬克思主義的一部分思想。這沒有過分的特別之處，倒是讓我覺得自己尋回了大一時候在中山大學珠海校區參加社團的感受──公民社會，我們曾經也擁有。這個感受和我在兩年時間裡參與台灣同志遊行並擔任志工是一致的，這還是「身分認同」的問題。其實，我在台灣的日子裡，也曾面臨多次「驚險」。不論是普悠瑪出軌、台北地震、阿里山交通事故還是宜蘭大橋塌陷，我都差點趕上。再者，我在澎湖吉貝嶼騎著機車，也差點衝到海裡。這些事件，其實讓我後來更加有勇氣地去面對生命及其變故，也讓我懂得──我絕不會被挫折和困難「摧毀，會更強大，順性才不虛此生」，也使我變得更加勇敢和淡然──已經潛在「死過」幾次的人，便更會「泰然處之」。另外，2019年11月，我曾在高雄待了一個星期，認識了另外一群難得的朋友，大家相聚在一個青年旅社，各自擁著不同的身分和來歷──幾乎窮盡了兩岸三地南方北方本島離島軍人平民原住民漢人北中南部等等所有的排列組合，並且彼此交換著「流浪的

方向」[11]。這是另外的一場故事，它太過精彩，所以此處沒有辦法講得更多，只能敬請原諒。最後，在關於台灣的事情上，也請允許我做一個帶有比較濃厚感情色彩的結尾。其實，這種情感倒不如說發生在我在台灣方方面面的生活裡。還記得，剛剛看完電影《返校》時的心情——它告訴吾人，歷史不應忘記，也不能忘記。其中也有多次那一首歌的場景，現場也有人小聲哼唱。但是或許他們不知道，我也恰好會唱這一首歌：「山川壯麗，物產豐隆；炎黃世冑，東亞稱雄……」其實，在電影中看到這個場景，加上它又承載了諸多且又不同的歷史內涵，我的眼睛就會有些濕潤。就電影來說，也許我太知道接下來的情節會是什麼。其實，如今在不同的場合響起這首歌，它的意義已經全然不同。在過去，在現在，在中華台北拿了奧運冠軍的時候……至於更多地，我也想特別的說，我不斷地在台灣人尤其是年輕朋友的身上看到對社會議題和公共事業十足的關心與盡心盡力，其中沒有任何冷漠處之，這是十足的優點，是超越「國民」的「公民」。就此，我自慚形穢，深感不足——這仍是「普世價值」。也同時想說，台灣是華人世界的驕傲和希望，我永遠是台灣年輕世代的學生。

三

　　由於本書畢竟是我寫的，所以其中的一些用詞，並沒有使用台灣的慣用搭配。關於後者，我雖然懂得也能熟練地運用其中的

---

[11] 參見鄭愁予的詩作〈野店〉：「是誰傳下這詩人的行業，黃昏裡掛起一盞燈。啊，來了！有命運垂在頸間的駱駝，有寂寞含在眼裡的旅客。是誰掛起的這盞燈啊。曠野上，一個朦朧的家。微笑看……有松火低歌的地方啊，有燒酒羊肉的地方啊，有人交換著流浪的方向。」

一部分，但我畢竟不是台灣人，不能「爐火純青」。我也充分地相信，台灣的讀者完全有能力讀懂我所講的中文，正如我可以對應地獲得理解一樣。其實，我自認為我的語言風格在我所現處的語言文化背景之中，也會比較獨特。我對現代漢語和修辭學有著別樣的敏感。當然，如此帶來的影響是，其中不免會產生一部分的難解，我想請諸位讀者多多擔待。但是話說回來，如此這樣，也會更加需要多一些的揣摩和思考，也許還能打開另外一番詮釋的空間，倒也不失為一種樂趣。更多地，我也從不認為學術語言必須基於固定的風格。事實上，這是一種非常「極權」的「意識形態」，它有礙於「學術世界」「全球正義」的觀瞻。我的此類見解以及一部分理由，其實早已融入進本書正文的內容之中了，在此就不多加重複。

　　不過，相比於行文寫作之語詞和用法之不同，我倒是更加擔心另外的一種「分裂」。平心而論，它距離我們更近，也更加緊迫。那就是，我正切身實地感受到當代中國知識分子尤其是年輕學生的「意識形態分裂」正在逐步「加劇化」和「公開化」。緣何至此？我想，其中一個比較根基的原因，也許是學科分類的時代撞見當下的中國社會造就了這種「奇觀」。首先，人文科學一直相比理工科學具有一些特殊性——當一個人被認為不懂「遠古地質結構」或「火星軌道週期」的時候，他會以「這並非我的專業」而泰然處之；而當一個人被指責不知「真理」、「正義」、「道德」、「責任」為何物，乃至活得簡直就是一具「行屍走肉」的時候，他常義憤填膺——這是「普世價值」的力量嗎？其實，人文社會科學在某種層面上乃「人之生存」或「人之為人」的必備產品。然而，當學科分類日益精細化且複雜化、專業化且遠離普通生活之時，人文學子也許可以「工作時間」獲得

這些「儲備」——尚且變得很忙碌、很不夠、很不足。而並非以讀（人文社科）書為職業的學子，就更難以通過同樣的形式獲得這些「儲備」。可是，這是正常狀況嗎？似乎不是。因為，一個人畢竟不可能讀完世界上所有的書，並且原則上他出生越晚，前面值得閱讀的書籍就越多。這是不可完成的任務，也是完全過分的要求。以開篇所引費希特的話說，便是「**如果人不變成上帝，那麼這個最終目的是完全達不到的，而且必定是永遠達不到的**」[12]。吾人不可能親自爬梳所有的歷史以重新汲取教訓。在此意義，社會還有另外的一套建制，能夠確保解決此類困難，它叫做「常識」。「常識」以簡便而先決的方式已然內化了許多作為「人之生存」的「人文社科儲備」。故而，通常來說，它能確保學科分化不會導致社會問題，除非——一個社會默認的「常識」與人文社科學子拿出工作時間獲得的「常識」存在比較重大的衝突；或者說，從一個社會方方面面所接觸到的「常識」是根本不同的。

　　另外一個接續的原因，也是在世界的範圍內更為普遍的原因，則可能是我們在「後真相時代」已然難以通過簡單接受「常識」而獲得「共識」。在當下的世界，我們全力動用著一切能以「全球正義」之名而採取的行動，包括在衣食住行等許多和政治漠不相關的事情上加入政治元素。這樣的「投入者」通常看上去也很有「情懷」，有時也會非常「大公無私」。但是，如此一來二去的「反饋」與「修正」就不可避免地會塑造極度封閉的「同溫層」，我們每個人都不斷地被裹挾與收編其中。從而，在更廣

---

[12]　費希特：《論學者的使命　人的使命》，梁志學、沈真譯，北京：商務印書館，1984年，第11頁。

泛的意義上，「一般傳媒」和「普通受眾者」之間也是這樣。如此，在「同溫層」的圈內，我們就不可避免地收緊自己對「異質性」觀點的容忍度，也就是說，我們接受其他不同意見者的寬容心胸變得狹窄了許多。最終，「派別」與「立場」占據了突出重要的地位。一時間，由「普世價值」和「全球正義」引導出來的衝動便立即化為「反全球化」的力量並最終以一部分人對另外一部分人的「全面冷戰」來收場。可悲可歎，實在是「南轅北轍」！甚至，「多元文化」與「言論自由」這些「人權標竿」，都不免會在其中遭到破壞，或者一度被擱置和延宕。更接續的，還有價值觀的分裂，即一部分人自認做榮譽之事，也許同時被另外一群人當作恥辱。原本熟悉的朋友之間，也開始出現「對立」並逐漸「公開化」，許多人都不可避免地滲入到了這場狂歡的「遊戲」之中──一群玩家機敏地收集著朋友圈的言論，分析討論著天黑閉眼後要刪除誰的好友。事實上，這是我們必須加以反思的一個重大問題，此乃國際政治滲透並影響到實際生活的一個突出表現。

　　但是，在我看來，答案也許並不急著找到。因為同時，我們也尚未完全消耗掉歷史的遺產。在此之前，新的時代絕不會來臨得太快。當我們在反思「全球正義」和「普世價值」的同時，也必須搞清楚，是否當下所有的思潮都適合被當作「多元文化」中的一員？鄭南榕曾有句流傳甚廣的箴言叫做「百分百的言論自由」。但是基於自然語言時常受到修辭擺弄的事實，這句話也會時常受到一些穿鑿附會的批判和著意引申的責難，也許我們在反思的意義上，更該對「言論自由」本身做一些必要的思考與界定，從而謹防以諸如「理解」、「解決」與「超克」「言論自由」之名恣意破壞民主政治，干擾「普世價值」並踐踏「全球正

義」的現象發生。對此，殷海光在多年以前就已給出過關於「言論自由」的三個界定，分別是「言論自由的出發點須是『理性』與『責任』」，「言論自由沒有特定的內容和目的，僅是一種工具」以及「只能『以言論來對言論』，而不能採取言論以外之方式」。[13]而這最後一條，則實際上也與李大釗「**利用言論自由來破壞危險思想，不要藉口危險思想來禁止言論自由**」[14]的説法異曲同工。如果我們認為這些比較樸素乃至稍顯粗糙的説法大概還是合理的，進而拿著它們去檢視當前充斥在國際社會這個無人管轄的「多元市場」上的「各式商品」，便會發現，它們並非全是「合格的產品」。故而，當下的歷史發展似乎還遠遠沒有跨越到那樣棘手而複雜的階段。從而，我們尚須力所能地或至少程序正義地來維護「世界觀點」的「市場秩序」。也就是説，「**我們都可以努力那樣做，追求事實的真相，尤其是國家過去的真相。事實有明顯的雙重影響。阿根廷、南非、西班牙巴斯克自治區所舉行的『真相與和解』會議證明了，事實是非常有效的工具——不僅可以戳破謊言，也可以為向前邁進奠定基礎。……努力看清事物的真相，也許是驅動西方文明的根本動力。……亘古亘今，他們都認同客觀的現實是存在的；善意的人能夠感知客觀的現實；其他人看到事實的真相時，將會改變看法**」[15]。倘若此言不假，如果我們果真處在這樣的時代洪流之中，那麼，最切實的做法應該

---

[13] 參見殷海光：〈言論自由的認識及其基本條件〉，載於《自由中國》，1951年第5卷第7期。

[14] 李大釗：〈危險思想與言論自由〉，載於《李大釗全集》第二卷，北京：人民出版社，第246頁。

[15] 湯瑪斯・瑞克斯：《邱吉爾與歐威爾》，洪慧芳譯，台北：麥田出版，2019年，第348頁。

是什麼？如果我們已然對自身的理念有了充分的自信，我們是否就應不惜一切代價捍衛我們所堅信的價值觀，去拚盡全力守護我們的尊嚴？在此，同時響起的是來自索爾仁尼琴的詰問：「雖然我的身子已經在牢房馬桶邊的爛草上躺過，雖然我的眼睛已經看到過被打得遍體鱗傷的夜不成寐的人，耳朵已經聽到過真實情況，嘴巴已經嚐過爛菜湯的味道——那我為什麼仍然默不作聲呢？為什麼不利用我最後公開露面的機會使受騙的群眾恍然醒悟呢？」[16]再換一個講法，問題便是類似「保爾‧柯察金」那樣的追問：「人的一生應當怎樣度過？」

　　在此，我們沒有權力去更改任何一個人的決定，也沒有權力去改變任何一個人對自己觀點和立場的忠誠度。但是，我還是想要重新再回到開篇的一點思路，姑且認為「追求尊嚴」還是吾人都願接受的「普世價值」，從而接續地再來引用馬克思的話，「如果一個人只為他自己勞動，他也許能夠成為著名的學者、偉大的哲人、卓越的詩人，然而他永遠不能成為完美的、真正偉大的人物」[17]，並且同時，「尊嚴是最能使得人高尚、使他的活動和他的一切努力具有更加崇高品質的東西，是使他無可非議、受到眾人敬佩並高出於眾人之上的東西。……但是，正如有失尊嚴的職業會貶低我們一樣，那種建立在我們後來認為錯誤的思想上的職業也一定會成為我們的沉重負擔」[18]，而這樣的人，「除

---

[16] 索爾仁尼琴：《古拉格群島》第一卷，田大畏、陳漢章譯，田大畏校，北京：群眾出版社，1996年，第17頁。

[17] 馬克思：〈青年在選擇職業時的考慮〉，載於《馬克思恩格斯全集》第二版第1卷，北京：人民出版社，1995年，第459頁。

[18] 馬克思：〈青年在選擇職業時的考慮〉，載於《馬克思恩格斯全集》第二版第1卷，北京：人民出版社，1995年，第458頁。

了自我欺騙，別無解救辦法，而讓人自我欺騙的解救辦法是多麼令人失望啊」[19]！然而，我們真的可以挺過歷史的難關嗎？自現代以來，歷史進步論之敘事被反覆戳破的今天，沒有人能夠聲稱知道答案。但是，無可置疑的是，如果我們有能力確保我們所建制的尊嚴是「正當的」，而不是「那種建立在我們後來認為錯誤的思想上的……自我欺騙」，就總該力所能及地做些什麼。當然，順此推理，更加嚴重的問題便是：如何確保這一點？我們如何知道，我們所堅持的對象就是「真正的」「全球正義」？如此，它將部分地回覆到前此的疑難，進入「闡釋的循環」，這正是當下一切爭論所匯聚的焦點。其實，如前所述，我們已經展示了可能的一條解決路徑。再說一遍，我們可以竭盡全力地瞭解歷史，從而更加自信而沉穩地面對未來。進而，在這條坎坷的路途之中，無論主動地或被動地，哪怕會面臨孤立，即使要面對割席，也當會不枉此生。如果認識到這一點，我想我們就一定會淡定而從容地面對這一切，對每一次的挫折都泰然處之，並且記住每一個重大的歷史時刻。其實，這些事情本來不就是在歷史上反覆發生的嗎？——「『我相信，史良發言之前是一夜未眠，因為她在決定開口以前，先要吃掉良心。』……從此，章史二人再無往來。……『你岳母怎麼還能和史良有說有笑？』……『我們心裡都明白，誰也忘不了，難道李大姐自己倒忘了？』」[20]。

---

[19] 馬克思：〈青年在選擇職業時的考慮〉，載於《馬克思恩格斯全集》第二版第1卷，北京：人民出版社，1995年，第458頁。

[20] 章詒和：《往事並不如煙》，台北：時報文化出版企業股份有限公司，2019年，第70頁。

四

　　本書在此以專著的形式公諸於世，作為作者，我還有幾項額外的事情想要特別地強調。首先，在我看來，本書最大的學術價值不是要求每一位讀者和學界同仁都必須同意我在書中的立論和觀點，而是要讓「他者」現身，要讓讀者看見「他者」或知道（在對馬克思主義的研究中），原來「還有這樣一種可能性」。前此提到，這部著作就是馬克思主義哲學研究領域的「他者」，而我則是馬克思主義哲學研究同仁中的「他者」，我的母校是中國高校中的「他者」，我的研究所是中國馬哲研究所的「他者」，我的老師們是馬哲學界的「他者」，而我訪問學習的背景又是世界的「他者」。再說一遍，「他者」需要被看見。讓他者現身的意義，就是告訴人們，「世界不是鐵板一塊」，原來「還有另外的一種可能」。其次，我自己也同時傾向於把這部專著放在改革開放後中國的馬克思主義哲學研究發展的整體中來考量。也就是說，我認為它是這個整體之中具有代表性並且十分前沿的一部分。改革開放後，中國的馬哲研究逐步破除了既有的一部分「定見」，不斷地朝著學術化研究和學理化反思的方向發展，產生了許多創新的成果，其中凝結了幾代人的耕耘和貢獻。但是，這種「進步」本身也是需要「進步」的——隨著時代的變化，對「進步」的感觸也是有所不同的。一些「定見」既然已經破除了，就應該內化為「背景」，化作「前見」，當作「常識」，而不是每次都再拿來重說一遍。在此意義，也可以說本書絕不是一個「他者」，而是基於這個歷史發展的脈絡，沿著這條學術道路思考并進一步推向深入的一個十分自然的發展成果。最後，在本書中也存在著大量的文本分析。這是因為，本書想在十分基礎的

層面打碎既有的看法，从而重新凝聚共識。因而，我們必須對原文進行重新解讀，以便營造共通的語境，打造共同的平台。事實上，從源頭開始釐清，也正預示著本書將會得出一些與眾不同的意見與理解。也就是説，惟有在文本解讀上重新開始，才能奠定諸位讀者理解的基礎和條件。

　　本書在最終定稿、校訂並出版的過程中，由於時間緊迫，一度比較匆忙。其中，我要特別感謝我的同門同學梁振和黃歡，他／她們在短時間內幫我審讀、校對，提了許多學理和文獻上的建議，也給了很多鼓勵。我要特別感謝哲學系的同學盧凌煜，在我無暇顧及之時，幫我整理了參考文獻。當然，剩下的錯誤，責任在我。同時，我也要特別感謝我的導師馬天俊教授專此為本書寫作序言，我也要特別感謝萬毓澤教授慷慨應允本書的推薦。並且，雖然在此無法一一具名，我也要特別感謝曾在我的成長的道路上幫助、引導過我以及因為持有相同理念而支持過我的每一個人。沒有你們一如既往的包容、理解、鼓勵與支持，我不可能成長到今天。

2020年1月1日

台北・台灣大學・社科圖

Do思潮13　PC0913

無限的荒謬：恩格斯發展觀研究

作　　者／榮偉傑
責任編輯／洪聖翔
圖文排版／楊家齊
封面設計／王嵩賀

出版策劃／獨立作家
發 行 人／宋政坤
法律顧問／毛國樑　律師
製作發行／秀威資訊科技股份有限公司
　　　　　　地址：114 台北市內湖區瑞光路76巷65號1樓
　　　　　　電話：+886-2-2796-3638　傳真：+886-2-2796-1377
　　　　　　服務信箱：service@showwe.com.tw
展售門市／國家書店【松江門市】
　　　　　　地址：104 台北市中山區松江路209號1樓
　　　　　　電話：+886-2-2518-0207　傳真：+886-2-2518-0778
網路訂購／秀威網路書店：https://store.showwe.tw
　　　　　　國家網路書店：https://www.govbooks.com.tw

出版日期／2020年5月　BOD一版　**定價**／420元

|獨立|作家|
Independent Author

寫自己的故事，唱自己的歌

無限的荒謬：恩格斯發展觀研究 / 榮偉傑著. --
一版. -- 臺北市：獨立作家, 2020.05
　　面；　公分. -- (Do思潮；13)
　　BOD版
　　ISBN 978-986-97800-6-3(平裝)

　1. 恩格斯(Engels, Friedrich, 1820-1895)　2. 學
術思想　3. 哲學

147.79　　　　　　　　　　　　108022886

國家圖書館出版品預行編目

讀者回函卡

感謝您購買本書,為提升服務品質,請填妥以下資料,將讀者回函卡直接寄回或傳真本公司,收到您的寶貴意見後,我們會收藏記錄及檢討,謝謝!
如您需要了解本公司最新出版書目、購書優惠或企劃活動,歡迎您上網查詢或下載相關資料:http:// www.showwe.com.tw

您購買的書名:_____

出生日期:_____年_____月_____日

學歷:□高中 (含) 以下　　□大專　　□研究所 (含) 以上

職業:□製造業　□金融業　□資訊業　□軍警　□傳播業　□自由業
　　　□服務業　□公務員　□教職　　□學生　□家管　　□其它_____

購書地點:□網路書店　□實體書店　□書展　□郵購　□贈閱　□其他

您從何得知本書的消息?

　□網路書店　□實體書店　□網路搜尋　□電子報　□書訊　□雜誌

　□傳播媒體　□親友推薦　□網站推薦　□部落格　□其他_____

您對本書的評價:(請填代號　1.非常滿意　2.滿意　3.尚可　4.再改進)

　封面設計____　版面編排____　內容____　文/譯筆____　價格____

讀完書後您覺得:

　□很有收穫　□有收穫　□收穫不多　□沒收穫

對我們的建議:_____

_____

_____

_____

11466
台北市內湖區瑞光路 76 巷 65 號 1 樓
獨立作家讀者服務部　　　　收

....

（請沿線對折寄回，謝謝！）

姓　　名：_____　年齡：_____　性別：□女　□男

郵遞區號：□□□□□

地　　址：_____

聯絡電話：(日)_____　(夜)_____

E-mail：_____